中国文化产业学术研究大系

中国文化产业政策研究

Chinese Cultural Industry: Study on Policies

王文锋　何春雨◎著

云南出版集团

云南人民出版社

总　论

范建华

21世纪，发展文化产业已成为各国转变经济发展方式、优化产业结构的重要路径选择，中国也不例外。文化产业的鲜明特征说明，后工业文明时期要坚持可持续发展之路，文化产业这一重要的新兴经济形态和产业门类，正以其在国民经济中愈加突出的发展优势产生着越来越大的作用，正日渐成为经济战略的明日之星。

加快经济发展方式转变是适应全球需求结构重大变化、增强我国经济抵御国际市场风险能力的必然要求，是提高可持续发展能力的必然要求。鉴于文化产业在践行科学发展观、实现经济效益与社会效益双赢方面的重要作用，以及拉动就业、开辟脱贫致富新途径等方面的社会价值，文化产业被视为转变发展方式、推动经济转型的新增长点，这也为文化产业的理论研究提出了更高的起点和更严格的要求。但当前文化产业的理论体系却远远滞后于产业实际发展要求，文化产业的学理探索远远不能满足产业发展的现实需要，更不能为产业可持续增长提供智力支持和理论引导。

文化产业是一种战略产业，具有高度的战略价值。从行业特性看，文化产业的重要特点之一便是"无边界性"。文化产业渗透并融合了三大产业，整合了多种产业门类和形态。其发展过程需要资源要素的协同创新，"大产业"概念对于产业的融合和提升有着重要的作用，而打破行业和区域的划分，以产业为中心形成集聚态势和链条分工，则是文化产业发展的总体趋势。从区域角度讲，行政区域的割裂发展和单打独斗助长了我国文化产业的同质开发，使文化产品相似，资源重复开发现象严重，"大区域"概念下的错位发展、互补发展需要突破行政区域的整体规划、设计，进而打造由资源广度开发向深度开发、产品同质化向链条化发展的文化产业结构形态。从产业本质看，文化产业以创意内容为主要生产要素，其产品具有可复制、低成本、高附加值等特性，突破了传统产业资源一次性利用的桎梏，形成了资源多次性利用的新优势。这既为人们基于大众的消费提供了一种现实选择，又为企业实现资源的多次利用、降低边际成本打开了上升通道；既可以彰显文化资源利用的可重复性，培育新的经济增长点，又可以推动其他产业更加注重发挥文化效能，加快节能减排进程，从而构筑起经济发展的多元支撑，建立适应新形势新要求的现代产业体系。

全球化背景下的中国文化产业正日益融入世界、对接国际，文化产业理论的完善对产业的发展在起到重要推力作用的同时，本身也在不断吸收先进研究成果，丰富自身框架体系，对文化产业的实体建设起到源源不断的引领和支撑作用。正是因为文化产业兼具经济和文化的双重属性以及精神和物质的双重力量，使其在文化经济一体化时代迅速成为现代国家重新安排国家产业调整和建构新的产业结构布局的重要选择。[①]我国文化产业理论在实践发展中不断接轨全球，"依托国际销售渠道和发行网络走出去、

---

① 胡惠林，《文化产业的战略价值》，《人民日报》2009年6月18日。

基于自主知识产权输出策略走出去、以国际合资、合作生产的方式走出去"等文化产业发展模式，逐渐成为中国文化产品和服务走向世界的重要路径。

随着文化产业理论体系的逐渐丰富，理论对实践先导作用的不断增强，以提高质量和效益为中心，加快转变文化发展方式，推进文化产业结构战略性调整的理论体系逐渐构建，且付诸实践。在中国文化产业发展进程中，以大力推进内容创新、形式创新、业态创新，促进文化与科技、金融、旅游等相关产业融合发展为核心的文化产业协同创新，正推动中国文化产业为实现规模化、集约化、专业化发展总要求而产生新的积极影响。

一　中国文化产业实践的快速发展已走在文化产业理论之前

文化产业的特殊性使中国文化产业可能走在其他传统产业之前并与世界同步发展。我国文化产业发展多元化和混合型的具体特征，决定了我国文化产业发展只能采用混合型的产业发展模式，走混合型产业变革道路。只有认清这一点，才能制定正确的区域文化产业发展战略。文化产业作为一种新兴产业经济类型和文化建设形式，将深刻地影响国家的发展道路和发展模式。大力推进文化产业的快速发展，已经成为提高我国区域综合竞争力、调整产业结构、参与世界产业经济功能主动分工与优先发展的关键战略所在。[①]在这一背景下，中国文化产业既面临机遇，也存在挑战。只有以先进的理论和务实的实践，推动文化产业融合发展，重塑文化产业市场主体，优化文化产业空间布局，加速文化产业结构调整，才能使文化产业走在其他传统产业前列而与世界保持同步发展。

---

① 胡惠林，《区域文化产业战略与空间布局原则》，《云南大学学报（社会科学版）》2005年第5期。

文化产业的业态整合与协同创新将使中国文化企业可能在全球市场上率先突围并产生积极意义。作为低污染、低耗能、高附加值的新兴业态，文化产业较强的融合性，具备广泛嫁接产业形态、重塑新的产业发展格局的能力和优势。它吸纳了传统业态发展的基础和优势，转变了传统业态发展的思路和模式，创新了传统业态发展的路径和方式。从国家经济发展宏观层面上而言，文化产业的大发展必将在转变经济发展方式、实现绿色经济发展和走可持续发展道路产生重大积极的影响。而随着文化体制改革的深入，中国文化企业真正开启了由"小舢板"转向"文化航母"的历史征程。从中国文化企业发展的步调中，我们愈加清晰地看到，以市场要素的资源配置为出发点，加强资本的跨地域流动，使中国文化企业在做强做大中探寻出一条有益的路径。而随着文化与金融的有效对接，资本领域的重组正拉开文化产业整合大幕，对于市场规律的熟稔、驾驭和游刃有余的战略布局，正在成为文化市场建设的诉求。

文化产业的业态裂变与科技创新将使中国文化市场可能在世界舞台上熠熠生辉并在部分行业中起到引领作用。科技创新是文化发展的重要引擎；加快发展文化产业，必须推进文化科技创新。现代科技的发展尤其是信息技术、传播技术、自动化技术和激光技术等高科技的发展，现代科技广泛运用于各类文化艺术活动之中，在文化领域掀起了新科技革命的旋风，现代传媒高新技术革命对人类当代文化的发展和艺术文化生态格局正产生着以往所无可比拟的巨大影响。高新技术的产生和现代科技的发展，不仅导致所有传统文化形态的"升级换代"和现代更新，而且创造了大量崭新的文化形式。在这样的背景下，文化产业保留着最核心的本质，又充分挖掘着传统的文化艺术养分，通过数字技术的融合嫁接，以喜闻乐见的文化形态不断满足着人们更新的消费理念。在文化产业业态不断创新、文化与科技融合不断加强的时代背景下，现代科学技术成果对文化产业正产生着巨大的影响，不少发达国家都借此机会壮大自己的文化产业，增强本国文化产品在国际市场上的竞争力。在这一语境下的文化产业需要不断融入新的技术引导传统产业升级，创造新产业以产生新的经济增长点，以学术理论的创新来推动文化企业发展观念的革新，文化产业管理者认知观念的革新，从而引导文化产业消费者的文化消费理念的革新。

同时，我们必须清醒地认识到，尽管近年来文化产业快速发展，但文化产业理论的先导作用缺失使许多文化产业发展中的重大现实问题无法用理论来引导和诠释。尽管我国文化产业各行业发展迅速，却尚未形成现代化的文化产业体系。现代文化产业体系的鲜明特点是产业结构合理、各门类齐全、科技起着重要推动作用以及核心竞争力强。就现实我国的文化产业体系而言依然相对落后，不健全，主要表现为：一是在产业结构方面，文化制造业的比重仍然偏大，而文化服务业尤其是高层次的文化服务业比重偏低。二是产业门类方面尚不健全，更谈不上完善。例如，在西方文化产业起着重要作用的文化金融业在我国尚处于初级发展阶段，由于文化产业多为轻资产公司，相对风险较大，天使投资在文化产业中的地位就尤为重要，但是我国在文化产业方面的天使投资尚少。三是文化科技水平相对落后，我国虽然在互联网领域也有腾讯、百度等高科技公司，但是和西方发达国家尤其是与美国相比，科技水平尤其是具有独立自主知识产权的原创性科技产品远远落后，文化科技在文化产业中所起的作用较有限。四是在文化产业的核心竞争力方面，我国文化产业采取的多是粗放型的发展模式，核心竞争力较弱。①

我们还必须清醒地意识到，十七届六中全会以后，全国上下形成了文化建设的新高潮。但也应该看到，由于改革目标远未实现，政府职能转变还没有到位，财政资金高增幅和财政支出的软约束并存，可能诱发企业对政府的不良博弈。在财政增收较快、资金相对宽裕的情况下，重要的问题不是财政是否具备能力，而是能否创新支持产业的体制机制，使财政资金能够有效发挥作用。特别是民营资本与国有资本进入文化产业发展中，并没有享有同等国民待遇，民营文化企业与国有文化企业相比，其市场主体地位并未得到相同的认知。②此外，在管理方面，仍习惯于直接办文化、管文化，面对新的形势缺少相应的办法；在投入方面，基本上还在沿袭计划经济时期的做法，过分依赖政府，缺乏积极有效的、多渠道的筹资办法；在文化企事业单位方面，还没有树立起加强管理、改善服务、自我发展的观念。文化产业运行机制也缺乏内在的创新动力，一些基本的市场原则和规律仍被排斥在文化产品生产和经营领域之外，对国有文化单位运营性质的分类界定等基础性工作尚未进行。社会力量兴办文化产业的积极性还没有充分调动起来。③这些急迫而现实的问题，却在当前的理论研究和学术探索中鲜有对策解答和路径研究，缺少基于知识成果转化与应用的研究命题，更缺少富有实践经验、管理能力和学术判断的复合型专业人才，从而更加导致文化产业发展中的许多重大现实问题又无法用理论来支撑和诠释，理论对实践的先导性和引领性不足。

---

① 郭全中，《文化产业发展中的八大难题与对策》，《青年记者》2012年第7期。

② 张晓明、胡惠林、章建刚，《站在时代的高起点上，推动文化产业的大发展大繁荣》，《中国经贸导刊》2008年第4期。

③ 刘兴华，《文化产业的发展问题研究》，《内部文稿》1998年第24期。

这些文化体制改革与文化产业发展中的现实问题，亟须以系统的理论框架和学术建构从根本上加以解决，亟须以务实的学理研究和学术探索从基础上予以解答。

二　中国文化产业实践的快速发展急需基于理论的学术研究和学科体系建设

由于文化产业学是综合性、跨学科的边缘学科，使得现阶段中国文化产业理论缺乏完善的学科理论体系和学术背景支撑。随着文化产业成为国家经济发展的战略性产业，人们对文化消费多元化的需求更加强烈，文化产业进入迅速发展的历史时期，而文化产业理论研究却难以适应产业发展的需要，文化产业研究的历史与逻辑、理论与实践还难以做到完全统一，主要表现在以下四个方面：第一，从文化产业的基础研究上而言，对文化产业的内涵、外延、统计标准的划分难以完全统一，对文化产业的概念、范畴、标准和要素的不统一使其研究难以进行横向比较。第二，从文化产业的研究方法上而言，对文化产业研究的定性研究较多，定量分析不足，难以将文化产业的理论研究、实践探索和经验判断有机结合。第三，从文化产业理论成果的转化上而言，文化产业研究的动态反馈机制缓慢，对实践的梳理，对产业发展中的成败得失的总结，对引领产业发展的前瞻性探索不足，难以直接为宏观调控提供准确依据。第四，从文化产业的研究主体上而言，产业的快速发展催生了"快餐式"的研究者，学者往往盲目跟从产业热点和现实焦点问题研究，难以秉持"坐冷板凳"的研究精神，难以对文化产业进行跟踪式、长效性研究。

现实的产业发展迫切需要科学的学术理论发挥先导作用，各高校不断涌现的文化产业专业教育、人才培养急切希望产生研

究领域既有理论体系，又有实践指导意义的学科理论体系。文化是经济社会发展的不竭动力。人才是文化产业发展的关键。但从当前文化产业发展的现实情况看，人才匮乏已成为普遍共识。人才的缺位使文化产业的创意缺失，文化产品的竞争乏力，文化品牌的塑造艰难，文化管理难与市场竞争变化相适应。如何加强人才培养、发现本土人才、引进外部人才成为文化产业可持续发展的关键所在。此外，由于"文化产业"的概念是舶来品，对文化产业的概念认知、学科建设和学术构架的历史并不长，因此文化产业研究者的学科背景相对于传统学科而言更为多元化，这对于文化产业理论体系的整体构建而言是一把"双刃剑"。一方面，由其他学科研究转向文化产业理论研究的学者在研究的过程中，更加注重将文化产业学科与原学科进行嫁接，如人文历史背景的学者更关注文化产业的历史研究和概念考证，经济学背景的学者则侧重文化产业资本运作及市场体系建设研究，传播学背景的研究者和艺术学背景的研究者更侧重从文化产业的行业门类及内容本体创作角度进行研究，文化产业理论研究本身具有多学科、综合、交叉、渗透性质，学科背景的多元化提供了较好的基础。另一方面，文化产业研究者将跨学科背景的理论经验引入到文化产业研究中，拓展了文化产业研究的方法和领域，但对文化产业学术体系的系统化构建而言，文化产业本身学科基础的薄弱却影响了学术研究专业性的纵深化推进，这也致使跨学科的文化产业理论演绎难以深入到文化产业本体层面。

在中国"五位一体"建设中，实现建设社会主义文化强国的战略目标，迫切需要以文化为基点构建科学的文化产业理论体系。党的十八大将文化建设与经济建设、政治建设、社会建设、生态文明建设并列，"五位一体"地建设中国特色社会主义，进一步表明，建设"五位一体"发展格局将为中国到2020年如期实现全面建成小康社会目标提供强有力的思想驱动、理论支撑和智力支持。而事实上，无论怎样的发展战略和思想路径，都离不开逻辑严密、富有秩序的理论体系的构建。中国文化产业的基础理论绕不开西方文化产业理论的影响和演进。西方文化产业理论由法兰克福学派对大众文化的激烈批判到伯明翰学派辩证地看待并支持文化产业，再到知识经济时代学术界开始对文化产业普遍的理解和认同，尽管从概念到内涵日益趋于发展目的的一致性，但仍未形成统一的文化产业概念，而作为舶来品，中国文化产业学术框架的构建不仅难以绕开西方文化产业理论体系，并且在很大程度上是基于西方理论体系框架下的引进与本土化延展。因此从总体上而言，在中国文化产业理论研究的初期，基础理论研究"秉承了法兰克福学派和伯明翰学派的文化研究传统，致力于对文化概念的解释，对文化工业的批判，对文化资本的阐释，对文化消费的理解，对文化经济化趋势的反思"[1]，尽管取得了巨大进展，但是距离具有中国特色的文化产业学术体系仍有较大差距。面对当前全球文化产业发展的时代环境和国家推动文化大发展大繁荣的历史机遇，如何科学地回答建设社会主义文化强国进程中，文化产业应当扮演什么样的角色，文化产业发展所面临的一系列战略理论并提出前瞻性的理论思考引导实践探索？这也为当前和今后我国文化产业理论研究提出了新的要求。

三　试图构建中国文化产业理论的学术研究体系既是学术担当更是历史使命

2002年，党的十六大厘清了人们对文化产品生产和消费的关系。发展文化产业成为市场经济条件下满足人们精神文化需求的

---

① 马健，《中国文化产业理论的系统建构》，《东岳论丛》2011年第8期。

有效途径。十余年来，尽管学术界关于文化产业的定义展开了不同的讨论，并且在不同地区也有不同的侧重点以及由此产生的不同或相关的产业名称，但最基本的就是必须体现文化的社会效益和经济效益，必须兼具文化的意识形态属性和商品经济属性，这也是文化产业概念研究的基本出发点。随着国家文化竞争力不断提高，在国际文化竞争中的地位不断提升，文化产业作为国家文化竞争力的具体体现，在国家经济社会生活的重要地位和作用已成不争的事实。对文化产业运行实务的研究开始从区域宏观领域研究深入到文化产业园区、集群等运行实体研究，随着文化产业成为区域经济发展的重要门类，针对文化产业规划的专题研究也开始成为新的研究领域。从对文化产业理论的关注和研究到记录文化产业的发展进程，建立文化产业的学术载体，梳理文化产业的学术档案，文化产业学术界不断通过搭建文化产业的学术平台的方式，已经在学理层面对文化产业有了较为系统的、完善的、科学的认识并为国家文化产业发展提供了有效的支撑。经过十余年的不断探索，我们中国文化产业领域的一批致力于中国文化产业理论与实践研究的学者有信心、有能力来肩负使命。

　　在这一背景下付梓出版的"中国文化产业学术研究大系"系列丛书，其总体构架涉及中国文化产业理论与实践的方方面面，既突出学科重点，又侧重学科体系的整体性，从基础理论探索到实践运用指南，形成了较为完善的学科体系。

　　——中国文化产业基础理论研究主要基于两点，一是西方从法兰克福学派到伯明翰学派关于大众文化消费理论的演变与嬗变过程的理论影响，成为中国文化产业理论的主要来源；二是基于社会主义市场经济的确定，在社会主义市场经济条件下，人们的价值观念的变化和精神追求的多样化，在精神文化产品生产、交换、消费过程实践的不断创新而催生的一系列对文化产品、文化

消费品、文化商品的新认识、新定位引发的现实需求，和亟待回答的诸多理论问题。以上两方面正是中国文化产业理论研究的前提条件。因此，全面系统地梳理中国文化产业的概念、特征、研究对象及范畴，分析文化产业发展现状、存在问题及未来发展态势，并对其基本要素构成和生态系统生成与相关产业的相互关系等等基本问题，便是我们所需关注和回答的基本理论问题，这也便是中国文化产业发展通论所要回答的主要内容。

　　——撇开"文化工业"的角度，综观历史，我们不难发现，人类文明进程中的两大产品生产，即物质资料的生产和精神文化产品的生产是古已有之的，人类的基本消费需求也是维持人类生命并得以繁衍生息的物质必需品和愉悦人们精神需求的文化艺术品亦是古已有之的。因而，从文化产品的生产、交换、消费的文化经济学角度入手去研究中国文化产业的发展历史，是中国文化产业研究领域的新课题，我们力图运用历史学理论去分析中国文化产业发展的历史，对历史上的文化产品作为商品进入市场的经济现象作出经济学的解释，力求做到文化思想、历史理论、文化政策与文化产业发展历史进程的统一；社会经济发展与政治、文化进程的统一；把文化产品进入流通、交换、消费到文化产品进行大规模的复制和批量生产进而成为一种商品的历程放到世界经济现代化的历史进程之中，使其不仅具有文化经济学的特征，而且还兼有历史学和政治、社会、文化学科的特征，涉及文化史、科技史、艺术史、商品贸易史等领域。

　　——中国现行的文化体制，虽经历了改革开放30多年的洗礼，亦与中国社会的改革开放大势相伴行，但迄今为止，从其宏观管理体制到微观运行机制，依旧是以计划经济时代的苏联模式为基础的。在一定意义上说，中国文化体制的改革远远落后于经济体制的改革，这种带有浓厚苏联式文化体制对解放和发展中国文化生产力是一种束缚，为此，始于世纪初迄今仍在深化的这一轮文化体制改革，无论从其广度和深度均是历次文化体制改革所无法比拟的，这一轮改革关乎中国文化体制如何真正适应社会主义市场经济的主流需要，关乎能否真正实现文化强国目标的重要战略。因此，深入研究中国文化体制改革的思路与路径，正是本学术大系的又一重要课题。

——文化产业作为一种带有浓厚意识形态属性的产业门类和精神产品的生产方式，其特殊性决定了国家宏观政策对其产生的巨大影响。文化产业的发展离不开国家文化政策的大力支持，发展文化产业必须在国家有关法律、法规的约束和保护下进行，要充分利用国家现行的法律、法规及其优惠政策，依法保护自身的合法权益。我们将立足于中国文化产业实现可持续发展和升级转型的时代背景，对新中国成立以来国家文化政策和文化产业政策不同时期的不同变化进行认真梳理，探求其政策变化的规律性；特别是当前文化强国建设战略背景下，在梳理目前国家支持、引导和推动文化产业发展的各类政策基础上，从文化产业政策在消除制约经济增长的瓶颈、有效转变经济增长方式、弥补市场机制的缺陷和转变政府职能，提高政府驾驭市场经济的水平和能力等方面展开深入探讨，对文化产业的产业发展政策、产业组织政策、消费政策以及人才培养与就业政策等相关配套政策进行系统的研究，从而为科学发展观视域下的文化产业发展提供基本保障。

——当前，中国文化产业的快速发展呈现出几何级数增长态势，从而对文化产业人才提出了更高的要求。就目前而言，文化产业经营管理人才的缺乏，成为制约文化产业实现可持续发展的最大瓶颈之一。因而立足文化产业的市场需求，全面阐释文化产业的政策管理、市场机制管理、环境管理、人力资源管理等内

容，从政府管理文化产业的职能和组织体系、政府管理文化产业的方式、政府与文化单位之间的关系，合理规范文化单位之间与社会其他经济组织、团体之间关系所确定的制度、准则和机制等方面，进行深入研究，从而使其在具有理论深度和学理价值的同时，兼具较强的实践指导意义。

——如何建立健全完善的社会主义文化市场服务体系和现代文化市场管理体系，从而构建完善的现代文化市场体系，是完善社会主义市场经济体系的重要内容，培育文化消费市场，提高文化商品购买力，以消费刺激再生产，从而起到扩大内需、提高社会劳动生产力的作用，是中国文化产业能否健康、有序、快捷发展的重要因素。以健全的文化消费市场为杠杆撬动和扩大国民的文化消费，是我们推动中国文化产业发展的重点和难点，我们力图从国际、国内两大市场和国内城乡两大消费人群的角度去探求中国文化市场与消费的内在规律，提出建立与完善社会主义文化市场，提高消费水平的战略性思考。

——资本是文化产品生产的基本要素之一，金融资本对于推动文化产业的规模化、集约化、专业化发展起到关键性作用。在文化产业发展中，如何形成有效的资本投入与高效的产出，如何构建一个科学、合理、有利于推动文化产业发展的完善的文化产业投融资体系，是摆在我们面前的重大现实问题，无论是国家宏观金融政策的扶持，还是吸纳社会资本的投入，这都需要在理论和实践层面进行科学、严谨的学理说明和实践操作指导，因此，增强对中国文化产业投融资体系建设的研究是中国文化产业人责无旁贷的义务。

——文化产业要实现规模化、集约化、专业化发展，实现做强做大，产业集群是必不可少的重要路径选择，试图通过探讨文化产业集群的演进模式、形成机理、分布规律等基础理论命题，是推动文化产业纵深发展的重要路径。探讨和分析不同类别和不同形态的文化及相关产业选择和确定以产业集群这一空间组织发展时，文化产业的发展规律与集群成长的基本规律之间存在的共性及不同，不同范畴和行业的文化产业是否适合集群式发展以及它们各自的发展特征和分布规律对其路径选择产生的影响，是转变文化产业发展方式的核心思路。

——富有前瞻性和创新性，具备务实性和操作性的文化产业发展规划，是引导文化产业科学发展的基础。当前我国文化产业发展迫切需要我们从基于区域发展与城市开发背景下，对文化产业规划编制的思路、方法和路径全过程的系统论述。结合具体而翔实的文化产业规划案例，以理论与实践结合为导向，对文化产业规划的知识背景、基础理论、区域分析、定位与目标设计、空间模式与产业模式及规划的保障措施进行了基于规划框架的流程解析。将"规划"作为一种工具，旨在通过倡导一种融通文化建设、经济发展、城市设计、区域开发的思想，使其贯穿在区域城市总体及详细规划的各个阶段与不同层次，以期对当前区域文化产业规划编制和实施提供参考。

——我国是一个地区差异大（东、中、西部）、民族文化多元的国家，在推动文化产业发展的总体布局上，必须立足于区域分布和特色产业分布。要总揽全局、统筹兼顾，更要突出特色，体现区域和民族文化产业发展的特色。国家在制定相关文化产业政策时，必须从区域实际和产业发展现状出发，突出现实性和可操作性，切忌一刀切。我们力求从中国文化产业的布局现状出发，针对中国文化产业的区域分布，从区域特色出发，研究有利于推动当地文化产业发展的区域发展思路，提出建设性学术思路。在充分发挥东部地区创意人才云集、资本雄厚、市场广大的优势，和西部地区民族文化资源丰富、特色文化产业突出、特殊人才聚集的特点，以及中部地区区位与地缘经济的优势的基础上，研究区域和民族文化产业特色化发展道路，从而通过强化系统研究，做到科学决策，对东、中、西部不同区域的文化产业发展状况，进行深入研究，科学定位，从而推动中国文化产业的可持续发展。

——21世纪要实现中华民族伟大复兴的中国梦，中国文化必须"走出去"，中国文化产品必须要占有国际文化消费市场的较大份额，扩大中国文化的国际影响力和辐射力，从而提升中国文化的国家软实力，这就需要有中国特色、中国创造、中国气派的系列中国文化精品和中国文化商品，去占领国际文化消费市场，要做到这一点，就要求我们的产品必须有国际视野、现代意识和世界语汇。如何在全球化背景下，使中国文化能够在经济文化一体化中保持自我，并立足于世界文化之林，这是中国文化走出去的关键所在。强化对中国对外文化贸易的研究既是一个文化生产、推介的问题，更是一个国家对外形象塑造的问题，这一重大问题，亦是我们研究的又一重点。

透过上述涉及中国文化产业学术研究的重大理论与实践问题，我们不难看出，"中国文化产业学术研究大系"工作从本质上说是一项全面、系统地研究中国文化产业发展的浩繁工程，也是一项总结前人经验、开拓未来研究路径的拓荒工程，虽然对中国文化产业的专题性研究的成果已出版不少，但迄今为止，仍无一套完整的就中国文化产业学科建设的系统化教科书和学术性大系，我们这个团队虽然学识、功力尚不足承担如此重大的责任，但中国文化产业现实的紧迫要求与呼唤，我辈学人的责任感、使命感，使我们鼓起勇气来自觉承担起这份责任，好在我们坚信，抛砖引玉的奠基工作必定会为未来的学术大家支垫一块有用的基石，虽说这块基石还是十分粗糙的。

　　"知行合一"是王阳明哲学思想的精髓，也是中国哲学思想的精髓之一。我们的"学术大系"正是基于这样一种哲学理念，走理论联系实际之路，力图在学理上构建一个较完善的中国文化产业学术体系和学科建设体系，在实践层面能对中国快速发展的文化产业现实提出启示并加以实际运用，故而这是一套既倡导学术独立的个人学术著作的聚合，又是一套能给实际工作者以参考的教科书和工具书。

　　建设社会主义文化强国，需要既面向全球又接地本土的文化产业的顶层设计。它以中国悠久的历史文明为背景，以中国特色社会主义建设几十年的实践经验为基础，以当下世界各国或地区当代文化建设的经验与教训为参照，以中国改革开放的理论与实践为前提，以中国特色社会主义的核心价值观为指导，以广大中国人民的精神需求、现实诉求与理想追求为根本目标及动力，以民族大众精神的培植为己任，以社会自由个体内在素质的培育与理想境界的提升为最终目标。①

　　建设社会主义文化强国，需要以强大的学术研究提供积淀和营养，需要以繁荣的理论体系提供支撑和保障，需要认真研究当前文化产业发展面临的现实问题、存在的困境、积累的经验，通过理论研究总结文化产业发展中的成败得失，归纳文化产业市场建设中的成功经验，提炼适应未来文化产业发展的创新模式和发展路径，需要把文化产业的基础研究和应用研究有机结合起来，以应用研究促进基础研究，以基础研究带动应用研究，加强文化产业研究成果的转化和创意成果的孵化，通过知识转移平台、创新孵化平台、文化发展平台等搭建文化产业理论研究与现实生产之间的桥梁，使文化产业理论体系的建设在具有国际视野、中国

---

　　① 李静、林少雄，《文化建设需要"顶层设计"》，《新华日报》2013年1月15日。

特色的基础上，形成引领文化产业发展"高瞻远瞩、体系完备、科学严谨、博大精深、兼收并蓄"的社会主义文化强国建设的强大支撑。

文化产业学术研究的根本目的是指导和引领产业的实践。诚然，文化产业学术研究可以帮助人们解释、描述或预测许多文化经济现象和问题，但不可能直接用于解决文化产业发展中面临的所有问题。况且文化产业发展的时代背景和发展要素是错综复杂和变化无常的，但是，如何有效提高文化产业的学术成果转化率和理论研究的应用性，则是学术界的使命和责任所在。云南文化产业的发展一直在我国处于领先地位，不管是从民族文化强省理论的提出，还是中国文化产业"云南现象"被业界广泛认可的实践探索，云南省为中国文化产业的发展提供了有益探索。同时，当前中国文化产业理论研究领域内系统性探究的空白和学理性的薄弱，不但为云南提供了抢占文化产业理论研究制高点、填补中国文化产业学术界研究空白的机遇，而且作为理论和实践领域都超前于国家文化产业平均发展水平的民族文化强省而言，承担这一基础研究性工作责无旁贷。

周密研究策划组织编辑出版本丛书，是云南省文化产业发展领导小组办公室的战略构想，在广泛征询多方专家意见的基础上，我们对丛书提出了总体框架和编写要求：一是每本书充分发挥作者独立研究、独立思考的原创性功能，使其学术性与思想性高度统一，进而强化了作者的自由度和学术思想性、理论性，为学科建设提供一个相对完善的学术标准；二是作者遴选强调了目前国内文化产业研究领域较为活跃、具有较深学术理论素养又有一定社会实践经验的中青年学者为主要骨干，强调本丛书作为构建中国文化产业学科体系的历史责任感和使命感，为中国文化产业发展的理论与实践提供系统、完善的学术支撑；三是强调了中

国文化产业构成体系的科学分类，而不是对文化产业具体门类的专题研究，其理论的普适性从专业的角度去指导和引领各文化产业具体门类的发展；四是强调了全书纳入统一体例，即按教科书式的章、节、目结构撰写，统一版式，统一装帧，使之呈现出风格的相对统一。作为主编，我并不要求每位作者都要按照统一的行文方式来阐述自己的学术观点，而是充分尊重每位作者的个性和原创性，从而使得本丛书呈现出统一风格，又彰显个性；既有规范性表述，又有独创性思考；既有理论性学术观点，又有实践经验总结。为了提升丛书的学术质量，作者成稿后，又由编委会特聘国内文化产业学术研究领域几位德高望重的著名学者对书稿进行认真审读，并提出修改意见，作者在此基础上再进行认真修改，经编委会审定，出版社组织强有力的编辑班子，按严格编辑制度进行编辑，最后付梓，以确保质量。

"中国文化产业学术研究大系"系列丛书将立足于建设社会主义文化强国的战略目标，大力推进中国文化产业又好又快发展的现实机缘，从文化产业基本原理、发展历史、体制改革、集群发展、区域发展、规划方法、消费市场、管理体系、对外贸易等角度，对中国文化产业进行全景式深入的学术剖析，在较高的起点上对未来中国文化产业的发展路径进行深入的思考。"中国文化产业学术研究大系"的策划和出版，旨在构建相对完善的文化产业学科体系和基于文化产业实践应用的学术框架，以期通过学术创新和理论思考，影响中国文化产业的改革创新，为建设社会主义文化强国贡献绵薄之力。

目 录

第二章　调整与探索：十六大以前文化产业政策研究
（1978～2002）

中
国
文
化
产
业
学
术
研
究
大
系

引论　历史视域下的中国文化产业政策

一

政策，简而言之即为政治策略，是政策主体为解决一定的政策问题所采取的政治措施，表现为政策文本或者政策主体的相关规划、设计及体制运作等，主要用来统一政策主体和规范政策对象的思想行为，调控社会集团之间的利益关系，实现政策主体的政策目标。[①]作为国家或政党的政治措施，政策不仅有着十分丰富的内涵，同时也涉及十分广泛的领域，包括经济政策、教育政策、科技政策、文化政策、外交政策等。文化产业政策则属于经济政策与文化政策交叉融合的领域。

在我国当代社会的历史发展中，应该说我国的文化产业政策首先是脱胎于文化政策。文化政策对我国当代文化事业的发展具有极为特殊且重要的影响和作用。这既有社会发展的原因，也有传统文化影响的因素。一方面，随着中国当代社会由传统向现代的转型，民族国家的独立及社会主义革命和建设的展开，中国社会经济发生了翻天覆地的变化。但是，整体的经济社会发展及相应的社会保障与社会治理体系、机制在相当一段时间内还处于较低的水平，封建专制退位后，社会主义民主法制并没有在越过资本主义民主法制的基础上迅速确立，政策自然成为政策主体用来规范和调节社会关系的基

---

①　周晓风：《新中国文艺政策的文化阐释》，中国社会科学出版社2008年版，第1页。

本手段，甚至成为一种手段依赖。另一方面，中国当代文学艺术的一体化发展，以及中国传统的儒家礼教思想崇尚的"文以载道"，也深刻地影响着当代中国文化政策在文化事业发展中的作用。随着社会的发展，当代中国的文化政策也经历了起伏波折的发展过程。新中国成立初期的文化政策，主要是以20世纪40年代"延安文艺座谈会"的基本精神建构形成的，这对规范我国社会主义革命时期和社会主义建设时期的文化事业发展具有重要作用。新时期以后，中国当代文化事业政策经过"拨乱反正"，得以焕发新的生命力，并且随着社会主义市场经济的发展，出台了一系列与时俱进的文化政策，逐步形成当代社会主义市场经济背景下的文化事业政策体系。

其次，文化产业政策也来源于我国文化领域经营活动所适用的经济政策。由于历史和体制的原因，当代中国的文化经营活动在新中国成立的前三十年几近停滞，直至20世纪70年代末，文化领域又重新开始有经营性活动。1979年，广州东方宾馆开设了我国第一家音乐茶座，成为新时期我国文化市场兴起的标志。娱乐业成为文化经营活动的先导，从无到有，极大地刺激了社会文化消费的增长。但当初这些文化经营活动还未被赋予"产业"的地位，到1985年，国务院转发国家统计局《关于建立第三产业统计的报告》，把文化艺术作为第三产业的一个组成部分列入国民生产统计的项目中，正式确认了文化艺术可能具有的"产业"性质。1988年，文化部、国家工商局联合发布了《关于加强文化市场管理工作的通知》，在政府文件中首次出现了"文化市场"的字眼。1991年，国务院批转《文化部关于文化事业若干经济政策意见的报告》，正式提出了文化经济政策的概念。1992年，党的十四大报告明确提到"要完善文化经济政策"。

进入21世纪，随着中国加入世界贸易组织，全球化的逻辑开始渗透并影响我国文化的发展。2000年10月，党的十五届五中全会首次把"文化产业"

写进中央文件，明确提出"要完善文化产业政策，加强文化市场建设和管理，推动有关文化产业发展。""文化产业"的提出，标志着我国对于文化产业的承认和对其地位的认可，具有重要的意义。有学者认为，"确认'文化产业'合法性的首先意义就在于，它代表着对前现代文化观念的'去魅'（disenchantment），对计划经济时期旧文化观的深层解构，它使当代中国文化政策获得了全新起点。"①

随着文化产业地位的确认，文化产业政策也开始形成。有学者认为，文化产业政策的提出，是改革开放基本精神和总体战略作用于文化领域的必然结果，是新的社会历史条件下文化发展的客观要求和自觉选择，并认为中国文化产业政策的形成来自三大内在推力：一是改革开放释放出来的企业家精神和大众娱乐需求相结合催生的文化市场推动力；二是经济改革的示范效应和文化事业面临的生存压力相对比引发的国有文化事业单位生存模式创新推动力；三是结构调整的需要和人民日益增长的精神文化需要相叠加造就的文化发展客观需要推动力②。三大推力相继推动文化产业政策的形成并最终正式出场。

一般而言，任何一个国家调控经济发展都会综合运用法律手段、政策手段和行政手段。改革开放以来，随着市场经济的发展，市场在我国资源和要素配置中的作用越来越大，因而国家运用法律手段和政策手段的作用逐步增强，而运用行政手段的范围和力度逐步减少，产业政策日益成为国家为促进经济发展、规范市场环境、优化产业结构的主要手段。发展文化产业也不例外，由此，加强文化产业政策的研究也就成为必然。

---

① 李河、张晓明：《当代中国文化政策10年》，《中国社会科学院院报》2008年5月8日，第8版。

② 贾旭东：《全球化背景下的中国文化产业政策及其影响》，《同济大学学报（社会科学版）》2009年第3期。

首先，文化产业作为知识经济时代的新兴产业和内容产业，各国都在产业政策上给予大力扶持。20世纪80年代以来，随着经济全球化进程的加快、新技术革命和知识经济的崛起，促使经济与文化日益融合，经济文化化、文化经济化成为新的发展趋势，西方发达国家纷纷出台产业规划和相关政策，推动信息产业、文化产业等新兴产业迅速发展。美国的电影产业、英国的创意产业、德国的出版产业、日本的动漫产业、韩国的影视产业无不吸引了全球消费者的眼球，不仅成为其创造利润和财富的重要来源，而且也是实现其产业全球扩张的利器。文化市场作为全球竞争的新领域，深刻地影响着全球的经济政治格局和人类文明发展的进程。而我国作为世界上最大的发展中国家，由于传统文化体制的弊端和制约，还基本上没有参与到这一进程中去，以致我国的文化产业规模小、竞争力不强，文化服务贸易长期以来一直存在着巨大的逆差，这与我国作为经济大国和文化资源大国的地位很不相称。在经济全球化的条件下，我国的文化建设不能脱离人类文明发展的轨道，也不能不参与国际文化市场的竞争而实现自身的发展。如何顺应国际文化产业发展的趋势和潮流，通过体制改革、政策推动加快我国文化产业发展，以应对国际跨国文化传媒集团的挑战，提高我国的文化竞争力和软实力，增强中华文化的国际影响力，成为我国面临和急需解决的重大问题。

其次，新世纪以来，我国经济社会发展进入新的阶段，大力发展文化产业，满足城乡居民的精神文化需求已经成为国家发展战略的重要目标。发展文化产业是在市场经济条件下满足人民群众多元化、多样化、多层次精神文化需求的基本途径。国际经验表明，人均GDP1000～3000美元是文化消费活跃、消费结构提升的阶段，人均GDP达到3000美元以上是文化消费大幅度跃升，而物质消费比重逐步趋缓的阶段。2013年，我国人均GDP已达到6700多美元，按照2011年世界银行的标准，中国已经成为中上等收入国家。我国经济快速发展和人民群众文化消费水平的大幅提升，以及多层次、多元化、多样化的文化需求迫切要求加快发展文化产业，丰富城乡居民的文化生活，这也是执政党和政府的使命所在。而我国文化产业正处于发展转型和体制转型阶段，文化产品和服务的供给还存在着明显的缺口，需要加大产业政策支持，以加快文化产业发展。

从2000年我国正式确立"文化产业"这一概念以来，在科学发展观的指导下，按照文化建设的总体要求，党中央、国务院和文化主管部门相继出台了一系列政策措施，对推动我国文化产业发展和文化体制改革发挥了积极的作用。因此，加强文化产业政策的研究具有重要的意义。

一是有利于深化市场经济条件下对文化产业发展规律性的认识。文化产业不仅具有产业经济属性，同时也具有精神生产和意识形态属性。与其他产业门类不同，它的发展既要遵循市场经济规律，也要符合文化艺术发展规律，尤其是内容生产规律、文化传播规律和专业人才培养规律。换言之，文化产业政策研究的本质是要解决市场经济与文化艺术发展在对接过程中，如何既促进文化产业快速发展，同时又确保内容健康、市场规范和国家文化安全；针对不同问题和不同阶段，产业政策的重点和着力点应置于何处；采取什么样的政策手段；效果如何……对这些问题的研究，将进一步深化对文化产业本质和特点的理解，有利于全面认识当代我国社会主义文化发展的特征，更深刻地把握我国文化产业发展的整体走向，增强我国的文化软实力。

二是有利于增强党和政府对文化产业发展决策的科学性，提高党的文化执政能力。党对文化艺术工作的领导地位是由其执政地位和我国社会主义国家的性质决定的。随着市场经济和文化产业的发展，一方面，拓展了党在文化艺术工作中的领导作用的范围和内涵，另一方面，也对党的文化执政能力提出了新的要求。在市场经济条件下，党对文化产业发展的决策必须要集中专家学者和社会各方面的智慧，通过政府发布产业政策的形式作用于文化产业和文化市场。加强文化产业政策的研究将有利于增强党对文化产业发展决策的科学性和前瞻性，提高党的文化执政能力。

二

文化产业政策的出台，标志着我国政府开始有意识地运用产业政策推动文化产业发展，也标志着我国理论界对文化产业政策进行系统研究的开始。

20世纪90年代中后期，随着中国文化产业开始以完整的产业形态出现，关于文化产业政策的研究也开始兴起。1998年，针对当时文化经营活动迅速增加、文化企业逐步与行政机关脱钩、亟须对文化企业经营活动进行统筹规划指导的实际情况，文化部成立了文化产业司，内设研究规划处和综合指导处，对已经蓬勃发展的文化经营活动进行规划指导，负责研究拟定文化产业发展规划和文化产业发展政策、法规，扶持和促进文化产业的发展和建设，协调文化产业运行中的重大问题①。文化部文化产业司的成立，不仅对从国家层面推出文化产业具有直接的推动作用，而且对开启文化产业政策研究具有重要意义。随后，中国社会科学院、北京大学、上海交通大学、中国传媒大学、清华大学、中国人民大学、云南大学、山东大学、南京大学等高等院校和科研院所专门成立文化产业研究机构，开始文化产业理论和政策的研究。

2001年，中国社会科学院财贸经济研究所研究员白仲尧撰写的《文化产业政策》一文，对文化产业政策内容本身进行了比较系统的研究②。之后，有

---

① 孙志军：《我国文化产业发展的实践与思考——兼谈深入学习贯彻党的十七届六中全会精神》，《时事报告党委中心组学习》，2012年8月29日。

② 杨吉华：《文化产业政策研究》，中共中央党校博士学位论文2007年，第5页。

关文化产业政策的研究，或是在文化政策研究中呈现，或是散见于文化产业研究的成果中。比较具有代表性的，如上海交通大学胡惠林出版的《文化政策学》（2003版），对文化产业发展中的经济政策问题进行了讨论[1]。2005年，胡惠林主编的《文化产业概论》，专门用一章的内容来论述文化政策与文化产业政策、中国文化产业政策的发展以及文化产业政策制定的原则与内容[2]。此外，还有中国社会科学院张晓明等编著的《文化蓝皮书：中国文化产业发展报告》系列报告、北京大学叶朗等编著的《中国文化产业年度发展报告》系列报告等。而杨吉华的博士论文《文化产业政策研究》（2007）则是目前所能检索到的第一篇专门研究文化产业政策主题的博士论文。该论文基于我国文化产业政策实践及存在的问题，探讨了我国文化产业政策制定的依据、原则和政策目标，并着重研究了文化产业政策的三大内容体系，即文化产业结构政策、文化产业组织政策、文化产业发展政策[3]。

　　近年来，随着文化产业的勃兴和政策实践的深入，关于文化产业政策的研究日益引起理论界的研究兴趣，涌现出一批具有影响力的学者和研究成果。比较突出的有，欧阳坚出版的《文化产业政策与文化产业发展研究》（2011），重点就如何提高文化产业政策的针对性和有效性方面进行系统的研究和探索，以力求更加全面准确地把握文化产业自身的规律和特点，使政策更能做到有的放矢、切中要害，切实解决好文化产业政策指导性、针对性不强的问题。同时，借助其他产业政策的成功经验和公共政策的基本原理，研究和探索文化产业政策制定和实施中应遵循的原则、应处理好的关系和解决好的问题，以此提高政策的科学性和有效性。[4]这本著作既具有很强的理

---

① 胡惠林：《文化政策学》，上海文艺出版社2003年版。
② 胡惠林：《文化产业概论》，云南大学出版社2005年版。
③ 杨吉华：《文化产业政策研究》，中共中央党校博士学位论文，2007年。
④ 欧阳坚：《文化产业政策与文化产业发展研究》，中国经济出版社2011年版。

论指导性，又具有很好的实操应用性，是目前我国文化产业政策领域比较有影响的研究成果之一。李思屈等著的《中国文化产业政策研究》以实现文化产业综合效益的政策评估为目标，以产业经济的逻辑基点为入口，进而追求包含社会文化等公益因素，基于中国文化产业发展实际，同时又吸收了欧美"创意指数"的基本思想，建构"3P模型"（即Creative Power,Influencing Power and Cultural capital transform Power），对中国文化产业政策体系进行研究，以求与国际学术思想的研究模型接轨，便于国际学术交流和对话①。张京成等著的《中外文化创意产业政策研究》立足国内外具体政策措施，以英国、美国、澳大利亚、日本、韩国五个主要发达国家作为国外研究重点，以我国重点城市为国内研究重点，对中外文化创意产业政策进行分析和比较研究，从而揭示我国文化创意产业政策所面临的重要问题，分析政策需求，提出完善我国文化创意产业政策的思路②。这是不多的对国内外文化产业政策进行比较研究的成果之一。黄虚峰的《文化产业政策与法律法规》（2013）在概述当前中国文化产业总体的政策与法律法规环境的基础上，主要探讨了两大块的内容：一是文化产业领域一般类法律法规，包括著作权法、文物保护法、非物质文化遗产法等；二是文化产业核心行业门类管理的法律法规，包括出版产业法律法规、演艺产业法律法规、广播影视产业法律法规、艺术品市场法律法规、网络文化产业法律法规等③。这本著作主要是从文化产业法律体系的构建出发，将文化产业法律体系视为一个以宪法为核心，以横向的文化产业一般类法律法规为基础，以纵向的文化产业各行业门类的法律法规为主体的法律法规体系。另外，胡惠林主编的《我国文化产业政策文献研

---

① 李思屈，等：《中国文化产业政策研究》，浙江大学出版社2012年版。
② 张京成、沈晓平、张彦军：《中外文化创意产业政策研究》，科学出版社2013版。
③ 黄虚峰：《文化产业政策与法律法规》，北京大学出版社2013年版。

究综述（1999～2009）》认为，1999～2009年是我国文化产业政策快速发展的十年，也是新中国成立以来我国文化政策快速转型的十年。这十年，中国文化产业政策的文献生成与运动，具体和生动地记载了中国文化政策的建构过程①。该著作比较系统地整理和研究了这一过程，对更好地参与国际文化新秩序的重建和缔造具有世界意义和现代性的中国文化产业的制度创新体系和政策创新体系，具有理论和实践的重大价值和意义。这里，尤其需要提到的是，中共中央政治局原常委李长春出版的《文化强国之路：文化体制改革的探索与实践》（上下册）。全书收录了李长春同志2002年12月至2013年5月期间关于文化改革发展的重要讲话、谈话、文章共计90篇，共分为"深化文化体制改革""牢固树立符合科学发展观要求的新的文化发展理念""加快推进文化体制机制创新""加快构建覆盖城乡的公共文化服务体系""为人民提供更好更多的精神食粮""推进文化科技创新""推动中华文化走向世界"等七大板块，真实生动地记录了这一时期党和政府扎实推进文化强国战略的奋斗历程以及取得的重大成就和宝贵经验，对于继续扎实推进社会主义文化强国建设具有重要的参考价值②。

　　国外，有关文化产业政策的研究，以欧美国家走在前列，尤其是欧盟。关于欧盟文化产业和文化政策问题已成为许多欧洲会议的重要议题。1983年，加汉姆在大伦敦市议会提交的论文《文化的概念：公共政策与文化产业》中开宗明义便指出将文化产业作为文化行为和公共文化政策分析的中心，显示与传统文化研究者们立场不同，"向主流文化研究者展现了一个极易被忽视的维度，也就是，文化产业的建构与组成，文化流通业的集中。这

---

① 胡惠林：《我国文化产业政策文献研究综述（1999～2009）》，上海人民出版社2010年版。

② 李长春：《文化强国之路：文化体制改革的探索与实践（上、下册）》，人民出版社2013年版。

种讨论不仅可以为文化政策的制订者提供参考，也弥补了大多数文化消费研究的不足。"①之后，相关的研究日益增多。正如A.Girard和G.Gentil所言，文化政策反映的事实是，"今日人类面临的两难抉择，一是怀疑论中寻求绝望而愚钝的逃避，一是坚决地面对未来。"经过文献的梳理，解学芳将国外文化产业政策与法规的研究议题大致归纳为三类：②

第一类，是文化产业政策与就业及其主导性问题。如，Cathy Brick-wood在《信息社会中的文化政策与就业》一文中，以欧盟为例，指出就业政策即文化政策，认为文化产业在创造就业机会方面的作用应引起广泛关注，应纳入欧盟的"全面就业战略"中；而在就业培训时，文化产业和文化政策的关键性领域，如新媒体领域的资格培训，对在充满竞争的全球市场造就欧洲文化产业和体制来说具有决定性战略意义。另外，欧盟委员会则在《文化产业和就业》中考察了欧盟的文化产业实践及其对就业的影响，要求欧盟成员国在制定文化政策时，首先应考虑的是"如何最有效地把就业问题考虑进去"。而希瑟·费尔德在关于文化产业政策是否具有主导性的问题上，指出由于民主传统的影响，美国政府在文化产业政策上主要创造促进文化艺术事业发展、为艺术家提供更多机会的政策环境，崇尚多样化的文化政策，并没有主导性的文化政策。

第二类，是关于文化产业政策分类与举措的问题。在文化产业政策分类方面，Frith.S将文化产业政策分为四类：①产业性文化政策，适用于文化产品的生产供应，如大众传播媒体；②旅游性文化政策，特指那些通过消费者流动体验每个城市独特"气氛"的文化产品；③装饰性文化政策，帮助

---

① 章戈浩：《加汉姆以及文化产业》，潘知常主编：《传媒批判理论》，新华出版社2002年版，第168页。

② 解学芳：《文化产业制度：一个全新的学术研究领域——文化产业制度研究述评》，《学习论坛》2007年第8期。

城市更具吸引力；④文化民主性政策，强调城市居民在公共社会生活中平等参与的重要性。而Kong.L在研究了英国的文化产业政策之后，认为英国文化产业政策主要涉及四个方面：①文化生产所需的基础设施投资政策，如"文化区"规划政策；②促进各种标志性开发的政策；③投资公共艺术和雕塑建设的政策；④加强商业与公共部门合作的政策。在文化产业政策制定措施方面，国外文化产业政策着重加强两个方面的措施：一是进一步完善法规制度。比如美国，为控制黄色文化产品的泛滥，除电影业制定的电影法和电影分级制度外，还制定了电视剧制作播放的审查定级制度。如Joseph R.Dominick研究了电影的分级系统，即G级（General，适合普通观众）、PG级（ParentalGuidance，儿童在父母指导下观看）、R级（Restricted，17岁以下需父母陪伴）、X级（禁止17岁以下观看）。1984年，又在PG级和R级间增加了PG-13级（13岁以下不宜观看）。二是加大对高雅艺术的支持力度，保护和发展传统文化。比如英国，在国家发布的艺术发展战略中，明确提出政府和社会应加大对艺术事业的支持；葡萄牙政府对文化艺术的投资方式由普遍资助改为按艺术项目评审资助；苏格兰则在《为苏格兰喝彩：一套民族文化策略》中展示了对图书馆事业、信息协会以及其他能够满足公众的需求、为社会做出贡献的文化事业的资助和支持。

　　第三类，是一些多元化的文化产业政策议题。首先，1982年，联合国教科文组织召开"世界文化政策大会"，催生出一批有关文化政策研究的专著和论文。如西蒙·欧多特分析了法国独特的文化政策对法国经济发展的影响。William提出要开发文化研究网络，增强文化管理的基础，为文化管理者提供全国性跨领域的信息和合作平台。其次，20世纪90年代以来，西方各国开始陆续制定文化政策和文化发展战略。1993年，英国、澳大利亚和加拿大先后推出了各自的官方文化政策文件，欧盟各国也相继出台有关文化政策的

框架性文件。比如，Andrew Taylor研究了英国的文化政策，认为政党竞争会使得文化政策成为政策领域中比较重要的一环。澳大利亚制定了文化政策《创造之国度：澳大利亚联邦文化政策》和《澳大利亚的文化：政策、公众和纲领》，凸显澳大利亚文化政策的特点：一是重视传统产业，特别重视保护文化遗产，并专门设立了遗产委员会和专项法律；二是鼓励创新，鼓励在原有艺术品种基础上创新，鼓励引进新的艺术品活跃文化市场。日本文化政策推进会议通过的《新文化立国：关于振兴文化的几个重要策略》，论述了文化政策的重要性，并确立了日本在21世纪的文化立国方略。Marie-Pierre LeHir探讨了新世纪关于传播全球化的问题，对法国文化保护政策的利弊进行了深入分析，指出《法国的文化政策》宣称文化是国家形象的重要因素，法国政府对文化的关注程度和资金投入比例很大。另外，英国还出台了《文化与创意10年规划》，芬兰颁布了《内容创造启动方案：2000～2004》等等。

三

研究文献表明，无论政策实践还是政策本身的理论研究，中国文化产业政策研究都取得了比较丰硕的成果，为后续的研究提供了很好的基础和借鉴。但归纳起来，从21世纪初提出文化产业的概念，并由此追溯到20世纪中叶中华人民共和国的成立，放眼当代中国文化产业的发展，已有研究更多的是注重对中国文化产业政策的现实关照，而缺少从历史的视角对当代中国的文化产业政策的研究，尽管其中不乏部分对中国文化产业政策发展的历史审视。2014年2月28日，习近平总书记主持召开中央全面深化改革领导小组第二次会议，审议通过了《深化文化体制改革实施方案》，新一轮文化体制改革开始进入全面实施阶段，未来新形势下必将有许多新的政策问题需要理论研究者们去研究、去探索。然而，在这样一个承上启下的关键时期，除了需要继续"向前看"，促进我国文化产业政策研究向纵深发展外，也很有必要适时地"回头看"，全面系统地梳理我国文化产业政策的历史发展过程，以史为鉴，扬鞭未来。因此，通过必要的"回头看"，本书力图厘清当代中国文化产业政策的历史演变过程，从政策形成的历史背景出发，分析和阐述我国文化产业政策的发展规律，从历史的角度去研究当代中国的文化产业政策。

除了引言和结束语，本书共分四章。

第一章主要是对文化产业的内涵及其外延进行剖析，归纳其主要特征，并对文化产业的基本类型、结构体系、内容体系等进行了概述，力图对中国文化产业政策的基本范畴和体系结构有个整体的关照。

第二章主要是对党的十六大以前特别是改革开放以来我国社会主义市场经济体制逐步建立的过程中我国当代文化产业政策的发展与演变进行研究。改革开放以来，随着我国文化政策进行的一系列调整，我国文化产业政策开始真正进入成形和起步发展的时期。

第三章和第四章分别对党的十六大以来我国文化产业政策进行总体政策的宏观扫描和具体行业门类政策的微观关照。自从党的十六大明确提出大力发展文化产业以来，我国文化产业开始进入发展与腾飞阶段，并相应地密集出台了一系列文化产业政策，广泛涉及文化产业的各个门类。为尽可能地全面关照这个阶段的相关政策，既需要我们对这一时期的文化产业政策进行总体政策的宏观介绍，也需要我们分行业门类的微观具体分析，从而比较全面而又重点突出地呈现这十多年来我国文化产业政策的发展状况。

总之，本书试图以当代中国文化产业政策总体的发展过程为经，以不同文化产业门类的政策实践为纬，不仅对当代中国文化产业政策实践进行纵向的历史关照，而且以宏观的视野，对我国不同文化产业门类的政策实践进行

横断面的历史分析，力求纵横交错、全面系统地呈现当代中国文化产业政策的发展历史。

四

鉴于当代中国历史发展的复杂性，在系统回顾和梳理我国文化产业政策的当代发展时，我们有必要对以下几个问题加以说明。

第一，关于当代中国文化产业政策发展时段划分的说明。本书以党的十六大召开为分界点，将当代中国文化产业政策的发展划分为两个重要的阶段，即1949年新中国的成立至党的十六大召开，特别是改革开放以后至党的十六大以前我国文化产业政策的调整与探索阶段和党的十六大以来我国文化产业政策的发展与腾飞阶段。这种历史时段的划分，主要是基于历史与现实两个层面的考量：

首先，文化产业具有两重属性，即意识形态属性和经济属性。这两重属性是文化产业的一体两面，共同构成文化产业的根本属性。然而，在当代中国文化产业的历史发展中，由于这两重属性彰显程度的不同，文化产业政策也呈现出不同的样态。在第一阶段，即1949年新中国的成立至党的十六大召开，这是我国文化产业意识形态属性更为突出甚至有时异化为唯一属性的阶段。这一阶段的文化经营活动严重弱化甚至退化，在政策形态上直接以文化政策或文化事业政策样态呈现。根据文化产业两重属性发展的阶段性特征，这一阶段的文化产业政策又可细分为"社会主义过渡时期和全面建设时期的十七年""'文化大革命'十年及两年徘徊期"和"社会主义建设新时期"三个不同的历史时期。在"社会主义过渡时期和全面建设时期的十七年"，文化经营活动及相关产业政策曾经有所发展，但总体来说是政治意识形态占主导地位，政策多以文化政策形态出现；"'文化大革命'十年及两年徘徊期"中，在极"左"思潮和文化激进主义影响下，文化经营活动被彻底抹杀，文化产业属性严重异化，文化政治属性被空前拔高，所谓的文化产业只剩下唯一的政治属性；到了"社会主义建设新时期"，文化经营活动开始慢慢复苏，并在改革开放的时代背景下摸索前行，文化产业政策虽然还是处于文化政策的话语体系框架下，但已开始出现针对文化经营活动的规范文件。而第二阶段，则是我国自文化产业概念正式提出并以产业的合法地位登上历史舞台以来文化产业经济属性不断彰显的阶段。这一阶段，虽然也强调文化产业的意识形态属性，其政策制定必然受到国家基本文化政策的制约，但文化产业的经济属性已开始凸显，文化产业政策开始脱离于笼统的文化政策而以独立的形态出现，并与文化事业政策共同构成当代中国文化政策的重要内容。因此，从历史发展来看，尽管中国文化产业政策是在21世纪初才提出并迅速发展的，但实际上与20世纪下半叶中国当代文化政策的发展是一脉相承的，是中国当代文化政策的拓展与延伸。

其次，从现实发展来看，文化产业与文化事业都是国家文化建设的重要组成部分，两者相互联系，相互促进。一方面，文化事业的发展可以为文化产业的内容生产提供创作素材和创新源泉，并且，还可以提升人们的文化艺术欣赏水平和素养，为文化产业培育比较成熟的文化消费市场；另一方面，文化产业的发展能为文化事业的发展提供必需的文化用品和设备，也能更好地促进文化事业的开发、保护与传承，进一步推动文化事业的普及和大众化。正因为两者如此紧密的关联，关于文化产业与文化事业的二分法，国内部分学者有不同的意见。比如，2011年9月，在中国文化产业30人高端峰会上，上海戏剧学院黄昌勇教授认为，文化产业和文化事业之间是相互交叉、相辅相成的，将国家文化机构机械地划分为要么是文化事业单位，要么

是企业单位，这样一个非此即彼的做法是不合理的。清华大学熊澄宇教授也持相同观点，认为在文化产业与文化事业之间确实存在亦此亦彼的模糊过渡地带，二者并不能界限分明地区分。而国外，多数文献并没有界定两者的区别，而是将文化产业和文化事业笼统地纳入文化研究中去考量。因此，本书将中国当代文化产业政策的研究节点上限不是设定在文化产业政策概念首次提出的21世纪初，而是往前推至中国当代史的开端，即1949年中华人民共和国的成立，这是具有一定的历史与现实基础的。

第二，关于本书研究对象的说明。作为本书的研究对象，中国文化产业政策按政策主体可以分为两大类，一类是国家层面的文化产业政策，另一类是地方层面的文化产业政策。我国幅员辽阔，各地传统文化习俗迥异，文化产业发展水平差异很大，各地因地制宜出台的文化产业政策也有很大的差异性。对这些差异比较研究，不仅对促进地方文化产业政策实践具有现实意义，而且对丰富我国文化产业政策研究具有重要理论意义。但囿于篇幅和研究功力，本书着重聚焦于国家层面的文化产业政策研究，从宏观的视野去关照当代中国文化产业政策的发展，力图发现其历史发展中的普遍规律。

第一章 范畴与体系：中国文化产业政策概述

第一节 文化产业政策的内涵及特征

一 文化产业政策的内涵

（一）文化产业政策概念的界定

1. 文化产业

20世纪初，作为一种新的文化形态和特殊的经济形态，在当代西方的社会语境和理论研究中，文化产业逐步成为西方学者关注和研究的领域。1926年，德国学者、法兰克福学派重要人物本雅明在《机械复制时代的艺术作品》一文中提到文化复制现象，认为艺术品可以批量生产。1947年，该学派主要代表阿多诺和霍克海默在其合著出版的《启蒙辩证法》一书中首次提出"文化产业（Culture Industry）"的概念，也称为"文化工业"。文化工业"在内涵上既指称前工业化的文化产品书籍和报纸等，也指称那些工业化的大众文化产品"①。在《启蒙辩证法》书中，阿多诺和霍克海默批判和否定了"文化产业"，其观点成为当时的主流，而本雅明的观点则被视为异类。

随着经济的发展和社会语境的不断变换，"文化产业"这一概念也在新

---

① 周正兵：《文化产业导论》，经济科学出版社2009年版，第21页。

的语境中逐步发展成为一种中性的概念。1980年初，欧洲议会所属的文化合作委员会首次组织专门会议，召集学者、企业家、政府官员共同探讨文化产业的含义、政治背景与经济背景及其对社会与公众的影响等问题，文化产业作为专用名词从此"正式与其母体脱离"，成为一种广泛意义上的"文化—经济"类型①。

尽管如此，时至今日，有关文化产业的概念国内外还是没有形成统一的界定，不同国家或研究者对其内涵的界定依然存在差异。由于对文化产业概念的内涵界定存在较大的差异，不同国家、国际组织及学者对文化产业的外延及分类也就有着很大的不同。

此外，顺应文化产业发展的大潮，我国许多地方也推出了对文化产业界定和分类的标准，其中比较典型的是北京市制订并颁布的《北京市文化创意产业分类标准》（2006）。该标准将文化产业称为文化创意产业，并将其界定为以创作、创造、创新为根本手段，以文化内容和创意成果为核心价值，以知识产权实现或消费为交易特征，为社会公众提供文化体验的具有内在联系的行业集群。与此相类似的还有深圳市在《深圳文化创意产业振兴发展规划（2011~2015年）》中将文化创意产业界定为"以创作、创造、创新为根本手段，以文化内容、创意成果和知识产权为核心价值，以高新技术为重要支撑，为社会公众提供文化产品和服务，引领文化产业发展和文化消费潮流的新兴产业"。

但目前沿用较多的还是国家统计局、中宣部及国务院有关部门共同制定的《文化及相关产业分类》及修订版。2004年制定的《文化及相关产业分类》更多是基于产业统计的需要，较少考虑文化产业生产活动特点，没有很好地体现文化产业的市场特征，包括了部分文化事业的统计内容。而2012

① 胡惠林：《文化产业概论》，云南大学出版社2005年版，第10页。

年的《文化及相关产业分类》修订版虽然也是为建立文化及相关产业统计制度，但在分类上开始重视文化生产活动特点，并借鉴了联合国教科文组织的《文化统计框架（2009）》的分类方法，力争与国际分类标准相衔接。这次修订进一步完善了文化及相关产业的定义及内涵和外延，对文化及相关产业的类别结构和具体内容作了调整，增加了文化创意、文化新业态、软件设计服务、具有文化内涵的特色产品生产等内容和部分行业小类，减少了旅行社、休闲健身活动等不符合文化及相关产业定义的活动类别。总的来说，修订后的分类体系与新的国民经济分类标准更加契合，更加符合我国文化产业的特点和实际发展状况，也增加了统计数据的国际可比性。

上述文化产业的概念界定中，首先，由于不同国家、国际组织或学者根据本国国情或自身的研究角度，对文化产业的名称及内涵界定都有明显的区别，其对文化产业的分类标准和内容也有很大的差异。其次，随着经济、社会的发展，特别是科学技术的进步，文化产业的外延得以不断扩展，除了传统的新闻出版、广播电影电视、音乐、美术等行业外，文化遗产、旅游、互联网、建筑、传统食品、手工艺等行业内容也被纳入文化产业。但不管分类如何变化，凡是归入文化产业的行业都应该具有鲜明的文化特征，否则，文化产业内容将被泛化，分类和产业边界将模糊不清。第三，有些行业不宜进行完全的产业化运作，如新闻、博物馆、图书馆、档案馆等，这实际归结为怎样正确处理文化事业与文化产业的问题；还有些虽有部分活动与文化有关但已形成自身完整体系的生产活动，如属于农业、采矿、建筑施工、行政管理、体育、自然科学研究、国民教育、餐饮、金融、修理等的生产活动和宗教活动，我国均不将之纳入文化产业。①

---

① 王文锋：《中国区域文化产业战略定位研究》，云南人民出版社2014年版。

2. 文化产业政策

由于国外没有文化产业和文化事业之分，所以也就没有如我国学界针对文化产业的政策研究，而是关于文化政策的整体研究。纵观文化政策在欧洲的发展历史，长期以来，文化政策局限于狭窄的文化概念，很少以经济发展为目的来开拓文化资源（Bassett，1993）[①]。直至20世纪80年代中期，文化政策仍集中于社会与政治领域，而不是经济领域。这一时期以新的城市社会运动为特征，推动了政府将更多的政治和文化自治权力还于民众。作为这些运动的一部分，当权者开始采用更广泛的"文化"概念，并把文化发展看作是城市政策和政治不可或缺的组成部分。之后，由于强调个人和社区发展中的共同参与性，改善了公共社会生活的质量，从而挖掘出文化政策对城市经济和城市更新的潜在贡献（Bianchini，1993）[②]。基于几个英国城市（包括伦敦、格拉斯哥、伯明翰和纽卡斯尔）的经验，Kong将20世纪80年代中期到90年代的文化经济政策分为四个方面。首先，增加对文化生产所需基础设施的投资，如各种工作室、营销，及其他机构，并进行了"文化区"的规划。相应地，还增加了对新技术的支持，例如将有线电视和录像接到整个流行文化领域（Bassett，1993）。第二，出台各种标志性开发项目，如在内城地区建造艺术中心、剧院和音乐厅等，同时举办高赢利的文化节日，并往往与当地历史遗迹相联系，以此鼓励文化旅游业。第三，投资公共艺术和雕塑的建设，以多种方式增加城市公共空间的活力（Bassett，1993）。第四，加强商业与公共部门的合作，包括开发商、银行、国内和国际公司（Bianchini，1993）。与

---

① Bassett, K. Urban cultural strategies and urban cultural regeneration a case study and critique. Environment and Planning A, 1993, 25, 1773~l788.

② Bianchini, F. Remaking European cities: the role of cultural politics. In: Bianchini, F., Parkinson, M. (Eds), Cultural Policy and Urban Regeneration: The West European Experience. Manchester: Manchester University Press, 1993, pp.1~20.

此同时，学者们开始从经济学的角度来考察文化，"并将经济学方法应用于政策分析：投资、杠杆、就业、直接与间接收入效应、社会与空间定位，等等"（Booth与Boyle，1993）[①]。Frith（1991）将文化政策分为三类：产业型文化政策，适用于当地文化产品的生产，供应国内消费与出口，如电子类产品（收音机、discman等）和大众传播媒体；旅游型文化政策，适用于"那些不单单用于当地消费的文化产品，即消费者是'进口'的，来体验每个城市独特的'气氛'"；装饰性文化政策，适用于"城市美容，帮助城市更具吸引力，不仅对游客来说，还有对那些潜在的居民，或是寻求新的企业区位的投资者和新的白领阶层"[②]。根据Bianchini（1989）的观点，还有一种政策手段是"文化民主"型的，即强调所有城市居民在公共社会生活中平等参与的重要性。[③]Kong. L（2000）则研究了英国的文化产业政策，指出其政策涉及四个方面，即增加对文化生产所需基础设施投资的政策，促进各种标志性开发的政策，投资公共艺术和雕塑建设的政策和加强商业与公共部门合作的政策[④]。

国内，关于文化产业政策的界定，进入21世纪，自从我国"十五"计划纲要首次在政府文件中使用"文化产业"概念，明确提出要"完善文化产业政策"以来，诸多学者纷纷给出自己的概念界定。叶南客（2003）认为，文化产业政策是各级政府为了实现社会经济目标，弥补修正市场机制缺陷而制定的带有特定导向性的文化生产、流通、消费等规章条款系统[⑤]。刘吉发

---

① Booth, P., Boyle, R. See Glasgow, see culture. In: Bianchini, F., Parkinson, M. (Eds), Cultural Policy and Urban Regeneration: The West European Expenence. Manchester: Manchester University Press,1993, pp.21~47.

② Frith, S. Knowing one's place: the culture of cultural industries. Cultural Studies From Birmingham, 1991, 1, 135~155.

③ 汪明峰：《文化产业政策与城市发展:欧洲的经验与启示》，《城市发展研究》2001年第4期。

④ Kong, L. Culture, economy, policy: trends and developments. Geoforum, 31, 2000: 385~390.

⑤ 叶南客：《创新文化产业政策》，《群众》2003年第3期。

（2005）认为，文化产业政策是政府为了促进本国的经济发展，根据文化产业发展客观规律，综合运用经济手段、法律手段以及必要的行政手段，调整文化产业关系，维护文化产业运行，促进文化产业发展，达到对社会文化资源的最优配置，重新调整文化产业经济活动的一种政策导向[1]。胡惠林（2006）则指出，文化产业政策是政府根据文化和国民经济发展要求，以及一定时期内文化产业发展现状和变动趋势，以市场机制为基础，规划、引导和干预文化产业形成和发展的文化主张体系[2]。解学芳（2008）认为，文化产业政策是政府为了促进文化产业的发展，在遵循文化产业发展的内在规律基础上，综合运用经济、法律、行政等手段，规划、引导、管理文化企业，实现文化产业发展目标的政策体系的总和[3]。蔡尚伟（2010）则指出，所谓文化产业政策，主要是指国家权威部门制定并组织实施的旨在鼓励、规范、扶持文化产业发展的一系列政策的总和[4]。江陵（2012）认为，文化产业政策是建立在商品生产和市场经济的基础上，以促进产业发展和文化繁荣为目的，由政府制定的，综合运用经济、法律、行政等手段，为引导、规范、推动文化产业的形成、可持续发展而采取的特定的文化政策和产业政策的总和[5]。

从上述诸位学者对文化产业政策的概念界定来看，尽管在表述上存在差异，但基本认识还是比较一致的。学者们大都认为文化产业政策更多是从经济学的角度来考察文化，是政府根据国民经济和文化发展的需求，基于文化产业发展的客观规律和现实基础，以市场机制为基础，综合运用经济、法律

---

① 刘吉发：《文化产业学导论》，经济管理出版社2005年版，第215页。
② 胡惠林：《文化产业学》，高等教育出版社2006年版，第343，392~406页。
③ 解学芳：《文化产业政策的比较机理研究——以长江三角洲地区为例》，上海行政学院学报2008年第5期。
④ 蔡尚伟、刘锐：《中国文化及传媒产业政策的演变》，《今传媒》2010年第1期。
⑤ 江陵：《近十年中国文化产业政策的基本类型分析》，《江南大学学报（人文社会科学版）》2012年第1期。

以及必要的行政手段，规范文化企业市场行为，引导产业结构调整，进而推动文化产业形成和发展的一系列政策的总和。

（二）文化产业政策与相关概念的关系

1. 文化产业政策与产业政策

正如上文对文化产业政策概念的考究，诸多学者都是从经济学的视角，更具体而言，是从产业经济学的视角来解读文化产业政策。所以，文化产业政策首先是具有产业经济学意义的产业政策，属于产业政策的范畴，具有与农业产业政策、钢铁产业政策等其他产业政策所具有的共同特征。当然，产业政策具有广义与狭义之分。从广义上来说，"产业政策是对于一定时期内产业结构变化趋势和目标的设想，同时规定各个产业部门在社会经济发展中的地位和作用，并提出实现这些设想的政策措施"[①]。显然，广义上的产业政策是针对所有产业部门的活动。而从狭义来看，产业政策是针对某一特定的产业活动，即为了鼓励或限制某一特定产业发展而采取的政策的总和[②]。本书主要是从狭义的角度来看待文化产业政策，强调国家针对特定的文化产业部门活动所采取的特定政策。但文化产业政策不同于一般的公共政策或社会政策，也不是通常意义上的文化政策或宽泛的文化发展政策，更不包含或包含于文化事业政策。

2. 文化产业政策与文化政策

所谓文化政策，是指国家针对文化领域所颁布的相关规定和法律法规，是规范、调节人们文化活动的一系列路线、方针、政策的总和。首先，文化政策具有较强的意识形态属性，体现特定阶级和政党的文化利益和诉求，反映国家和执政党的文化意志。其次，文化政策是针对文化领域内所有文化活

---

① 邬义钧、邱钧：《产业经济学》，中国统计出版社2001年版，第485页。

② 汪同三、齐建国：《产业政策与经济增长》，社会科学文献出版社1996年版，第37页。

动的政策，既包括对文化事业发展活动的规范，也包括对文化产业经营活动的规范。文化政策是文化产业活动的基本准则，也是文化产业政策制定的基本依据，文化产业政策必须与文化政策保持一致。从这个层面上来说，文化产业政策也从属于文化政策，不过文化产业政策强调的是文化经营活动领域的文化政策，必须遵循文化产业发展的内在规律。可见，文化产业政策具有鲜明的两重属性，一方面从属于文化政策，具有一定的意识形态属性，其政策制定必然受到国家基本文化政策的制约；另一方面从属于产业政策，具有一定的经济属性，其政策必须按照文化产业活动的基本规律来制定。

3. 文化产业政策与文化事业政策

文化发展包括文化产业和文化事业两个层面，但关于文化产业与文化事业的二分法，不同学者有不同的意见。比如，2011年9月17日，在中国文化产业30人高端峰会上，上海戏剧学院黄昌勇教授认为，文化产业和文化事业之间是相互交叉，相辅相成的，将国家文化机构机械的划分为要么是文化事业单位，要么是文化企业单位这样一个非此即彼的做法是不合理的。清华大学熊澄宇教授也持相同观点，认为在文化产业与文化事业之间确实存在亦此亦彼的模糊过渡地带，二者并非能界限分明地区分。但大多数学者认为文化产业和文化事业的二分法是合理的，主张应该把文化产业和文化事业区别对待，采取不同的措施，两轮驱动，引领新时代我国文化的正确航向。特别是2002年11月，党的十六大报告明确提出"积极发展文化事业和文化产业"，更是从国家政府层面肯定了文化产业与文化事业的二分法。因此，基于文化产业与文化事业的二分法，相对应的，文化政策也就包含文化产业政策和文化事业政策。也就是说，文化产业政策与文化事业政策并属于文化政策，是文化政策的两个轮子，两轮驱动，相互联系，相互促进。

二　文化产业政策的特征

根据我国文化产业发展的实际情况，梳理我国文化产业政策的特征，首先需要厘清三个问题：第一，我国文化产业政策是一个复杂的政策体系，不仅涉及国家文化产业总体性政策、全国性文化产业子类政策，也包括文化产业地方性政策和文化产业相关的第三产业、服务业等政策，既涵盖文化产业核心层，又囊括文化产业的外围层和衍生层；第二，我国文化产业政策的主体具有多元性和层次性，不仅体现在政府层面，还体现在执政党和立法机关等层面，特别是执政党在决策中的权威作用；第三，我国文化产业政策规制有行政手段、法律手段和经济手段等多样形式，工具性较强。因此，我国文化产业政策除了具有产业政策的一般共性特征外，还具有动态性、综合性、层次性、复杂性、地域性等特点。[①]

1. 动态性。这是包含文化产业政策的所有产业政策所具有的共性特征。首先，从产业所处的宏观环境来看，产业政策随着国民经济和社会发展的整体要求变化而变化，特别是与国家经济发展的总体战略和产业结构转型密切相关。不同的经济发展阶段，需要不同的产业政策相适应。其次，从产业发展本身来看，在产业发展的不同阶段产业政策也不相同。产业发展具有周期性，一个产业从萌芽到衰退一般要经历四个阶段，即形成期、成长期、成熟期和衰退期[②]。在不同的发展阶段，产业具有不同的周期性特征和发展内涵，要求有不同的产业政策与之呼应，从而使产业政策表现出一定的时序性和动态性。文化产业政策从属于产业政策，具有产业政策的一般共性特征，随着文化产业的发展同样表现出这种波浪式动态推进的特征。

2. 综合性。这是由文化产业发展本身的复杂性所决定的。文化产业涉及

① 蔡尚伟，刘锐：《中国文化及传媒产业政策的演变》，《今传媒》2010年第1期。
② 史忠良，何维达：《产业兴衰与转化规律》，经济管理出版社2004年版，第29页。

的门类和领域很广泛，而这些不同门类又往往分属不同的行政部门主管，如新闻出版、广播影视归国家新闻出版广电总局管理，动漫产业则属文化部主管等。这就要求在政策制定时，相关主管部门密切配合，制定统一、协调的文化产业政策。而且，在政策的具体执行时，因为文化产业政策广泛涉及各个方面，往往需要财政、税务、海关、金融、保险、工商、公安等多部门的联合作战，才能推进文化产业政策的执行。比如2004年10月，由文化部、国家工商行政管理总局、公安部、信息产业部、教育部、财政部、国务院法制办公室、中央文明办、共青团中央等9个部门联合发布的《关于进一步深化网吧专项整治工作的意见》。这里面尽管有部门多头管理的因素，但更说明文化产业政策在制定和执行过程中具有综合性的特征，需要多个部门的配合才能完成。

3. 层次性。在我国文化产业政策体系中，既有大量针对行业门类，反映行业发展规律和特点的行业类政策，比如《电影管理条例》《出版管理条例》《娱乐场所管理条例》等，也有针对文化产业所有行业类型的总体性政策，如《文化产业振兴规划》《关于加快文化产业发展的指导意见》等，从而表现出层次性。按照政策文本规制的对象，文化产业政策体系可以粗线条地划分为文化产业总体政策与行业政策两个层次类别。所谓总体政策，强调的是政策文本内容以整体文化产业为对象，而不是以文化产业内某个具体行业门类为对象。所谓行业政策，则是强调文化产业某个或某些具体行业门类为政策规制对象。文化产业政策的层次性要求在制定和执行文化产业政策时，协调好文化产业总体政策与行业政策之间的关系以及行业政策与行业政策之间的关系，保持产业政策的统一性、协调性。

4. 复杂性。文化产业政策的复杂性不仅表现在其涵盖的内容广泛且各具特色，而且表现在文化产业政策本身的多重复杂属性。从政策内容本身来看，根据《文化及相关产业分类（2012）》，文化及相关产业分为文化产品的生产及文化相关产品的生产两部分，根据管理需要和文化生产活动的自身特点分为10个大类，依照文化生产活动的相近性分为50个中类，文化及相关产业的具体活动类别分为120个小类。尽管他们都从属于文化产业这个大箩筐，但在产业规模、产品形态、组织结构、运营模式、管理方式等各方面都有各自的特点。比如同属广播影视行业，电影的市场化进程明显要快于高于广播与电视。还有，同属于新闻出版业，图书比报纸的市场化要强。而事实上广播电视与报纸内部的市场化差异又有明显的不同。比如，电视剧、娱乐广播电视节目等市场化要强于时政类广播电视节目和新闻，而党报党刊的市场化则显然弱于非时政报刊。更往细分，党报党刊及时政类广播电视节目和新闻的采编与广告发行又可采用不同的管理方式和运营模式。从政策本身属性来看，文化产业政策不同于一般的文化政策，它具有产业经济属性；同时，文化产业政策又不同于一般的产业政策，它具有意识形态属性。这种意识形态属性不仅要求文化产业政策要站在政策主体政治利益的高度来面对和处理文化产业活动中事关全局和根本利益的重大问题，而且要具有高度的文化属性，不能在经济利益的追逐中迷失必要的文化关切。

　　5. 地域性。文化的多样性决定了文化产业的地域性，也就决定了文化产业政策的地域性。这种地域性主要表现在两个层面：第一，从国家和民族层面而言，文化产业政策应具有鲜明的民族特色和国别特色，必须深刻地反映本国的经济发展、地理环境、政治、历史、文化和传统等，必须与本国的经济发展水平和文化产业发展现状相适应。每个国家和民族由于国情与民族传统不同，其相应的文化产业政策也就必然有所不同。第二，从国家内部不同区域来看，不同地区发展水平、经济实力和文化资源禀赋的不同，决定了文化产业政策也有所不同。特别是在我国，幅员辽阔，人口众多，各地经济、

文化发展程度极不平衡，这就需要各地有针对性地制定适合本地文化产业发展的地方性政策。

第二节　文化产业政策的基本类型

一　文化产业政策类型的划分

文化产业政策体系是一个非常复杂的结构体系，而文化产业政策的类型则是文化产业政策体系中的重要内容。所谓文化产业政策的类型，是指根据文化产业政策的内容构成和形式表现特点对文化产业政策进行的划分和归类。研究文化产业政策的类型，有利于深入理解文化产业政策的构成要素及其结构体系，进而有利于文化产业政策对文化产业发展的引导、规范和推动作用。

研究文化产业政策的类型划分与归类，关键是确定文化产业政策类型划分与归类的依据和标准，而其客观依据就是文化产业政策文本类型的特征。这些特征尽管体现了文化产业政策文本自身的客观性，但也需要政策主体对文化产业政策文本进行深入分析，不断具化和深化文化产业政策的性质和特征认识。可见，文化产业政策类型划分的客观依据实际也包含政策主体的认识和功能选择，是主客观相结合的产物。

从主观来看，文化产业政策类型的划分表现为一种功能划分，体现政策主体的功能性需要。所谓政策主体的功能性需要，是指政策主体在特定社会历史条件下对于政策问题的提出、政策目标的设定、政策程序的制定以及政策条文的实施等所做出的功能性选择[1]。比如，随着世界多极化、经济全球

---

[1]　周晓风：《新中国文艺政策的文化阐释》，中国社会科学出版社2008年版，第74页。

化的深入发展，科学技术日新月异，各种思想文化交流交融交锋更加频繁，文化在综合国力竞争中的地位和作用更加凸显。当代中国进入了全面建设小康社会的关键时期和深化改革开放、加快转变经济发展方式的攻坚时期，文化越来越成为民族凝聚力和创造力的重要源泉。为此，2011年10月18日，党的十七届六中全会通过《中共中央关于深化文化体制改革推动社会主义文化大发展大繁荣若干重大问题的决定》。这是中国共产党成立以来第一次由党的中央委员会全体会议研究部署文化建设与发展。全会站在历史和时代的高度，深刻分析了中国特色社会主义文化建设面临的形势与任务，深入总结了我国文化改革发展的实践与经验，鲜明提出了建设社会主义文化强国的目标任务，全面部署了深化文化体制改革、推动社会主义文化大发展大繁荣的各项工作。全会指出必须抓住和用好我国发展的重要战略机遇期，在坚持以经济建设为中心的同时，自觉把文化繁荣发展作为坚持发展是硬道理、发展是党执政兴国第一要务的重要内容。全会的决定，思想深刻、旗帜鲜明、内容丰富、与时俱进，具有很强的思想性、战略性、针对性、指导性和实践性，是开创中国特色社会文化建设新局面、建设社会主义文化强国的总纲领，充分体现了执政党中国共产党对文化建设和发展的功能性需要。

从客观来看，对文化产业政策进行分类的标准是多元而非单一的。选择不同的标准将产生不同的政策类别。比如，根据文化产业内容构成的门类，可以把一般的文化产业政策划分为新闻出版业政策、广播影视业政策、动漫产业政策、网络文化产业政策、演出娱乐业政策、文化旅游业政策、广告会展业政策等；根据文化产业政策实施的时效限制，可以把文化产业政策划分为临时性政策、阶段性政策和中长期政策；根据文化产业政策的适用范围，可以把文化产业政策划分为国家级政策、地方性政策以及行业性政策，等等。在这些诸多标准中，以文化产业政策文本的内容及表现形式特征为依据

的类型划分比较典型。从文化产业政策文本内容的层次性来看，可以将文化产业政策划分为元政策、基本政策、具体政策；从文化产业政策文本内容的功能性质来看，可以将文化产业政策划分为协调性政策、引导性政策和限制性政策；从文化产业政策的表现形式来看，可以将文化产业政策划分为政策文件、政策文章和政策事件；而从文化产业政策表现形式的性质来看，又可将文化产业政策分为概念性政策、法规性政策和示范性政策。

不管如何划分文化产业政策类型，每一种文化产业政策类型都有自身的规定性、适用条件和类型特征。但是，划分文化产业政策类型的这些依据并不是一成不变的。它们不仅随着社会经济发展形势和文化产业发展的变化以及相关政策主体意志的转移而发生改变，而且还常常存在相互交叉的情况，共同构成文化产业政策的复杂的结构体系。更重要的是，由于政策作为政治措施的原则性，特别是由于中国当代文化产业政策自身所形成的历史特点，中国文化产业政策体系中这些不同类型的文化产业政策又有着作为政策的共同属性。这就需要我们在对中国当代各种文化产业政策类型的特征有一个正确把握的同时，也要注意它们之间相互交叉的复杂情况，从而形成对中国当代文化产业政策的各种类型及其划分依据的正确理解。[①]

二　基于构成内容的文化产业政策主要类型

（一）元政策、基本政策和具体政策

按照文化产业政策文本内容制定和执行的层次进行纵向划分，文化产业政策可以分为元政策、基本政策和具体政策，从而形成一个完整逻辑意义上的政策系统。在这个纵向文化产业政策系统中，元政策是其他层次政策的出

---

① 周晓风：《新中国文艺政策的文化阐释》，中国社会科学出版社2008年版，第76~77页。

发点和基本依据，对其他层次的政策具有指导作用，一般是其他层次政策的纲领性文本。我国台湾学者伍启元将公共政策分为基本政策、实质性政策、策略、规则与程序四个层次，其中基本政策（相当于元政策）的作用是"决定政策的主要目标和对若干根本问题的解决方法"，侧重于原则方面。元政策是处于一个国家宏观层次上"关于政策的政策"，是"用以指导和规范政府政策行为的一套理念和方法的总称"。①比如，由中央办公厅、国务院办公厅印发的《国家"十一五"时期文化发展规划纲要》和《国家"十二五"时期文化改革发展规划纲要》都是一定时期内（五年中长期规划）我国文化产业发展的基本依据。2011年，党的十七届六中全会专题研究文化体制改革问题，并发布《中共中央关于深化文化体制改革推动社会主义文化大发展大繁荣若干重大问题的决定》，则更是全党全国人民站在新的历史起点上，根据新的发展形势，对我国文化产业发展提出的纲领性政策文本。

基本政策是指执政党及其政府为维护和协调事关国家全局的整体利益，解决社会基本领域中存在的主要问题、促进社会某一具体方面的协调发展而制定的主要目标和行动准则。基本政策具有双向性，一方面它根据本领域、本部门的实际情况，将元政策的相对抽象原则和规定具体化，另一方面它又是制定各项具体政策的依据和原则，是指导本领域、本方面工作的全局性政策，因此是连接元政策与具体政策的中间环节，具有承上启下的作用。比如，为适应我国社会主义文化建设的需要，推动文化事业和文化产业的协调发展，根据《国家"十一五"时期文化发展规划纲要》，文化部于2006年9月发布的《文化建设"十一五"规划》，以及根据党的十七大精神，国务院于2009年9月发布的《文化产业振兴规划》等，都是有关文化产业领域的基本政策。

---

① 陶学荣、崔运武：《公共政策分析》，华中科技大学出版社2008年版，第6页。

具体政策是为了执行基本政策而制定的具体行为规则，体现并服从于元政策和基本政策，是基本政策的具体化内容，是实现元政策和基本政策的工具和手段。具体政策在文化产业政策纵向系统中处在最底层，在文化产业不同领域发挥作用，解决文化产业某个活动领域中具体问题，具有很强的针对性、时效性和操作性。具体政策是有关机构在日常公务活动中直接执行的政策，要求要有对应的部门或机构来具体实施，其实施效果是在经验基础上可以直接观察到并可以评价的。比如，2003年1月，文化部发布的《2003～2010年文化市场发展纲要》是相关行政部门针对文化市场领域发布的具体政策。同年7月，中宣部、文化部、国家广电总局、新闻出版总署等部门联合发布的《关于文化体制改革试点工作的意见》则主要是针对文化体制改革发布的具体政策。而2009年3月，财政部、海关总署、国家税务总局等联合发布的《关于支持文化企业发展若干税收政策问题的通知》，以及2010年3月，中宣部、中国人民银行、财政部、文化部、广电总局、新闻出版总署、银监会、证监会、保监会等联合发布的《关于金融支持文化产业振兴和发展繁荣的指导意见》等则是针对文化产业财政投资融资方面发布的具体政策。另外，相关行政部门还在文化科技创新、文化产业园区建设、对外文化贸易等多个领域颁发了诸多具体政策。

（二）协调性政策、引导性政策和限制性政策

按照文化产业政策文本内容的功能性质来划分，文化产业政策可以分为协调性政策、引导性政策和限制性政策。协调性文化产业政策主要是指那些以协调文化产业与其他产业经济活动以及文化产业内部各个方面之间的关系为基本内容和基本目标的文化产业政策。从政策的基本功能来看，几乎所有政策都具有协调的功能，可以协调相关利益方之间的利益关系。从文化产业与其他产业经济活动的关系协调来看，如2010年5月，文化部和中国工商银行

联合发布的《关于贯彻落实支持文化产业发展战略合作协议的通知》，主要是用以协调文化产业与金融业之间的产业发展融资问题。从文化产业内部各个方面之间的关系协调来看，如2008年10月，国务院办公厅发布的《关于印发文化体制改革中经营性文化事业单位转制为企业和支持文化企业发展两个规定的通知》则强调在文化体制改革中如何规范、协调公益性文化事业与经营性文化事业之间的关系以及文化企业经营发展中的问题。

引导性文化产业政策主要是指那些用来引导文化企业和经营者以及其他社会投资者广泛参与到文化产业的大发展大繁荣中来的文化产业政策。政策一般具有协调、引导和控制三大社会功能。引导性文化产业政策主要体现了文化产业政策的引导作用，这种引导作用是政策主体根据社会经济的发展和文化产业发展实际的需要，通过政策措施的引导，促使文化产业经济活动向政策主体所期望的方向发展。在当代中国文化产业发展史中，往往在社会发展及文化产业发展的重要时期、重要关头，就会出台相应的引导性政策，主要包括具有指明方向性意义的元政策，也还包括一些基本政策甚至具体政策。比如，2000年10月，党的十五届五中全会首次在中央正式文件里提出了"文化产业"这一概念，明确提出要"完善文化产业政策，加强文化市场建设和管理，推动有关文化产业发展"，标志着我国对于文化产业的承认及对其地位的认可，具有重要的意义，特别是对于文化体制改革具有决定性的作用。2005年，国务院连续推出了《关于鼓励支持和引导个体私营等非公有制经济发展的若干意见》和《关于非公有资本进入文化产业的若干决定》，旨在鼓励非公有制资本参与文化产业的发展，为非公有制资本进入文化产业提供基本政策依据。还有，相关部门出台的《关于扶持我国动漫产业发展的若干意见》（2008年）、《关于促进文化与旅游结合发展的指导意见》（2009年）、《关于金融支持文化产业振兴和发展繁荣的指导意见》（2010年）等

具体政策，分别鼓励支持动漫产业、文化旅游业以及文化金融业等文化产业相关领域的发展。

限制性文化产业政策主要指那些明确规范文化产业经济活动范围、条件，以维护正常的文化市场秩序，促进文化产业健康有序可持续发展的系列政策。这主要体现在微观层面的具体政策上。比如，2010年7月，文化部颁发《关于加强暑假期间文化市场监管工作的通知》，要求全面净化社会文化环境，维护未成年人合法权益，特别是加强暑期文化市场监管工作。

三 基于表现形式的文化产业政策主要类型

（一）政策文件、政策文章和政策事件 [①]

从文化产业政策表现形式来看，文化产业政策可分为政策文件、政策文章、政策事件。文化产业政策文件是指具有法定职权的政策主体（主要指党中央、国务院及其所属的职能部门以及地方政府等）经过一定的政策制定程序，形成用以解决文化产业活动中所出现问题的党和政府的正式文件。文化产业政策文件的出台须经由具有法定职权的政策主体，以正式公文的方式发布并要求执行。这就决定了政策文件的权威性、原则性、系统性和可操作性。其具体表现形式有"决定""办法""通知""意见""纲要""规定"等。比如，《中共中央关于深化文化体制改革推动社会主义文化大发展大繁荣若干重大问题的决定》（2011年10月18日）、《文化部关于加快文化产业发展的指导意见》（2009年9月10日）、《关于在文化体制改革中加强国有文化资产管理的通知》（2007年9月29日）、《国家级文化产业示范园区管理办法（试行）》（2010年7月19日）、《图书出版管理规定》（2008年2月21日）、《电影数字化发展纲要》（2004年3月18日）等，都是典型的文化产

---

① 周晓风：《新中国文艺政策的文化阐释》，中国社会科学出版社2008年版，第89~90页。

业政策文件。本书讨论的中国文化产业政策主要是指这类政策文件。

文化产业政策文章是指那些在重要媒体上发布的、具有文化产业政策意义的文章。所谓具有文化产业政策意义，首先表明文章所代表的是具有权威性的文化产业政策主体，比如相关主管部门的领导同志，比如党报党刊或相关专业期刊的编辑部等；其次，表明这些文章的发表实际已经过政策制定所需要的一般程序，比如集体讨论研究、送相关主管部门审阅甚至党和国家领导人审阅等；第三，表明这些文章虽不同于正式文件，但大多发布于重要媒体，可以产生相当于政策文件的影响。在我国文化建设发展史上，改革开放以前，由于特定的社会历史和文化背景，这种具有政策意义的文化政策文章相当普遍。其中尤以《人民日报》《解放军报》《文艺报》《红旗》等报刊的社论、编者按语和重要文章最为突出。这些政策文章对深入理解和把握改革开放以前新中国文化政策的构成及其历史特点具有重要的意义。进入新时期以后，随着中国当代社会民主化、法治化进程的推进，这类以个人名义发表的政策文章已逐步减少。

文化产业政策事件是把"事件"看成一种文本，是一种广义的政策文本，或者称之为"超文本政策"，主要包括党和国家领导人及相关主管部门的领导同志参加的相关文化产业重要活动、谈话、题词等。这些活动事件并不表现为典型的文化产业政策文本形式，只是具有象征意义上的政策文本。正是这种象征意义上的模糊性，决定了文化政策事件具有某种意义上的不确定，可以进行多方面多角度的诠释，没有政策文本的规范与确定，所以一般也不轻易将这些事件看作政策。如同政策文章，改革开放以前，这种把文化政策事件当作文化政策的情况比较普遍，改革开放以后，随着文化政策制定的规范化推进，这类政策事件也逐渐减少。

（二）概念性政策、法规性政策和示范性政策 [1]

从文化产业政策表现形式的性质来看，文化产业政策又可分为概念性政策、法规性政策和示范性政策。概念性文化产业政策是指那些针对文化产业经济活动中的思想认识问题，又具有文化产业政策意义的有关思想主张所形成的文化产业政策文本。这些涉及文化产业思想观念的问题事关文化产业发展方向路线的重大问题。所以，从政策文本内容类型来看，这些概念性文化产业政策就是上文所述的文化产业基本政策。基本文化产业政策强调的是在内容上这些政策具有解决基本文化产业问题的重要性及针对所有文化产业问题的普遍性，而概念性文化产业政策则强调的是这些政策在观念上的思想观点、认识，并不强调具体的政策条文或体系。这种概念性的政策文本以党和国家领导人关于文化产业发展的谈话比较常见。

法规性文化产业政策是指那些有明确政策条文的，具有普遍约束力的立法或非立法性文件的总和。法规性文化产业政策只是笼统的概念，具体包括规范性文件、行政规章、行政法规等。规范性文件，从狭义的角度来看，是指法律范畴以外的其他具有约束力的非立法性文件。从广义的角度来看，则指属于法律范畴（即宪法、法律、行政法规、地方性法规、自治条例、单行条例、国务院部门规章和地方政府规章）的立法性文件和除此以外的由国家机关和其他团体、组织制定的具有约束力的非立法性文件的总和。本书采用狭义的范畴，也是中国文化产业政策新时期的主要政策类型，比如《文化部"十二五"时期文化产业倍增计划》（2012年2月23日）等。但不管是狭义还是广义，所有规范性文化产业政策都需要政策制定主体，制定程序规范，且具有普遍的约束力。行政规章是指特定的行政机关根据法律和法规，按照法定程序制定的具有普遍约束力的规范性文件的总称。行政法规是指国务院根

---

① 周晓风：《新中国文艺政策的文化阐释》，中国社会科学出版社2008年版，第91~93页。

据宪法和法律，按照法定程序制定的有关行使行政权力，履行行政职责的规范性文件的总称。行政法规调整的对象一般是公共管理领域带有普遍性、全局性、原则性以及意义重大的问题。行政法规政策主体是我国的中央政府，而行政规章的制定主体或是中央政府的组成部分，或是地方政府。可见，法规政策的权威性要明显强于行政规章。

示范性文化产业政策是指那些没有明确的政策条文，只有示范参照的文化产业政策事件和相关政策活动等。其中，文化产业政策事件是比较典型的示范性文化产业政策。

第三节　文化产业政策的结构体系

文化产业涵盖的行业门类众多，涉及的内容极其广泛，决定了文化产业政策必定是非常复杂的结构体系。所谓文化产业政策的结构体系，简而言之，就是按照一定的结构规律将构成文化产业政策的结构要素组合成特定的结构模式，形成特定的政策结构体系。文化产业政策虽然具有自身的独特性，但其结构与其他一般政策一样具有大致相同的规律。由此，分析文化产业政策的结构体系，可以着重把握三个方面：一是文化产业政策的结构要素；二是文化产业政策的结构规律；三是文化产业政策的结构模式。[①]

一　文化产业政策的结构要素

文化产业政策的结构要素是指构成文化产业政策的主要元素或基本组成部分。这种构成，从动态的角度来看，强调文化产业政策形成及其实施的

---

① 周晓风：《新中国文艺政策的文化阐释》，中国社会科学出版社2008年版，第93~115页。

过程，包括政策问题的提出、政策方案的制定、政策的具体实施、政策的调整、政策的终止等若干阶段。从静态的视角来看，这种构成强调文化产业政策相对静止的静态结构要素，主要包括政策主体、政策客体、政策目标、政策内容及形式、政策手段等。与其他一般政策的构成要素分析类似，这里主要是从静态的结构要素构成来简要分析文化产业政策的结构体系。

（一）文化产业政策的主体

文化产业政策的主体是文化产业政策的决策者、制定者和组织实施者，是文化产业政策结构体系中最重要的构成要素。由于中国社会和文化发展的历史特点，也由于政策体系本身的规定性，文化产业政策的主体在其构成和功能方面都具有比较丰富的内涵。

文化产业政策主体的构成在层次、类型及职责等方面都有较大的区别。第一，从层次来看，按照行政隶属关系可以分为三个层次：第一层是国家层面的文化产业政策决策层，包括中共中央、国务院，以及中央主管文化和意识形态的部门，中宣部、国务院办公厅、国务院相关文化行政管理职能部门，如文化部、国家新闻出版广电总局等；第二层是省级层面的文化产业政策决策层，包括省、直辖市、自治区党委和政府，以及下属的宣传部、文化厅、新闻出版局、广电局等相关文化主管部门；第三层是省级以下的具体文化行政主管部门，负责地方文化产业政策的决策与执行。按文化产业政策的区域范围来分，又可以分为全国性的、区域性的、行业性的、民族性的等若干政策主体。不管以何种层次标准来划分，本书研究的文化产业政策主体主要是集中在国家层面而非其他层面。

第二，从类型划分来看，文化产业政策主体可以分为执政党、国家立法机关、国家行政机关等。首先，文化产业不仅具有产业属性，也具有意识形态属性，不仅关系到国民经济的发展，也关系到国家的文化安全和意识形态安全。所以，中共中央自21世纪初首次在国家层面提出"文化产业"的概念之后，就一直重视文化产业政策的制定与实施。特别是2011年党的十七届六中全会，首次在中央全会以专题的形式研究了文化体制改革的问题，对我国文化产业的发展做出了重大战略决策。一般，代表党中央具体参与我国文化产业政策决策的部门主要是中宣部。其次，国家立法机关主要是制定文化产业相关法律，如《广告法》《中华人民共和国著作权法》等。我国的立法机关为人民代表大会及其常务委员会，任何政策建议、主张，只有经过立法机关的讨论、通过才能上升为国家意志，成为具有强制力的法律文本，具备政策执行必需的合法性和权威性。再次，国家文化行政机关主要包括国务院（国务院办公厅）及国务院下属相关文化行政管理部门，如文化部、国家新闻出版广电总局及其他相关部委等。我国大部分文化产业政策的法规、规章、条例等政策文本都是由这些国家相关文化行政机关起草制定并有效贯彻执行的。

第三，从政策主体的职责来看，可以分为决策主体和执行主体。当然，这类划分实际是相对的，有的政策主体对下发布政策是决策主体，对上执行政策则是执行主体。比如国务院相关文化行政管理职能部门，如果发布职能管辖内的相关文化产业政策，则是在履行决策主体的角色；如果是执行党中央、国务院发布的政策，则是在履行执行主体的角色。同样的，省级及以下层面的文化产业政策主体可能是以决策主体的角色发布地方文化产业的政策，也可能是以执行主体的角色执行上级发布的文化产业政策。

不同构成的政策主体具有不同的政策功能。所谓政策主体的功能，是指政策主体在制定和实施政策过程中所发挥的政策功用和所承担的政策职能。国家层面的文化产业政策主体，主要负责全国文化产业政策的制定、执行、调整乃至终止。区域性的、行业性的、民族性的文化产业政策主体在全国文

化产业政策主体的指导下，负责地方性的、行业性的或民族性的文化产业政策的制定、执行、调整乃至终止。文化产业政策的决策主体主要功能是对政策制定进行决策并对政策的制定过程进行管理和协调，包括政策议题的收集、政策目标的拟定、政策方案的评价和选择、政策的调整和终止以及为政策执行提供必要的条件支持等。文化产业政策的执行主体则主要是具体组织实施政策，包括对政策目标和方案的分解、政策任务的组织协调、政策执行中的信息反馈与控制等。

（二）文化产业政策的客体

政策客体是指政策所作用的对象，主要是解决政策对谁起作用的问题。相比政策主体，政策客体的构成更为复杂。从政策学的角度，有学者认为政策客体除了人和机构或组织（可理解为人的符号化形式），还有事和物。"政策客体中的'事'和'物'是其自然属性，包括政策资源、政策环境条件和政策未来因素等物资方面，'人'和'组织'则是其社会属性"①。文化产业政策的客体是文化产业政策作用的对象，既包括文化产业政策作用的资源、环境条件等事物，也包括文化产业政策实施的目标群体。因为企业是产业的基本细胞，所以文化产业最基本的政策客体是各类文化企业。

客体是相对主体而言的，政策的客体与主体共同构成政策的一对矛盾。在文化产业政策实践中，政策主体起着主导、支配作用，但政策客体并不是消极、被动地接受政策，而是以自己特定的方式反作用于政策主体。一方面，文化产业政策主体通过其权威性、合法性，制定政策目标，运用政策资源和政策手段，规定着政策客体的行为选择。另一方面，文化产业政策客体根据自身的需要和利益诉求，主观能动地有选择性地接受政策的作用，并对政策主体施以影响和作用，甚至可能迫使政策主体调整或终止某些政策决

---

① 沈承刚：《政策学》，首都经济贸易大学出版社1998年版，第51页。

定。随着我国文化体制改革的纵深推进，文化市场主体的培育，文化产业政策主体与政策客体之间的关系将逐步得到真正理顺，形成新型文化产业政策主客体关系。

（三）文化产业政策的目标

政策目标的设定是政策制定过程中的一个重要环节，政策目标自然也就成为重要的政策结构要素之一。政策目标是政策制定和实施的出发点和落脚点，也是衡量和评价政策制定和实施的依据。政策目标是由一系列相互联系、相互影响的政策目标组成的目标体系。政策目标体系可以由一系列横向的政策目标构成，也可以由一系列阶段性的纵向目标构成。按不同的标准可以划分不同类型的目标体系，比如，按政策目标数量的多少，可以分为单目标政策和多目标政策；按政策目标涉及的面，可以分为总目标和具体目标；按政策目标涉及的时间长短，可以分为长远目标和近期目标。

（四）文化产业政策的手段

政策目标制定以后，关键在政策执行，而执行的好坏很大程度上取决于是否采用科学合理的政策手段和政策工具。所谓政策手段是指政策主体执行落实政策的具体方式和措施。根据政策作用途径和特点的不同，文化产业政策的手段大体可以分为经济手段、法律手段和行政手段等三种。经济手段是文化产业政策主体运用价格、利率、税收、信贷、工资等多种经济杠杆，调整文化产业相关利益关系而贯彻落实政策的方法，具有利益性、间接性、多样性的特点。从政策作用方式看，文化产业政策的经济手段可分为刺激性经济手段和诱导性经济手段。法律手段是指依靠国家法权力量，通过经济立法、司法和守法来调整文化产业中的经济关系，维护文化市场秩序，促进文化产业发展的方法，具有权威性、强制性、规范性、稳定性的特点。目前，我国整个文化系统、广播电视、新闻出版等行业都没有一部专门、系统、权威的部门法律（如广播电视法、新闻出版法等），只是有些零散的不太完善的部门法规、规章以及一些不具备强制执行性质的规范性文件等。为此，加强文化立法工作，建立系统的文化产业法律体系，为文化产业发展创造良好的法制环境成为急需。行政手段是指政府凭借政权力量，依靠从上到下的行政组织制定、颁布、运用政策、指令、计划的方法，具有权威性、强制性、垂直性、具体性、非经济利益性的特点。政府机构利用其特有行政权力，对文化产业活动进行强制性干预，如对市场进入规制、数量规制、价格规制、技术规制、环境保护规制和生产安全规制等也属于行政干预的重要内容。在文化产业政策实施过程中，行政手段的存在是必要的，但过多的不恰当的行政手段会使市场机制扭曲，严重影响市场机制运行，不利于资源优化配置，也容易使国家文化产业政策目标落空。①

（五）文化产业政策的内容及形式

政策的内容是指相关政策范畴和政策要素所组成的起步政策内涵，包括政策主体、政策客体、政策目标、政策原则、政策价值、政策措施、政策方法等。文化产业政策内容是文化产业政策的实质，是文化产业政策主体利益的集中体现，包括文化产业政策的主体、客体、目标、原则、价值、措施以及方法等。其中，最核心的是文化产业政策的价值。文化产业政策的价值内容是指文化产业政策文本所体现出来的政治、经济、社会、文化以及艺术的价值取向，主要是回答文化产业政策"为什么"的问题。由于多元的价值取向往往因不能兼容而互相冲突，比如社会政治的价值目标与经济效益价值目标的冲突，社会政治与文化艺术价值目标的冲突，以及经济价值目标与文化

---

① 杨吉华：《文化产业政策研究》，中共中央党校博士学位论文2007年，第29~30页。

艺术价值目标的冲突等，所以，文化产业政策的价值取向是一个比较复杂的矛盾价值体系。这种矛盾而复杂的价值体系有时可能带来我们在具体的文化产业政策实践时的无所适从，从而阻碍文化产业政策的有效贯彻执行。

在传统哲学范畴体系中，形式是内容的外在表现，包括事物的内部构成和外部形态。内部构成被称为内在形式，外部构成被称为外在形式。文化产业政策的形式也包括文化产业政策的内在结构和外在表现，具体分别表现为文化产业政策的文本结构和文本形态。

二　文化产业政策的结构模式

所谓结构模式，是指事物的构成方式和组成方式。文化产业政策的结构模式即文化产业政策的组织方式，表现为文化产业政策内容的结构框架。这种政策内容的组织方式不是一种偶然或随意的形成，而是具有某种内在的规律性，使政策内容各个组成部分构成一个有机的结构系统。

文化产业政策的结构模式表现为两个层面，一是总体的结构模式，二是具体的结构模式。文化产业政策的总体结构模式是从系统的角度，将文化产业政策体系看成一个整体，分析整个文化产业政策体系的组织结构，归纳其结构模式的特点和规律。具体方法是在总体把握的基础上，抽掉时间维度，重点分析文化产业政策的结构要素组合，从而把握文化产业政策的总体结构框架。这种总体结构框架可以细分为层次结构、组合结构和包容结构等几种基本的结构框架。文化产业政策层次结构框架是从纵向的角度来考量的，主要包括国家层面的文化产业政策、地方的文化产业政策和行业的文化产业政策。文化产业政策的组合结构框架是从横向的角度来考量，包括比如文化市场政策、文化产业财政税收政策、文化产业投融资政策、文化产业人才政策等等。文化产业包容结构框架是按照"宏观——中观——微观"这样内涵一致、外延逐渐缩小的包容关系建构的结构模式，这类似于上文所分析的文化产业元政策、基本政策和具体政策的划分。

文化产业政策的具体结构模式是从具体的政策文本来分析文化产业政策所具有的结构模式特点。尽管文化产业政策具体文本各有特点，但对不同文化产业政策文本进行抽象分析，即可总结出文化产业政策文本的一般结构模式。我国文化产业政策的具体结构模式由于特定的历史发展背景，呈现一定的特点。首先，我国文化产业政策具体的文本结构一般具有完整性，主要包括政策发布主体、政策作用的对象及范围、政策所针对的问题、政策的主要内容、执行政策的措施及时限要求等几个方面。其次，文化产业政策的文本结构具有很强的内在逻辑结构特点。再次，与严格、规范的法律文本相比，文化产业政策文本具有较大的灵活性，同时也缺少一定的操作性和法律约束性。

三　文化产业政策的结构规律

关于事物结构的规律性，皮亚杰认为，事物结构建构的基本规律主要包括三个方面，即事物结构的整体性、事物结构的转换性，和事物结构的自身调整性。事物结构的整体性，从系统功能论来讲，就是系统的整体功能大于系统各个部分功能之和。皮亚杰认为"一个结构是由若干个成分所组成的；但是这些成分是服从于能说明体系之成为体系特点的一些规律的。这些所谓组成规律，并不能还原为一些简单相加的联合关系，这些规律把不同于各种成分所有的种种性质的整体性质赋予作为全体的全体"①。所谓事物结构的转换性，皮亚杰指出"一切已知的结构，从最初级的数学'群'结构，到规定亲属关系的结构……都是一些转换体系……如果这些结构不具有这样的转换的话，它们就会跟随便什么静止的形式混同起来，也就会失去一切解释事物

---

① [瑞士]皮亚杰：《结构主义》，商务印书馆1986年版，第3页。

的作用了"①。可见，皮亚杰认为事物结构一定有一个发生或转换的过程，这是一种历史主义的结构而不是孤立静止的结构主义的结构。而事物结构的自身调节性，是指"一个结构所固有的各种转换不会越出结构的边界之外，只会产生总是属于这个结构并保存该结构的规律的成分"②。这种自身调节性使事物结构具有一定的守恒性和封闭性。

　　文化产业政策体系的结构遵循事物结构的一般规律。从整体上看，文化产业政策是一个有着内在联系的整体结构系统，其结构受一般结构规律的影响和制约。但如果跳出文化产业政策的结构系统本身，将文化产业政策体系置于我国文化产业发展的历史背景下，可以发现我国文化产业政策在遵循事物结构基本规律构建自身结构模式的同时，也受到较大的外部环境作用，从而形成我国文化产业政策具有特色的结构规律。这种特殊的结构规律主要体现在以下几个方面。

　　第一，当前我国文化产业还是处于政策驱动的发展初期，文化产业的发展很大程度上是依靠相关政策的强力推动，具有很强的政策依赖性。比如，近几年各地兴起的大量动漫产业园区，就是在各地相关政策刺激下不顾产业自身发展规律盲目建设而成。文化产业对政策的强依赖性影响文化产业政策结构的自发性形成，导致文化产业政策主要不是按照结构自身的完整性和完美性来建构自己的结构模式，而是按照政策主体对当时社会政治及经济发展的需要来发布和实施文化产业政策。

　　第二，总的来说，我国文化产业政策结构呈现一种他律性。如果将事物的结构规律简单地分为自律性和他律性两种，那么我国文化产业结构更多地表现出一种他律性的结构规律。正如上文所述，我国文化产业政策大多是政

① [瑞士]皮亚杰：《结构主义》，商务印书馆1986年版，第7页。
② [瑞士]皮亚杰：《结构主义》，商务印书馆1986年版，第8页。

策主体按照当时社会政治和经济的发展需要而发布和实施，文化产业政策的结构主要是受他律的影响和制约而形成的。

第三，在总体层次结构上，我国文化产业政策结构原则上突出和强调国家层面的文化产业政策。从政策层次结构来看，我国文化产业政策可以分为国家层面的文化产业政策和地方文化产业政策及行业性文化产业政策。在发布和实施的政策体系中，我国文化产业政策强调国家层面集中统一的政策制定，而相对比较忽视地方性文化产业政策和行业性文化产业政策的制定。随着我国文化产业的进一步发展，根据因地制宜的原则，地方性的文化产业政策及行业性文化产业政策将不断推出，甚而成为我国文化产业层次结构体系的主体。

第四，我国文化产业政策在结构上并非完全遵循产业本位的结构规律。在我国文化产业政策结构体系中，尽管具有产业属性的政策文本占了大部分，但由于文化具有天然的意识形态属性，具有文化安全和意识形态属性的政策文本也占有相当比重。

第四节 文化产业政策的内容体系

关于产业政策的内容体系，目前学界并没有形成统一的标准，既有"四分说""五分说"，也有"三分说"。有的认为产业政策可以分为四类，即产业结构政策、产业组织政策、产业技术政策、产业布局政策①；也有的在"四分说"基础上增加有关产业贸易的政策，形成"五分说"；还有的将"四分说"的产业技术政策和产业布局政策整合为产业发展政策，形成"三

---

① 夏大慰、史东辉：《产业政策论》，复旦大学出版社1995年版，第17页。

分说"。[1]而文化产业政策首先是产业经济学意义上的产业政策，属于产业政策的范畴，其内容涵盖面比较广，既涉及文化产业发展的总体性政策，也包括文化产业结构中具体的行业政策；既包括文化生产政策，也包括文化产品的流通和消费政策；既包括政府用以促进文化产业结构升级和结构优化的文化产业结构政策、文化产业组织政策、文化产业发展政策（如技术政策、布局政策、支持产业发展的杠杆性政策等）、文化产业的市场准入及退出政策、扶植文化产业发展的财税政策与投融资政策、营利与非营利性文化产业政策等，又包括促进文化产业发展的相关法律法规。[2]可见，文化产业政策内容体系庞杂，涉及面极为广泛，但不管怎样，从产业经济的视角，总可以归结为三类，即文化产业结构政策、文化产业组织政策和文化产业发展政策。当然，在具体的文化产业政策实践中，相关政策主体在制定文化产业政策时并不是按照这样的分类标准分别制定所谓的文化产业结构政策、文化产业组织政策或文化产业发展政策，而是在具体某一政策文本中比较系统地涵盖上述三类政策的内容。这三类政策内容相互关联、相互配合，共同构成一个完整的文化产业政策有机体。

一 文化产业结构政策

（一）文化产业结构政策的内涵及特征

1. 产业结构政策

所谓产业结构，是指国民经济中各个产业之间的比例关系。一般，产业结构主要由产业需求、技术、资源禀赋、国际经济、经济政策等因素决定。[3]

---

① 邹义钧、邱钧：《产业经济学》，中国统计出版社2001年版，第496页。

② 江陵：《近十年中国文化产业政策的基本类型分析》，《江南大学学报（人文社会科学版）》2012第1期。

③ 史忠良：《产业经济学》，经济管理出版社1998年版，第22~27页。

在市场经济体制下，尽管产业结构主要由市场决定，但由于市场调整具有天然的自发性、盲目性、滞后性，使得产业结构不能随着市场需求的变动和技术进步的要求而及时调整和转换。因此，需要根据产业结构的发展规律，制定和实施相应的产业结构政策，适时对产业结构进行政策干预，以弥补市场机制的缺陷。

关于产业结构政策，有学者认为"是政府根据一定时期社会经济的内在联系而揭示的产业结构发展趋势及过程，并按照产业结构高度化的演变规律，规定各产业在国民经济中的地位和作用，确定产业结构协调发展的比例关系，以及保证为促使这种结构变化应采取的政策措施。它包括对特定产业、行业和产品所采取的扶植、鼓励、调整、保护或限制政策"。[1]简单来说，产业结构政策就是政府制定的用以调整、优化产业结构的政策。产业结构政策在国家产业政策体系中具有极为重要的地位和作用。根据系统论的观点，系统的结构决定系统的功能，有什么样的系统结构就具有什么样的系统功能。结构转换不仅是现代经济增长的首要特征，而且具体结构转换的能力、速度和效率，也是决定经济增长的主要原因之一。[2]

2. 文化产业结构政策

分析文化产业结构政策的内涵，首先要理解文化产业结构。后者可从两个层面来分析。一是跳出文化产业自身，从文化产业所处的国家产业经济体系来看，文化产业结构是指文化产业在国家产业体系结构中所处的地位，具体表现为文化产业增加值所占国民生产总值的比重。这是一个国家文化产业在国民经济社会一定发展阶段和发展水平的综合反映。二是从文化产业自身来看，文化产业结构是考察文化产业内部各行业之间的比例关系。文化产业

① 邬义钧、邱钧：《产业经济学》，中国统计出版社2001年版，第500页。
② 夏大慰、史东辉：《产业政策论》，复旦大学出版社1995年版，第16页。

是一个内容涵盖极为广泛的产业群，包括图书出版、报纸期刊、广播电视、电影、动漫、网络文化、演出、娱乐、广告、会展等十多个行业。不同行业在文化产业整体结构体系中所占的比例是不一样的。

所谓文化产业结构政策，是指国家制定的用以调整优化文化产业结构的政策，它反映国家对文化产业现状和地位的认识，以及根据这种认识对文化产业结构调整做出的政策安排。这种政策安排，首先表现在宏观层面的文化产业结构调整，即对文化产业在整个国家产业体系中的地位和比例关系的调整，使文化产业的比重符合国家整体产业结构的合理化和高度化的要求，体现文化产业应有的地位。其次，文化产业结构政策还表现为对文化产业内部各行业之间比例关系的调整，使文化产业内部各行业之间协调发展，促进文化产业整体结构健康、可持续发展。

3. 文化产业结构政策的特征

文化产业结构政策具有产业结构政策所有的共性，包括以供给调整为政策取向、以资本增量调整为政策手段以及具有长期性和相对稳定性等特征。首先，文化产业结构政策本质是调节文化产业供给数量和结构的政策。通过"鼓励性"或"限制性"政策，来促进或抑制文化产业供给能力，调整文化产品供给的数量和结构，实现文化产品数量、质量和结构上的供需均衡。其次，文化产业结构政策具有调节资本增量的特征，使资本在产业间合理流动。根据产业结构状况，通过制定和实施文化产业结构政策，增加新兴文化产业的扶持和投资，压缩过剩的传统文化产业的投资，鼓励资本和生产要素从发展过剩的文化产业流向发展不足的文化产业，提高增量资本的优化配置，促进文化产业的协调发展。第三，文化产业结构政策是一种长期性、具有相对稳定性的政策安排。文化产业结构政策对文化产业政策的调整是一个长期的过程，需要根据文化产业发展的长期趋势和结构变化规律，通过政策

杠杆，逐步调节文化产业结构的变化，使其逐渐趋于合理化和高度化。

（二）文化产业结构政策的基本内容

产业结构政策的内容主要包括规划产业结构高度化的目标；选择主导产业，安排产业发展序列；制定主导产业的保护与扶植政策；对产业的限制政策；对衰退产业的调整、援助政策等。[①]作为产业政策体系的分支产业政策，文化产业结构政策同样具有其他产业结构政策的一般内容，但根据我国文化产业发展的实情，分析我国文化产业结构政策的基本内容，需要把握以下三个方面：[②]

第一，文化产业结构政策应科学界定文化产业的战略地位。产业结构政策的核心内容是确定产业重点发展的顺序选择问题。[③]而这种产业发展顺序的选择是由产业发展的战略地位决定的。所以，文化产业结构政策内容的确定，从宏观层面来看，首要的是根据我国产业结构调整的要求和趋势，科学界定我国文化产业的战略地位。只有科学界定文化产业在我国产业结构中的地位和文化产业发展的战略意义，客观认识我国文化产业发展现状，才能明确我国文化产业政策的性质，准确把握文化产业政策的力度，正确掌握各种政策措施出台的时机。

第二，文化产业结构政策应以鼓励性政策为重点。近十余年来，我国文化产业取得飞速发展，特别是2010年《中共中央关于制定国民经济和社会发展第十二个五年规划的建议》明确提出，"十二五"时期要"推动文化产业成为国民经济支柱性产业"，文化产业的战略地位凸显。但无论与发达国家的文化产业发展相比，还是与国民经济其他产业发展相比，我国文化产业的

① 邬义钧、邱钧：《产业经济学》，中国统计出版社2001年版，第503页。

② 杨吉华：《文化产业政策研究》，中共中央党校博士学位论文2007年，第37~38页。

③ 夏大慰、史东辉：《产业政策论》，复旦大学出版社1995年版，第16页。

整体发展还有很大差距。而且，从产业自身的发展周期来看，我国文化产业还处于发展初期，亟待制定符合我国国情的文化产业鼓励政策，如投融资鼓励政策、财税优惠减免政策、外贸进出口激励政策等，并根据文化产业发展的需要适时制定相应的法律法规或出台相应的必要的行政手段。

第三，文化产业结构政策应统筹考量内部各行业产业政策。文化产业是涉及内容极为广泛、涵盖十余个行业的产业群。每个行业的发展具有文化产业发展的共性，遵循文化产业发展的基本规律，同时也具有自身发展的特殊性。有的行业发展还处于产业初始形成阶段，比如微博、微信等新兴业态，有的行业处于产业发展成长阶段，比如动漫、数字出版等发展很快的新兴产业，还有的行业则处于产业发展成熟阶段，比如传统的报刊业、广播电视业等。这种复杂的产业结构特点，要求制定文化产业结构政策时，需要体现不同行业发展的特殊要求，全面统筹考量不同行业在文化产业结构体系中的比例关系。需要根据产业结构演变规律，精心选择主导发展产业，合理安排产业发展序列，扶持主导产业，保护弱势产业，抑制过热产业，调整衰退产业，促进文化产业各行业的协调发展。

（三）文化产业结构政策的主要作用

文化产业结构政策的主要作用是调整和优化文化产业结构，取得明显的结构效益。而结构效益中，重点是通过投资结构的调整与优化，产生良好的投资效益。

第一，通过政策引导，使文化产业结构日趋合理化，获取结构效益。产业结构合理化是产业结构政策的基本政策目标，要求产业结构政策对不理想的产业结构进行调整、优化，使资源要素在不同产业间优化配置，合理使用，从而提高资源配置效率，获得结构效益。正如上文所述，文化产业结构的内涵既表现为外部的宏观层面，也表现为内部的微观层面。所以，调整和优化我国文化产业结构也主要从这两个层面入手：首先，从宏观产业结构来看，尽管当前我国文化产业已在全国上下获得了前所未有的重视，也取得了很大的发展，但与其他国民经济产业发展相比仍显滞后，在国民经济产业结构体系中的比例偏低。这就需要国家根据整体产业结构调整的要求，通过制定优惠的财税政策、投融资政策等鼓励性政策，引导生产要素资源从其他产能过剩的产业流向文化产业，加快文化产业的发展，提高文化产业在国民经济产业结构体系中的比重。其次，从文化产业内部结构来看，目前我国文化产业内部各行业的发展并不平衡，结构比例并不合理，需要国家根据文化产业不同行业发展的特点和现状，对不同行业制定不同的政策，区别对待，实行差别政策，从而引导和优化文化产业内部结构，实现各行业的协调发展。

第二，抓住投资牛鼻子，调控文化产业投资方向和发展规模。由于市场天然的盲目与短视，以市场为主导的投资常常表现为一种短期的投资行为，与国家长远的产业结构调整规划不相符合。再加上地方政府的投资冲动和地方保护主义，很容易无视国家整体的产业结构调整要求，盲目投资和重复建设，带来产业的无序竞争和资源浪费。因此，我国文化产业的发展，迫切需要国家通过制定整体产业发展规划、编制产业投资目录，引导文化产业投资方向和投资规模。比如，2009年9月，文化部出台《文化部文化产业投资指导目录》（以下简称《指导目录》），根据我国文化产业发展的现实情况，对国内投资主体在文化产业领域的投资划分为鼓励类、允许类、限制类和禁止类，并将鼓励类和限制类产业分别列入《指导目录》。同时，北京、上海、广东等地方政府也前后制定了适用于本地区文化产业投资的指导目录，引导投资主体对文化产业的理性投资，进而调整和优化文化产业投资结构。

二 文化产业组织政策

（一）文化产业组织政策的内涵

理解文化产业组织政策的内涵，同样也需要先分析产业组织及产业组织政策的概念。有学者认为，在社会化生产过程中，生产者之间总会形成一定的相互关系，这种相互关系的结构称为产业组织。[①]与企业组织强调内部的管理形式不同，产业组织不关注具体的企业组织形式，而是强调产业或行业内部所有企业之间相互作用的关系，既包括纵向层面的产业链上中下游企业之间的关系，也包括横向层面的产业大型企业与中小企业的相互关系。这些纵横交错的相互关系在市场上则表现为竞争与合作，直接影响着市场结构、市场行为与市场绩效。

所谓产业组织政策，是指政府制定的旨在妥善处理垄断与竞争的关系，防止过度竞争和垄断，保护有效竞争，促进产业组织结构优化的一系列政策的总和，其核心就是通过对产业组织结构进行调整，实现企业规模合理化，反对垄断，促进竞争。[②]在不同的产业发展周期产业组织政策实施的侧重点不一样。在产业发展初期，由于产业内众多中小企业还处在创业发展阶段，一般规模较小，政府制定和实施的产业组织政策重点是扶持中小型企业发展壮大，扩大企业规模，培育大型企业或集团；当产业发展到成熟阶段，在市场竞争的洗礼下，部分垄断企业开始出现，阻碍产业的进一步发展，这时产业组织政策就应以反对市场垄断、维护公平公正的市场竞争秩序为重点。

所谓文化产业组织政策，是指政府制定和实施的用以优化文化产业组织结构、防止过度竞争和垄断的一系列政策的总和。正如前文所述，文化产业

---

① 杨沐：《产业政策研究》，三联书店1989年版，第112页。

② 汪同三，齐建国：《产业政策与经济增长》，社会科学文献出版社1996年版，第43页。

是包含十余个行业的产业群，每个行业的发展阶段也并非一致，行业间的市场竞争状态和市场结构也有很大的区别。所以，政府在制定文化产业组织政策时，就需要根据不同行业组织的发展特点和演变规律，制定出不同行业适宜的组织政策。

（二）文化产业组织政策的基本特征

文化产业组织政策与文化产业结构政策在政策目标、作用范围、政策手段等方面存在区别，表现出自身的特点。

第一，在政策目标取向上，文化产业组织政策以完善文化市场组织结构，调节产业或行业内企业之间的关系为重点。与文化产业结构政策着重调整和优化文化产业在我国国民经济产业结构体系中的比重以及文化产业内部各行业比例协调发展不同，文化产业组织政策是着重优化产业组织结构，改善产业关联度，既要引导产业实现市场规模经济效益，又要防止市场过度竞争和市场垄断，以形成大型企业主导的大中小型企业协调发展的文化产业组织形态。

第二，在作用范围方面，文化产业组织政策主要是调节产业或行业内部的企业而非产业或行业之间的关系。同样是优化配置资源，文化产业结构政策主要是调整和优化产业或行业之间的资源分配，而文化产业组织政策主要是调节产业或行业内部不同规模企业之间的资源分配。这是由两者不同的政策目标所决定的。文化产业结构政策调节的是文化产业与其他国民经济产业以及文化产业内部不同行业之间的比例关系，以实现产业或行业之间的比例协调发展。而文化产业组织政策调节的是文化产业内部各行业企业之间竞争与合作的关系，其作用范围着重在于行业内部。

第三，在政策手段方面，文化产业组织政策更多是采用法律手段来规范文化市场秩序。尽管经济手段、法律手段以及必要的行政手段都是文化产业组织政策和结构政策使用的基本手段，但相比而言，文化产业结构政策则更多运用经济手段，通过运用经济手段的导向，引导生产要素向文化产业或需鼓励发展的行业流动，文化产业结构政策表现出鲜明的利益诱导性而不是强制性，被人们称为"摇旗子手段"（指导性手段）。而文化产业组织政策主要通过法律手段，用以规范市场秩序，反对市场垄断和不正当竞争，具有直接性和强制性，被人们称为"挥棒子手段"。[①]

（三）文化产业组织政策的主要作用

文化产业组织政策主要是用以调节产业或行业内部企业之间的市场竞争关系，实现产业或行业内资源的优化配置。所以，在我国当前文化产业发展过程中，文化产业组织政策在培育大型文化企业（集团）、扶持中小文化企业联盟、规范文化市场秩序等方面具有重要的作用。首先，我国文化产业目前整体还处在发展初期，文化企业普遍存在规模小，资源分散的问题，因此，需要通过文化产业组织政策，鼓励产业或行业内企业间的兼并重组，重点培育大型文化企业或集团，迅速扩大企业资本规模，提升产业集中度和文化企业规模经济水平。其次，在培育大型文化企业的同时，也需通过文化产业组织政策的引导，鼓励中小企业走"专、特、精、尖"的发展道路，积极扶持中小企业发展，加强产业或行业内企业间的关联度和组织度，提升产业或行业中小企业的专业协作水平。再次，作为"秩序政策"的文化产业组织政策，在规范文化市场秩序、保护有效竞争方面也具有重要作用。

---

① 邹义钧、邱钧：《产业经济学》，中国统计出版社2001年版，第518页。

三　文化产业发展政策

（一）文化产业发展政策的内涵及特征

产业发展政策与产业结构政策、产业组织政策共同构成产业政策体系。[①]
所谓产业发展政策，简单而言，就是指为实现一定的产业发展目标，围绕产
业发展而使用多种手段所制定的一系列政策的总和。产业发展有着非常丰富
的内涵，产业发展目标具有多元性，包括政治、社会、经济、文化、环境、
科技等诸多目标。产业发展内容不仅涉及产业增长，还包括产业发展协调、
产业技术进步、产业进出口贸易平衡、生态环保等诸多方面。

同理，文化产业发展政策是指围绕文化产业的发展，综合运用多种手段
所制定的一系列为实现一定文化产业发展目标的政策的总和。文化产业发展
政策同样也具有非常丰富的内涵和鲜明的特点。首先，文化产业发展政策目
标的多元性。文化产业发展目标的多元性决定了文化产业发展政策目标的多
元性。与其他产业发展一样，文化产业发展的目标也具有多元的特征，不仅
具有经济效益目标，而且具有较强的政治目标、文化目标、社会目标等。其
次，文化产业发展政策实施手段的综合性。相比结构政策、组织政策，文化
产业发展政策实施的手段更具有综合性。这是由其政策目标的多元性所决定
的。多元的发展政策目标要求政策主体综合运用多种政策手段，才能取得满
意的政策效果，以尽可能最大化地实现多元而复杂的政策目标。只有将行政
手段、法律手段、经济手段等多种手段合理搭配，使各种文化产业发展政策
相互协调，发挥政策合力，才能使文化产业发展的综合目标得以顺利实现。

（二）文化产业发展政策的基本内容

从产业经济学的视角，产业发展政策涵盖的内容非常丰富，包括产业技

[①]　邹义钧、邱钧：《产业经济学》，中国统计出版社2001年版，第530页。

术政策、产业布局政策、产业环保政策、产业外贸政策、产业金融政策、产业财税政策、产业收入分配政策等。[①]所以，从经济学意义来理解的文化产业发展政策也包含丰富的内容，这里着重探讨文化产业区域布局政策、文化产业技术政策和文化贸易政策等三个主要方面的内容。

1. 文化产业区域布局政策

关于区域经济发展，西方学者曾提出两种观点截然相反的理论：一种主张区域经济均衡发展，这大多是新古典经济学派学者，他们认为区域间或区域内各地区间的产业发展应基本保持同步发展；另一种主张区域经济非均衡发展，这类学者认为区域经济应根据不平衡发展规律，有重点、有差异、有特点地发展，而不是平均用力，平衡发展。先不论这两种区域经济发展理论的优劣，至少它们都认同在区域产业发展过程中存在产业发展不平衡这个事实前提。由此，政府需要制定相关的产业布局政策，引导产业在区域空间上的分布与组合，促进区域协调发展。同理，由于我国幅员辽阔，不同地区的地理风貌、资源禀赋、传统习俗、民族特色等存在很大差别，区域文化产业发展存在严重的不平衡，这就需要政府制定和实施文化产业区域布局政策，包括制定合理有效的地区文化产业政策、正确选择地区主导文化产业、鼓励发展地区间文化产业的横向联合等，缩小文化产业发展的地区差距，促进区域文化产业的协调发展。

2. 文化贸易政策

文化贸易是国际贸易的重要组成部分，文化贸易额在全球贸易额中占有越来越大的比重。以美国为例，美国的电影生产仅占世界总量的6.7%，但电影总放映时间却占世界的50%以上，电视作品的比重更是超过了占世界的70%。作为一种精神产品，文化产品的出口不仅给文化输出国带来巨大的经

---

① 邬义钧、邱钧：《产业经济学》，中国统计出版社2001年版，第531~535页。

济效益，而且通过文化出口输出了国家核心的价值观念，提升了国家文化软实力[①]。因此，随着国际跨文化交流与传播的盛行，各国政府日益重视文化产品和文化服务的国际贸易，纷纷制定符合本国利益的文化贸易政策，鼓励本国文化产品的出口，提升本国文化产业的国际影响力和竞争力。同时，采取相应的"文化例外"保护政策，维护本国文化安全和意识形态安全。长期以来，我国文化进出口贸易存在巨大的贸易逆差，如何制定符合我国国情的文化贸易政策，促进我国文化贸易的健康发展，就成为我国文化产业发展政策的重要内容。

3. 文化产业技术政策

文化产业是知识密集型、技术密集型产业。新技术的研发与应用成为文化产业发展的内在驱动力。高新技术对文化产业的深刻影响已贯穿到文化产品的研发创作、生产管理以及传播和消费等每一个文化产业链环节。这些新技术的突破和运用，不仅产生了新的文化消费品，而且培育了新的消费习惯，改变了文化产业的生产方式和消费方式，加速了文化与科技的融合，催生了新的业态，对文化产业的发展具有革命性的影响。面对日新月异的技术进步的趋势，各国政府都制定了促进本国文化科技进步的政策措施，以改善本国文化产业的技术创新能力，提高本国文化产品的技术含量，提升文化产品和服务的国际竞争力。这些文化产业技术政策的主要内容包括技术开发政策、技术结构政策、技术改造政策、人力资源开发政策等。[②]

---

① 杨吉华：《文化产业政策研究》，中共中央党校博士学位论文2007年版，第43页。
② 杨吉华：《文化产业政策研究》，中共中央党校博士学位论文2007年版，第44页。

第二章 调整与探索：十六大以前文化产业政策研究（1978~2002）

2002年11月，党的十六大召开成为我国当代文化产业政策发展的重要分水岭。由此上溯到1949年，我国新民主主义革命的胜利结束了长期以来的混乱局面，中国社会开始呈现出崭新的面貌，社会各项事业百废待兴。但是，新中国的成立并不意味着社会主义制度已经确立，由于封建制度根深蒂固且长期以来饱受战争创伤，建立社会主义制度并非一蹴而就，而是需要经历一个过程，这就迎来了新中国成立后的第一个历史时期——新民主主义向社会主义过渡的时期（1949~1956）。1956年，社会主义三大改造（对农业、手工业和资本主义工商业的社会主义改造）的完成，实现了把生产资料私有制转变为社会主义公有制，使中国从新民主主义跨入了社会主义，初步建立起社会主义的基本制度，并从此进入全面建设社会主义时期（1956~1966）。之后，便进入十年"文革"及两年徘徊期。1978年12月，党的十一届三中全会召开，实现了建国以来党的历史的伟大转折，开启了改革开放历史新时期。从1978年正式拉开改革开放的帷幕到2002年党的十六大召开，在这段历史新时期，我国文化政策开始进行一系列拨乱反正，文化事业中的经济问题开始受到关注，文化体制改革开始启动，文化领域的经营活动开始全面复苏，我国文化产业政策开始进入成形和起步发展阶段。

第一节 改革开放之前文化政策的流变

任何社会形态都离不开文化，毛泽东同志早在关于陕甘宁边区文化教育问题的讨论中就已经提出新民主主义社会的文化问题，"文化是不可少的，任何社会没有文化就建设不起来，封建社会有封建文化。资本主义社会也有资本主义的文化。现在我们建立新民主主义社会，性质是新资本主义，或者说是新民主主义。这个社会没有文化也不行。"[①]

在社会主义过渡时期和全面建设时期，即1949～1966的十七年，以毛泽东为核心的中国共产党对于社会主义新中国的文化政策应该以何种模式进行规划，以及如何引导具体文化建设进行了积极的探索，既有正确的理论主张，也有失误的决策措施，既为社会主义文化建设积累了宝贵的经验，也留下了深刻的教训。十七年间，我国文化政策的形成、发展和演变呈现出正确与失误并存的复杂状况，经历了两个阶段和三次变动。两个阶段是：新民主主义社会向社会主义社会过渡阶段（1949～1956）和社会主义全面建设阶段（1956～1966）。三次变动是：过渡时期新旧文化形态的政策交替、独立探索有中国特色的社会主义文化政策和探索失误后文化政策的调整与一波三折。

需特别指出的是，在"文化大革命"十年及其后两年徘徊期，由于我国文化政策全面意识形态化，严重违背了文化事业发展的基本规律，文化艺术发展几近停滞，对当代中国文化事业发展带来不可估量的损失和惨痛的历史教训。从当代文化产业政策史研究的角度来看，本书认为对这一时期文化政策研究的意义不大，故不予具体探讨。

---

① 《毛泽东著作选读》(下册)，人民出版社1986年版，第692页。

一　社会主义过渡时期的文化政策

1949年10月1日，中华人民共和国成立以后，随着我国社会由新民主主义向社会主义的过渡，在文化方面也开始了由新民主主义文化向社会主义文化的转变。新民主主义向社会主义过渡时期的双重任务——民主革命的继续完成和社会主义改造的同步进行，带来了两种文化形态的政策交替。这一时期的文化建设是相当复杂的，既要继续巩固新民主主义文化建设的成果，以便为社会主义文化建设奠定基础；又要为社会主义文化建设制定方针政策，指明正确的方向。

总体上来说，党在过渡时期文化政策的基本精神与党在这个时期的总路线是完全符合的，即文化建设与改造并举：一方面实行社会主义文化改造，完成由新民主主义文化向社会主义文化的转变；另一方面推进社会主义文化建设，发展和繁荣社会主义文化。社会主义文化改造，是党在过渡时期文化政策的一个重要方面。所谓社会主义文化改造，就是对半殖民地半封建文化及资本主义文化进行社会主义的改造，在改造半殖民地半封建文化的同时，反对资本主义文化，批判资产阶级思想，教育并改造资产阶级知识分子，解放全国人民的精神生产力和文化创造力，高扬马克思主义，壮大无产阶级知识分子队伍，发展和繁荣社会主义文化。

经历了多方面的改造和洗礼，此时的中国社会形成了一些基本共识：共产主义是历史发展的必然，人民民主专政国家的重要职能是组织社会主义经济建设，马列主义、毛泽东思想应作为全党、全国人民的指导思想。基本完成了全国范围内马克思主义理论的通俗化和普及化任务，确立了马克思主义在意识形态领域的主导地位，为国民经济的恢复和人民政权的巩固打下了统一的思想基础。

新中国成立不久，中共中央即着手各项文化事业的建设与旧的文化体制

的改革，采取了一系列方针政策，实现了文化的初步繁荣。

建国初期，为加快扫除帝国本主义、封建主义和官僚资本主义的影响，增强人们对新政权的政治认同感，中国共产党将马克思主义确立为新中国文化思想建设的总纲领、总方针，在文化领域采取诸多政策以开展马克思主义思想建设，保证马克思主义文化纲领在全国范围的确立。这一时期，文化体制建设工作依然由中宣部领导，实际上该机构也是文化工作的最高领导部门和协调部门。1949年10月，政务院决定成立"政务院文化教育委员会"，随后发布了《关于调整省、市人民政府文化行政机构的决定》，明确文化行政机构的职责，并将其列入政府机构序列。文化部自上而下组成了一个严密的组织体系网络，通过行政隶属关系，直接管理和指挥全国的文化艺术团体，省、市一般不单独设立文化厅、局，只设文教厅、局，并对各级文教机构的编制以及工作任务等作了具体规定。1949年12月，成立新闻总署，作为领导与管理全国各类新闻媒介与新中国新闻工作的行政机构。

1952年，新闻总署撤销，其对外宣传、出版和报业管理工作归并出版总署。1950年10月，政务院发布《关于改进和发展全国出版事业的指示》（以下简称《指示》），《指示》规定：出版总署是中央人民政府负责指导和管理全国出版事业的总机关；书籍杂志的出版、发行、印刷原则上应当逐步实现科学的分工；书籍期刊的出版与发行工作，不论公营还是私营都不应单纯以营利为目的等等。

1952年底，恢复国民经济的任务完成后，1953年，党及时提出了由新民主主义向社会主义过渡时期的总路线。这条总路线指出，从中华人民共和国成立，到社会主义改造基本完成，这是一个过渡时期，党在这个过渡时期的总路线和总任务，是要在一个相当长的时期内，基本上实现国家工业化和对农业、手工业、资本主义工商业的社会主义改造。根据过渡时期总路线的要

求，中央人民政府又制定了我国发展国民经济的第一个五年计划。从1953年起，我国进入了有计划的社会主义改造和经济建设时期。文化事业也进入了社会主义改造的新时期。

二　全面建设社会主义时期的文化政策

新民主主义文化纲领在全国范围的确立，促进了新中国文化事业的顺利发展，也为新民主主义文化向社会主义文化的过渡奠定了基础。随着生产资料社会主义改造的基本完成，社会主义制度确立下来，在文化建设领域，中国共产党制定了一系列符合政治、经济发展水平的社会主义文化方针政策。

1956年，对农业、手工业和资本主义工商业的社会主义改造的胜利完成，从根本上实现了社会制度的转变，即生产资料社会主义公有制的转变，标志着中国社会进入一个全新的发展阶段。尽管经过了前一阶段的社会主义革命，但是生产力水平还很落后。国际形势在此时发生了变化，国际关系开始趋向缓和。毛泽东在9月召开的党的第八次全国代表大会的开幕词中提出"团结全党，团结国内外一切可能团结的力量，为了建设一个伟大的社会主义的中国而奋斗"的口号，实际表明党的工作重点由阶级斗争转移到社会主义建设上来了，党和全国人民当前的主要任务是集中力量发展社会生产力，逐步满足人民日益增长的物质和文化需要。

党的八大前后，中国共产党在探索社会主义文化建设的过程中制定了一系列正确的方针政策，如对知识分子的阶级属性给予正确定位，明确提出知识分子"是工人阶级的一部分"，给予知识分子许多优待政策；提出"百花齐放，百家争鸣""古为今用，洋为中用"等旨在繁荣社会主义文化的方针政策，这些政策极大地鼓舞了广大知识分子参与社会主义建设的热情，提高了他们的积极性与创造性，有力推动了社会主义文化事业的繁荣发展。

文化工作必须为人民大众服务、为党和人民在一定历史时期的总路线和总任务服务，是中国共产党的一贯主张。"文化为人民服务，为社会主义服务"这一决定社会主义文化性质和方向的政策方针与"文化为工农兵服务""文化为政治服务"有着直接的继承关系。早在1942年5月，当中国抗日战争进入敌我相持的重要阶段以后，毛泽东同志在延安亲自主持召开了文艺座谈会，并发表了重要讲话。在《在延安文艺座谈会上的讲话》中，毛泽东全面而系统地阐述了共产党的根本文化态度和政策主张，明确宣布"我们的文学艺术都是为人民大众，首先是为工农兵的，为工农兵而创作，为工农兵所利用的"，从主题实践的层面上，根本性地解决了"五四"新文化运动关于重建的对象和价值取向提出的命题，实现了"五四"以来文化所追求的价值目标。新民主主义文化价值系统与其现实取向的高度统一，使得马克思主义中国化在中国文化的现代化进程中获得了无可争辩、不可置疑的主导地位，正是在这个过程中，当代中国文化政策完成了现代建构。

作为繁荣社会主义文化的基本方针，"双百"方针作为党关于科学文化工作的重要政策，有着一个较长的思想酝酿和逐步完善的过程。早在抗战时期，毛泽东就依据马克思主义关于文化发展的基本观点，提出在争取抗战的大原则下，应该容许各种各色政治态度的文学艺术作品的自由竞争。新中国成立以后，尽管各方面工作千头万绪，政务繁忙，但党依然将我国文化艺术事业的发展摆在非常重要的位置上。

"古为今用、洋为中用、推陈出新"是根据马克思主义关于文化问题的基本原则和中国革命与建设的客观需要而提出的文化建设方针。这一方针是毛泽东在社会主义建设时期提出的，但其基本思想在民主革命时期就已经形成了。

在抗日战争时期，毛泽东在《新民主主义论》等著作中，已经系统地论述了如何批判地继承、吸收和借鉴古今中外的文化成果问题，提出了要以辩证唯物主义的科学的态度对待中国传统文化和外来文化；把传统文化与外来文化分解为"精华"与"糟粕"两个部分，然后"排泄其糟粕，吸收其精华"，在此基础上建立中华民族的新文化。而"古为今用、洋为中用、推陈出新"的方针，正是对上述思想内容的高度概括。"古为今用，洋为中用"是毛泽东在对待中外文化艺术遗产问题上对自己一贯思想和主张的总的政策性概括，同时也是毛泽东在比较重视思想文化领域里的阶级斗争时，简明扼要地表明了中国共产党在这个问题上所持的基本政策态度。

新中国成立后的文化建设和改造遵循了"古为今用"的方针。1951年5月，政务院公布了《关于戏曲改革工作的指示》，明确指出：对旧有戏曲中一切好的剧目都应作为民族传统节目加以肯定。1952年11月，《人民日报》发表社论《正确地对待祖国的戏曲遗产》，强调我们一方面应把传统的优秀剧目和优秀表演艺术加以整理而继承下来；另一方面要用极大的努力，在民族戏曲的基础上，创造为人民喜闻乐见的反映现代生活的新戏曲。

"推陈出新"是毛泽东于1942年10月为《延安评剧院成立特刊》题词的内容，作为当时对戏曲改革、发展的希望和要求，要在批判地继承过去戏曲艺术的基础上，创作出反映新的时代精神和新的人物面貌的作品。

回顾这段历史，可以看到，全面建设社会主义时期，仍然是新民主主义文化向社会主义文化转型的延续，其实质是建国初期中国社会变迁的内在规律及其过程在观念形态上的反映。文化事业方针的曲折和复苏，是同党的指导思想和国家政治经济形势的起落相伴而行的。当党的指导思想正确，国家的政治经济形势相对稳定和发展的时候，文化事业方针政策贯彻执行得就比较好，文化事业便繁荣发展，对整个国家经济的发展、政治形势的好转也能起到一定的积极作用；反之，文化事业方针政策遭挫折，甚至完全不能贯

彻，文化事业的发展也随之遭到阻碍和损害。

全面开始建设社会主义的十年间，虽然党的工作在指导方针上有过严重的失误，但从主导方面来看，经过全党和全国人民的共同奋斗，克服了许多方面的困难，我国的国民经济仍然取得了许多重要的成就，科学文化教育事业有一定发展，奠定了后来发展现代化的初步基础。

总之，我国当代文化政策是中国共产党在探索社会主义道路中通过不断的反思与重构形成和发展起来的。新中国的成立标志着中国共产党从革命党到执政党的转变。中国共产党适应这一转变，在进行大规模经济建设的同时，并没有忽视文化建设，制定了一系列方针政策，提出了决定文化性质和方向的根本方针——"二为"方向（即文艺为人民服务、为社会主义服务），提出了发展繁荣社会主义文化的基本方针——"双百"方针（即"百花齐放、百家争鸣"），提出了如何继承发扬和改革创新的方针——"古为今用，洋为中用，推陈出新"，以及制定了教育、科学、文化艺术等工作条例等。这些正确决策的实施，极大地促进了当代文化建设，并为我国新时期文化产业的发展奠定了必要的文化基础。

第二节　与改革开放同步启动的文化体制改革

在改革开放和现代化建设的伟大实践中，以邓小平为核心的第二代中国共产党人，继承和发扬了以毛泽东同志为核心的中国共产党人文化建设的思想，创造性地提出了社会主义精神文明指导思想和原则。针对改革开放后社会上有些人抓物质文明手硬，抓精神文明手软，导致资产阶级自由化思潮泛滥和精神污染的思想倾向，邓小平高瞻远瞩地提出"一手抓物质文明、一手抓精神文明""两手都要抓、两手都要硬"的文化建设思想，进一步明确文化建设的战略地位，把培育"四有"（即有理想、有道德、有文化、有纪律）公民作为文化建设的根本任务。以邓小平为核心的第二代中国共产党人提出的一系列文化建设思想不仅是对毛泽东同志文化建设思想的继承和发展，更是顺应了我国社会主义初级阶段经济基础的要求，为改革开放初期我国社会主义文化建设指明了发展方向，也为中国特色社会主义文化建设奠定了基础。

一　坚持"双百"方针和"三不主义"，文艺不再从属于政治

1978年的十一届三中全会标志着"文化大革命"极"左"路线的结束和"拨乱反正"的开始，我国社会主义现代化建设的政治路线正式确立，改革开放的序幕正式拉开。

新时期文化事业政策的调整是从20世纪70年代末和80年代初的拨乱反正开始的。首先，这种拨乱反正的内容主要是对于"文化大革命"中极"左"的和激进主义的文化事业政策的反拨，目标则是对于中国当代文学传统的恢复。这一过程包括了以下几个方面：

一是结合新时期政治、经济、文化等方面的拨乱反正，对"文化大革命"做了彻底否定，对党的若干重大历史问题做出了历史的评价，使新时期文化事业政策方面的拨乱反正有了一个坚实的社会政治基础。其中，最重要的内容便是1981年6月中共十一届六中全会通过的中国共产党中央委员会《关于建国以来若干历史问题的决议》（简称《决议》）。《决议》对新中国成立以来的有关重大问题作了明确的阐述和界定，成为在文化事业问题上拨乱反正的重要政策依据。

二是对过去执行错误的文化事业政策所带来的后果也进行了重新甄别，平反了一大批文化事业界的冤假错案，为大批文化事业工作者恢复了名誉。

　　三是从文化事业政策方面对"文化大革命"中的文化事业政策进行了逐渐深入的清算。其中，最重要的内容就是1979年5月，中共中央发布通知，批转解放军总政治部的请示，正式撤销《林彪同志委托江青同志召开的部队文化工作座谈会纪要》，以及1979年10月，第四次全国文代会的召开，邓小平代表党中央发表了祝词，并在此基础上形成了一系列新的文化事业政策，成为20世纪80年代文化事业政策调整的指导方针。尽管新时期文化事业政策的调整有一个反反复复的过程，但其总的方向，仍然是沿着第四次全国文代会制定的政策特别是邓小平的祝词所指出的方向前进的。

　　到了20世纪80年代中期，随着中国当代文学传统的逐步恢复和新的文学秩序的逐步建立，新时期文化事业政策的调整又表现出新的特点，即在已经基本得到恢复的中国当代文化事业发展轨道和中国当代文化事业政策体系的基础上，面对新的形势和新的需要，做出新的适应性调整，包括对过去认为正确的文化事业政策在新的历史水平上进行反思，以及对社会主义市场经济体制下的文化事业政策问题做出初步探索。例如，"文化事业为工农兵服务，文化事业为政治服务"一直是我国当代一项基本的文化事业政策，也是中国当代文化事业发展的基本立足点。新时期以来，随着我国社会阶层结构的发展变化，特别是随着对于我国当代社会发展基本矛盾的认识的深化，原来立足于阶级斗争基础上的文化事业为工农兵服务的方针显然不适应新的形势发展的需要。因此，1980年1月，邓小平在《目前的形势和任务》的讲话中明确指出：我们坚持"双百"方针和"三不主义"（指不打棍子、不扣帽子、不揪辫子），不继续提文艺从属于政治这样的口号，因为这个口号容易成为对文艺横加干涉的理论根据，长期的实践证明它对文艺的发展利少害多。在此基础上，1980年7月26日，人民日报发表《文化事业为人民服务、为社会主义服务》的社论，并对这一新的文化事业政策思想作了全面阐述，使

之成为对原来的文化事业为工农兵服务方针的完善，并成为指导新时期文化事业发展的政策依据。

社会主义现实主义，自1953年第二次全国文代会召开以来，就被确立为新中国文学艺术的最高标准，具有文化事业政策的指导意义。周恩来在第二次文代会上所做的政治报告中明确指出，以社会主义现实主义作为我们文化事业界创作和批评的最高准则，这是很好的。

此后，经过历次文化事业批判运动的统一思想，社会主义现实主义不仅成为社会主义文化事业主要的创作方法，而且成为新中国文化事业发展的主流意识形态，具有不可动摇的地位。直至20世纪80年代初，有关非现实主义的文化事业思想仍然被当作异端来看待。但到了80年代中期，随着改革开放的深入发展，特别是西方现代主义文学艺术潮流大量涌入，文学观念开始逐渐发生改变。到80年代后期，现代主义文学艺术的观念及其作品已基本上为国内读者所接受，原来定于一尊的现实主义文学艺术被新的多样化局面所取代。有关现实主义的文化事业政策也逐渐得到改变。

20世纪80年代的文化事业政策的调整还有一个重要现象值得注意：政策的本质是一种政治措施，受到历史条件的限制，过去中国文化事业政策的制定基本上只是用来解决文化事业发展中的一些方向路线的大问题，对文化事业规律较少涉及，甚至有的文化事业政策与文化事业发展规律相违背，既影响到文化事业政策的质量，也为中国当代文化事业的发展带来了负面效应。20世纪80年代文化事业政策的调整开始关注到这一问题，文化事业政策的制定更加重视与社会主义文化事业发展规律相适应。

1985年，胡启立代表党中央发表的在中国作家协会第四次会员代表大会上的祝词是一个典型的例子。该祝词第一次提出，要把创作自由鲜明地写在社会主义文化事业的旗帜上，表明对于文化事业创作规律认识的深化。对

于胡风案的平反也是一个较为典型的事件：最初对胡风只是从政治上给他平了反，但仍然坚持20世纪50年代对胡风文化事业思想的否定性结论，认为胡风的文化事业思想是属于资产阶级和小资产阶级的文化事业思想。随着对于文化事业规律认识的深化，最后决定放弃原先对胡风文化事业思想的政治评价，使其在文化事业论争中由文化事业工作者自己去加以认识评价。这无疑也反映了政策制定者对文化事业政策的界限和范围有了进一步的深入认识。

二 文化事业中的经济问题开始受到关注

到了20世纪80年代后期，随着社会主义市场经济的逐渐展开，文化事业政策原先没有涉及的文化事业经济问题开始受到关注，并被逐渐作为政策问题提出和给予解决。1988年9月，国务院批转《文化部关于加快和深化艺术表演团体体制改革意见》的通知正式出台，也从一个侧面反映出政策主体对于文化事业发展规律认识的深化和对于文化事业规律的尊重。这就为新时期文学艺术的进一步健康发展提供了良好的政策环境。

1979年10月，中国文学艺术工作者第四次代表大会在北京召开。邓小平代表中共中央和国务院向大会致祝词，周扬做了题为"继往开来，繁荣社会主义新时期的文化"的报告。该报告的出台标志着"社会主义文学艺术新繁荣时期已经开始"。

对文化体制改革而言，中国文学艺术工作者第四次代表大会奠定了理论基础，指明了前进方向。如邓小平同志关于文化与政治、文化与人民关系的深刻论述，为划清政治问题与文化问题的界限提供了体制改革的方向和保障。这个阶段已经明确提出了文化体制改革的任务和目标。

1980年2月召开的全国文化局长会议认为："艺术表演团体的体制和管理制度方面的问题很多，严重地影响了表演艺术的发展和提高，需要进行合理的改革"。会议明确提出："坚决地有步骤地改革文化事业体制，改革经营管理制度"。

1983年，国务院《政府工作报告》提出，文化体制需要有领导、有步骤地进行改革。

1985年，国务院转发国家统计局《关于建立第三产业统计的报告》，把文化艺术作为第三产业的一个组成部分列入国民生产统计的项目中。

1985年，中央办公厅国务院办公厅批转了文化部《关于艺术表演团体的改革意见》，要求改革全国专业艺术表演团体数量过多、布局不合理的状况，在大中城市，专业艺术表演团体要精简，重复设置的院团要合并或撤销，对市县专业文化团体设置也提出了调整的要求，加强了日益发展的文化市场的管理。

1987年2月，文化部、公安部、国家工商局联合发布了《关于改进营业性舞会管理的通知》，第一次明确了举办营业性舞会的合法组成部分。

1988年，文化部、国家工商局又联合发布了《关于加强文化市场管理工作的通知》，不仅在政府文件中首次出现了"文化市场"的字眼，而且对文化市场的范围、管理原则和任务进行了界定，从而结束了文化市场管理无规可循的局面，可谓是文化体制改革的一大进步。

在1988年国务院批转文化部《关于加快和深化艺术表演团体体制改革的意见》和1989年中共中央《关于进一步繁荣文化的若干意见》中，提出了实行"双轨制"的具体改革意见，即一轨为国家扶持的少数全民所有制院团，另一轨为多种所有制的艺术团体。1989年国务院批准在文化部设置文化市场管理局，全国文化市场管理体系开始建立。

第三节　市场经济体系目标的确立催生"文化产业"

一　高度重视政策法规建设，大力推进依法管理

1991年，国务院批转了《文化部关于文化事业若干经济政策意见的报告》，正式提出"文化经济"的概念。

1992年，中共中央在十四大报告中明确提到要"完善文化经济政策"。同年，《中共中央国务院关于加快发展第三产业的决定》中把"文化卫生事业"当作了加快第三产业发展的重点。同年，国务院办公厅综合司编著的《重大战略决策——加快发展第三产业》一书出版，明确用到"文化产业"的概念，这是我国政府主管部门第一次明确地使用"文化产业"的概念。

但从总体上看，这一时期的发展主要体现为规模的扩大和数量的扩张。这一阶段的文化体制改革有一个突出的特点——高度重视政策法规建设，大力推进依法管理。据统计，这一时期由全国人民代表大会常务委员会、国务院和中央文化管理部门陆续制定和颁发了两百多部法律法规、政策性文件或部门规章，涵盖了舞台艺术、新闻出版、广播影视、互联网、文化经济等诸多领域，如《著作权法》《广播电视管理条例》《电影管理条例》《出版管理条例》《音像制品管理条例》《印刷管理条例》等。这一时期，对文化体制改革的重要性和必要性的认识进一步提高。"坚持走改革开放之路，积极推进文化事业改革"成为文化发展的基本方针。

二 建立健全激励竞争机制，努力增强生机和活力

1996年十四届六中全会通过的《中共中央关于加强社会主义精神文明建设若干问题的决议》（以下简称《决议》）提出了文化体制改革的任务和一系列方针。《决议》认为"改革文化体制是文化事业繁荣和发展的根本出路"，"改革的目的在于增强文化事业的活力，充分调动文化工作者的积极性，多出优秀作品，多出优秀人才"。《决议》强调改革要符合精神文明建设的要求，遵循文化发展的内在规律，发挥市场机制的积极作用。改革要区别情况，分类指导，理顺国家、单位、个人之间的关系，逐步形成国家保证重点、鼓励社会兴办文化事业的发展格局。

《决议》充分反映了国人当时在文化体制改革上的认识水平。这一阶段文化体制改革在实践中主要围绕以下几个重点进行了探索：一是深化文化单位的内部改革，根据不同特点，建立健全激励竞争机制，努力增强生机和活力。例如，在新闻单位，以提高新闻宣传质量为中心，调整了组织结构（改变过去编辑部内部分工参照政府工作部门对口设置办法），改革干部人事管理制度、工资奖金分配制度，改进宣传报道，建立新的激励机制、竞争机制和约束机制。这些改革措施使新闻报道的信息量增加，时效性增强，新闻内容的权威性、指导性和可读性大大提高，报刊的发行量逐年上升，广播电视节目的收听收视率逐步提高。而在艺术演出院团，则主要是进行了演出补贴改革和考评聘任制改革。二是培育社会主义文化市场，规范市场行为，完善运行机制，促进文化市场繁荣健康、活跃有序地发展。这一时期初步建立起了包括文化演出市场、电影电视市场、音像市场、文化娱乐市场、文化旅游市场在内的文化市场体系。三是文化管理部门加大自身改革的力度，转变职能，提高效率，加强和改进对文化事业的宏观管理。四是进一步完善文化经济政策，逐步建立了有利于文化单位把社会效益放在首位的保障机制。这一

阶段，文化事业在改革中迅速发展，实力不断增强，焕发出了蓬勃活力。

这一阶段文化体制改革中最重要的一件事是文化市场的发展和地位得到承认。随着经济体制改革的深入，随着文化功能日趋多样化和丰富，文化的产业属性逐步显现出来，以营业性舞会和音乐茶座为发端的文化市场日益活跃。在计划经济体制下，没有也不需要文化市场，即使有也不被承认。1987年，文化部、公安部、国家工商行政管理局发布了《关于改进舞会管理的通知》，正式认可营业性舞会等文化娱乐经营性活动。1988年，文化部、国家工商行政管理局发布《关于加强文化市场管理工作的通知》，正式提出"文化市场"的概念，同时明确了文化市场的管理范围、任务、原则和方针。这标志着我国"文化市场"的地位正式得到承认。

三　产业化、市场化趋势初现

改革开放初期，文化事业的大多数领域都严格控制在党的宣传部门和文化管理部门手中，没有任何松动的迹象，只是与意识形态关系不密切的部分行业开始不断调整。在世纪之交的新时期，我国的改革开放进入一个新的发展阶段，文化力逐渐成为一个国家综合国力的重要标志。自此，我国的文化产业政策也进入了一个新的调整周期，开始了产业化、市场化的趋势。

这些行业包括大众娱乐业、广告业、文化制造业等。针对这些行业发展中存在的问题而提出的政策要求也陆续出台。首先值得一提的是体制内文化事业单位的"以文补文"活动。20世纪80年代初，体制内一些文化事业单位迫于生存，展开了生产自救，利用其掌握的文化资源举办主业以外的各种生产、经营活动，以获取收益，缓解经费不足的矛盾，提高职工福利待遇。这些活动一开始并不被官方允许，被批评为"不务正业""一切向钱看"。后来在1984年的天津会议上，文化部、财政部才正式承认"以文补文"活动的合法性，从政策上给予了支持。这是国家对体制内文化经营活动在政策上的初步松动。80年代中期后，我国广告公司以及各种文化娱乐场所如雨后春笋般地出现。为了管理这些文化娱乐场所，国家出台了若干政策。如，1985年中央办公厅国务院办公厅批转了文化部《关于艺术表演团体的改革意见》；1987年文化部、公安部、国家工商行政管理局发布《关于改进舞会管理的通知》；同年10月，国务院发布了《广告管理条例》；1988年3月新闻出版署、国家工商行政管理局颁布了《关于报社、期刊社、出版社开展有偿服务和经营活动的暂行办法》，报社多种经营合法化；1988年，文化部、国家工商行政管理局发布《关于加强文化市场管理工作的通知》，正式提出文化市场的概念，标志着我国"文化市场"的地位正式得到承认；同年国务院批转文化部《关于加快和深化艺术表演团体体制改革的意见》，艺术表演团体体制改革不断深化；1989年国务院批准在文化部设置文化市场管理局。

第四节 文化事业改革在探索中前行

一 文化体制改革在探索中不断前进

1992年邓小平同志视察南方的重要谈话发表和党的十四大召开，标志着我国改革开放和现代化建设进入了一个新阶段。深化改革，扩大开放，发展社会主义市场经济，既为文化发展奠定了基础、注入了活力，同时也促进了文化自身的体制改革。文化体制改革在探索中不断前进。

20世纪90年代初，中国当代社会发展曾一度陷入徘徊的局面。1992年，邓小平"南方谈话"的发表，为20世纪90年代中国社会发展注入了新的活力。社会主义市场经济开始进入全面实施阶段，整个社会和文学艺术的发展

也由此进入一个新的发展阶段，促使20世纪90年代的文化产业以及相关政策发生新的转型。

20世纪90年代文化政策的转型是与当时整个中国社会和文学艺术发展现状密不可分的。

邓小平在1992年著名的"南方谈话"中强调指出："要坚持党的十一届三中全会以来的路线、方针、政策，关键是坚持'一个中心、两个基本点'。不坚持社会主义，不改革开放，不发展经济，不改善人民生活，只能是死路一条。基本路线要管一百年，动摇不得"。邓小平进一步指出："计划多一点还是市场多一点，不是社会主义与资本主义的本质区别。计划经济不等于社会主义，资本主义也有计划；市场经济不等于资本主义，社会主义也有市场。计划和市场都是经济手段。社会主义的本质，是解放生产力，发展生产力，消灭剥削，消除两极分化，最终达到共同富裕"。

正是邓小平的这些精辟论断，极大地推进了20世纪90年代社会主义市场经济的全面展开。社会主义市场经济的全面展开，一方面极大地解放了社会生产力，促进了商品经济的繁荣；另一方面，文化艺术产品也随之进入市场，带来了许多新的问题。这些问题归结起来，最基本的一点，就是市场规律与艺术规律的矛盾问题。艺术在过去主要被理解为一种观念形态的东西和象牙塔内的东西，但实际上它也是经济基础的一部分，像别的东西一样，是一种经济方面的实践，一类商品的生产。批评家，即使是马克思主义的批评家，很容易忘记这个事实。

文化产品成为一种特殊的商品之后，仍然有一个按艺术规律办事的问题。与此同时，文化生产的诸多市场规律问题，如成本、利润、销售渠道、购买者的口味、包装策略等问题接踵而至。这就需要国家的管理者制定适当的文化产品生产政策，正确处理好坚持发展社会主义市场经济与协调文化事业、产业发展与社会经济发展之间的合理关系，按照社会主义市场经济规律改革过去不合理的文化体制，既讲文化产业的社会效益，也讲其经济效益，从而促进文化产业和文化事业的健康发展。事实证明，市场经济的健康发展为文学艺术的发展提供了更为开阔的艺术空间。中国当代文学艺术的发展还与国家和政府有着远较过去更为密切的关系。政府作为广大人民群众的代表和组织者，为保证国家利益和广大群众的根本利益，必须对社会实施有效的组织和控制。在传统社会里，这种组织和控制的方式表现得非常简单，其影响和作用也相当有限。但在现代社会，随着社会分工的进一步细化，对社会进行有效组织和控制的要求也越来越高。新中国成立以来，国家以文代会和文联、作协等组织对文学艺术事业实施有效的组织和控制，是一种具有中国特色的、符合现阶段历史要求的组织方式，对新中国文化事业产生了深远影响。

二　文化事业机制的市场化与价值的多样化

20世纪90年代文化事业发展的转型是中国当代文化事业发展史上一次意义重大的历史转折，其基本特点是社会主义市场经济成为文化事业发展的新的历史平台，由此带来文化事业发展的一系列重大变化，包括文化事业机制的市场化、文化事业价值的多样化等。这就对20世纪90年代文化事业政策的调整提出了新的、更具有革命性变革的要求。

因此，20世纪90年代文化事业政策的转型要解决的基本政策问题主要有三个方面：一是要处理好坚持发展社会主义市场经济与协调文化事业发展与社会经济发展之间的合理关系，促进文化事业健康发展的问题；二是要处理好在对社会实施有效控制的同时，进一步按照文化事业自身发展规律促进文化事业健康发展的问题；三是要处理好坚持依法办事和进一步完善当代文化

事业政策体系的问题。

20世纪90年代以来，中国当代文化事业政策原有的不足仍然需要进一步完善，特别是社会主义市场经济的全面展开，造成文化事业经济方面的政策的缺陷日益突出，需要花大力气加以解决。与之同时，随着社会主义民主和法治进程的加快，文化事业立法的问题也被提了出来。这就对文化事业政策的历史地位和作用提出了新的挑战。政策和法律都是社会调控的有效手段。政策既具有政治措施的原则性，也具有某种灵活性；政策具有鲜明的党派性，但党的文化事业政策又必须惠及最广大的人民群众；政策自然需要得到有效贯彻，却又不具有强制执行的特点。这些特点使文化事业政策在新中国文化事业发展中如鱼得水，发挥了重要作用。但是，从社会调控手段的历史发展看，法律具有适应面广、操作性强等特点，具有比政策更为普遍的适应性，是一种必然趋势。但在我国现阶段，文化事业政策和文化事业法有各自不可替代的作用。这就需要一方面结合文化事业新的历史发展特点，把文化事业立法尽快提上日程；另一方面，继续完善现有的文化事业政策体系，使之能更好地适应社会主义市场经济条件下文化事业健康发展的需要。

1991年，国务院批转《文化部关于文化事业若干经济政策意见的报告》，提出"文化经济"概念。1992年，党的十四届三中全会通过《中共中央关于建立社会主义市场经济体制若干问题的决定》，勾画了建立社会主义市场经济体制的蓝图和基本框架。在这一宏观背景下，我国文化体制改革的步伐明显加快，开始从"直接管理"向"间接管理"，从"办文化"向"管文化"，从"小文化"向"大文化"转变。这一时期，在文化体制改革的有力刺激下，社会力量和外资参与中国文化经济发展的新格局也已开始形成。自此，我国文化产业政策出台的条件基本成熟。

这一阶段文化体制改革的主要内容如下：一是深化文化单位的内部改

革，根据不同的特点，建立不同的激励竞争机制，努力增强文化产业的生机和活力。二是培育文化市场体系，规范市场行为，完善运行机制，促进文化市场繁荣健康活跃有序的发展。三是文化管理部门加大自身改革的力度，转变职能，提高工作效率，加强和改进对文化产业的管理。四是逐步完善文化经济政策，逐步建立了有利于文化单位把社会效益放在首位的机制。

三　中国文化产业改革的全面探索

经过改革开放十余年的调整，到1990年，我国的文化产业有了进一步的发展，报纸印数达351亿份；期刊由6078种增至8899种，增长了46%；图书从74973种增长到154526种，全国建成了一批大型书城，各种形式的连锁店4000多家，图书网点7万多个，图书销售额增长了12倍；广播电视播出机构从1000个增加到1988个，广播节目套数由645套增加到1777套，电视节目套数由512套增加到1047套，广播和电视的人口覆盖率分别从73%和80%增加到90%以上；有线电视从无到有，全国用户达到9000多万。[①]

然而，我国真正意义上的、大规模的文化体制改革是从2000年开始的。2000年是一个重要的文化体制改革的分界点。2000年10月，中国共产党第十五届五中全会通过《中共中央关于制定国民经济和社会发展第十个五年计划的建议》（以下简称《建议》），第一次在中央正式文件里提出了"文化产业"这一概念，要求完善文化产业政策，加强文化市场建设和管理，推动有关文化产业发展。"文化产业"概念的提出，标志着我国对于文化产业的承认和对其地位的认可，具有重要的意义，特别是对于文化体制改革具有决定性的作用。我们以前对于文化的意义、地位和作用的认识是单一的，文化

---

①　江蓝生、谢绳武主编：《中国文化产业发展报告》，社会科学文献出版社2003年版，第25～26页.

只是和"事业""工作"联系在一起的，文化属于意识形态，是喉舌，是阵地，是教育手段，是娱乐形式。而文化产业概念的提出，则反映了在市场经济条件下，文化除了上述属性依然存在外，还有其产业属性的一面，还有其价值规律发生决定性作用（指在部分领域）的一面。从20世纪80年代"文化市场"概念的提出和承认，到现在"文化产业"概念的提出和承认，反映了我们对于文化自身发展规律的认识越来越深，这是建立社会主义市场经济对文化发展的必然要求，是坚持先进文化前进方向的必然要求。文化产业概念的提出和地位的承认，丰富了文化体制改革的内容，指明了改革方向和目标。但《建议》只提出"文化产业"的概念，并没有明确文化可以分为"事业"和"产业"两个部分。这一时期我国的文化体制调整方向主要是三个方面：文化事业单位人事制度的改革、文化事业单位转企改制的改革、新闻出版广播影视业的改革。

2000年10月，中共中央十五届五中全会出台了《中共中央关于制定国民经济和社会发展第十个五年计划的建议》，提出要"加强文化市场建设和管理，推动有关文化产业发展"，要"推动信息产业与文化产业的结合"。其中关于文化产业的说法有6处之多，这是第一次在中央正式文件中提出"文化产业"的概念，标志着我国对于文化产业的承认和对其地位的认可，具有重要的意义。

2001年3月，《中共中央关于制定国民经济和社会发展第十个五年计划的建议》被第九届全国人大四次会议所采纳，并正式纳入全国"十五"规划纲要。这标志着文化产业第一次正式地进入了党和国家的纲要性、法规性文件，发展文化产业成为中国国家发展战略的重要组成部分。同年，国务院又颁布了《关于支持文化事业发展若干经济政策的通知》，系统地提出了鼓励我国文化事业（包括部分文化产业）发展的财政、税收和金融的文化政策，极大地调动了文化体制改革的积极性。这一年，中共中央又批转了中宣部、广电总局、新闻出版总署《关于深化新闻出版广播影视业改革的若干意见》，提出文化体制改革要以发展为主题，以结构调整为主线，以集团化建设为重点和突破口，着重在宏观管理体制、微观运行机制、政策法律体系、市场环境、开放格局五个方面积极进行探索，以进一步壮大实力，增强活力，提高竞争力。

在这一年，我国也成功地加入世贸组织，这对我国文化体制改革产生了重要影响。2002年，党的十六大会议第一次将文化发展分为文化事业和文化产业两个方面，强调要积极发展文化事业和文化产业，明确了文化体制改革的方向和目标。

这一时期是中国文化产业的全面成长阶段，国家开始有意识地运用"产业政策"推动文化产业的发展，政策基调以规范为主。从产业政策角度上说，一是出台了一系列指导文化体制改革的政策措施。电影发行权、制片权进一步放开，发行放映开始实行"院线制"，引进片的发行垄断陆续打破。1998年，我国提出在年内取消包括电视台在内的部分事业单位政府财政拨款，明确要求电视台等事业单位在年内全部实行自收自支，至此，广播电视事业完全被推向市场。组建文化产业集团是这一阶段文化体制改革的突破口。到2002年初，共组建了包括中国广电集团和中国出版集团在内的文化产业集团70多家。为此，国家出台了一系列政策支持文化产业集团的发展。二是出台了比较系统的发展文化事业的经济政策。2000年，国务院又颁布了《关于支持文化事业发展若干经济政策的通知》，比较系统地提出了鼓励我国文化事业（包括部分文化产业内容）发展的财政、税收和金融政策，极大地调动了各方发展文化产业的积极性。三是高度重视法治建设，大力推进依法管理。据统计，这一时期由全国人民代表大会常务委员会、国务院和中央

文化管理部门陆续制定和颁发了200多部法律法规、政策性文件或部门规章，涵盖了舞台艺术、新闻出版、广播影视、互联网、文化经济等诸多领域，如《著作权法》（2001）、《广播电视管理条例》（1997）、《印刷管理条例》（2001）、《电影管理条例》（2002）、《出版管理条例》（2002）、《音像制品管理条例》（2002）等。行业条例的陆续出台，成为规范各个行业有序发展的重要工具。这一阶段还有一个标志性的事件，即2000年10月，中国共产党第十五届五中全会通过了《中共中央关于制定国民经济和社会发展第十个五年计划的建议》，其中第一次在中央正式文件里提出了"文化产业"和"文化产业政策"这一概念，要求完善文化产业政策。[①]

文化产业重大政策的出台绝不是一个孤立和偶然的事件。首先，中国改革20多年来，国民经济快速健康发展，综合国力不断增强，经济体制改革全面推进，对外开放水平不断提高，人民生活持续改善，科技、教育、文化等社会事业全面进步，这些成就的取得为我国文化产业的发展奠定了历史的基础。其次，随着"八五"和"九五"两个国民经济和社会发展五年计划的顺利完成，我国的经济告别了"短缺时代"，社会主义市场经济体制初步建立，全方位对外开放格局基本形成，我国的经济和社会发展进入了一个极为重要的时期。发展文化产业成为我国应对世界性的新技术革命浪潮和产业结构升级运动，转变增长方式，实现跨越式发展的重要战略选择。第三，由于我国人民生活水平普遍提高，整体进入小康，人民群众不仅在衣、食、住、行、通讯、卫生和生活环境等物质生活的各个方面提出了更多、更高的要求，而且在文化娱乐、广播影视、图书出版、体育健康、旅游等精神生活方面也提出了更多更高的要求。只有发展文化产业，才能适应人民群众日益增

---

① 江泽民：《高举邓小平理论伟大旗帜，把建设有中国特色社会主义伟大事业全面推向二十一世纪》，《十五大以来重要文献选编》（上），人民出版社2000年版，第45~56页。

长的物质和文化生活需要，促进社会主义物质文明和精神文明建设。

第五节　文化产业健康发展的内在机制

一　意识形态属性与产业属性相辅相成

邓小平一再强调经济建设是社会主义建设的中心任务，包括意识形态在内的一切工作都必须围绕这个中心任务展开。也正是立足于这一基本观念，邓小平构建了有中国特色社会主义的建设型意识形态。概括起来，具有如下几个方面的特征：

首先，社会主义的本质是发展生产力，这就决定了中国特色社会主义特色的意识形态应该围绕经济建设这个中心任务，以解放和发展生产力、提高人民物质文化生活水平为根本目标。这就避免了意识形态的泛化和模糊化，使意识形态在服务经济建设的实践中寻求到自身的现实基础，从而恢复其应有的活力与生机。

文化产业是属于"文化"的范畴，而它又属于经济基础，以至属于生产力的范畴。应当注意到这样的情况：在马克思生活的时代，由于真正意义上的"文化产业"尚未凸现，所以他在论述生产力和生产关系时并未特别把"文化"作为"产业"而在其著述中提出明确的概念规定并加以详细论述；对于现代像中国这样的社会主义国家如何看待和如何发展"文化产业"更没有现成的结论；而"文化产业"在当代生产力与生产关系的相互作用中促进经济社会发展的作用已日益凸显。这样，当以马克思主义历史唯物论的基本观点来看当代的"文化产业"问题则应看到"文化产业"不仅涉及人们所称的"文化力"的生产力问题，也涉及现代生产关系问题。因为"文化"属

于人的"意识"及"精神生活"范畴。要明确的是，传统的马克思主义观点认为，"文化"是属于上层建筑及社会意识形态的范畴；而对于当代崛起的"文化产业"来说，既是属于生产力，属于经济的产业，是社会经济基础发展的重要方面，又是上层建筑的重要内容，不仅反映社会存在，还反映社会意识。所以，现实中许多问题需要我们进一步深入研究。问题还在于：就生产力本身的单纯性质讲，是谈不上阶级属性、政治属性的；而作为社会意识形态的性质，又必须关注其中的政治属性、阶级属性，如此等等。

我们必须以马克思主义基本原理为指导，紧密结合当今经济社会发展的新情况，密切结合中国特色社会主义的实际，对文化产业问题做出科学说明。我们现在要坚持的正确看法应当是：文化产业，就其中的"文化"讲，属于意识形态，属于上层建筑；而就其"产业"讲，属于经济基础，其中的文化产品和服务带有可进入市场的性质，这是经济产业的重要方面；再就文化产业体现并渗透于经济产业发展的"文化力"讲，它又是生产力的重要方面。因为"科学技术是第一生产力"，与之相关的"文化力"显然是这种生产力的重要体现。从其作用说，发展"文化产业"就是发展生产力，是体现经济发展实力的重要标志。

发展文化产业是推进商品经济发展的重要内容，其运行机制体现在市场经济中关于文化商品的经济，这又成为渗透于作为生产关系的经济基础；发展"文化产业"还是上层建筑的调整，是意识形态的充实，应当在发展文化产业中发展先进文化，推动人类文化的进步。我们要在马克思关于社会发展阶段、发展形态的理论中，认识"文化产业"及其发展走向问题，推动社会发展。

基于马克思主义的历史唯物主义基本原理及社会发展的基本理论，对"文化产业"这个概念应做出以下理解：文化产业从文化角度讲属上层建筑范畴，其作为属于观念上层建筑的社会意识是属于意识形态范畴；文化产业从产业角度讲属经济基础范畴，经济基础在马克思主义的哲学范畴中是生产关系的总和，作为生产文化商品的文化产业在商品经济中体现着生产关系；文化产业内在包含着文化力，其作为生产力的重要内容，还是属于生产力的范畴。基于以上情况可以认为：文化产业是生产和经营文化产品、提供文化服务的企业行为和文化生产活动。这里的文化生产、文化产品、文化消费，并不局限于单纯的艺术生产、艺术产品、艺术消费，而是指能通过市场、通过文化经营，整个地作用于文化经济中各种产业并提升诸产业的文化生产和消费活动。文化产业要通过文化劳动生产文化商品，在当代，其中包括科技、信息、知识，也包括文化创意的劳动和产品。总之，"文化产业"，这是在市场经济条件下，可以通过产业方式运作的、作为经营性文化的、带有商品性质的那一部分。其中既涉及关于意识形态的文化，又涉及关于经济产业的经营。关于文化产业的特征，对此可从不同侧面举出许多，而从社会发展讲，则必须注意其两个重要特征。简单说，文化产业的特征可概括为两个最主要的命题：作为文化，有其意识形态的特征；作为产业，有其经济运营的特征。关于后一命题概括的情况，这是我们当前所强调的。对文化产业忽视其产业特征，就会导致文化产业不能真正在经济运营中得到充分发展。关于前一个命题概括的情况，这是无论如何也否定不掉的客观存在。而目前，一些人特别是西方国家的有些人往往淡化甚至否定文化产业的意识形态特征，这是有欺骗性的。在我国社会主义事业发展中，无疑应既重视文化产业作为经济产业的特征，也应重视其意识形态的特征。

文化的意识形态工作有自身的特殊规律，必须坚持"百花齐放、百家争鸣"。对此，邓小平在不同时期都强调"双百"方针的重要性，没有解放思想、民主和谐的创新环境，就不会形成百花齐放、百家争鸣的氛围，就难以形成生动活泼、芬芳争艳的文化局面，就难以形成繁荣兴旺、名家辈出的文化土壤。发展文化产业，必须充分发扬民主推进文化创新，在创作上提倡题材、样式和风格的多样发展。一要坚持社会责任与创作自由的统一、弘扬主旋律和提倡多样性的统一，尊重文化发展规律，保护创新热情，鼓励创新实践，完善创新机制，形成文化产业发展的生动局面；二要坚持"双百"方针，发展文化产业，把广大人民群众是否满意作为检验标准，立足中国、面向世界；三要深刻认识我国传统文化的历史意义和现实价值，注重从祖国文化宝库中汲取营养，让传统文化在当代焕发新的光彩；.四要善于借鉴其他国家和民族文化的长处，充分汲取世界优秀文明成果的精华，择善取舍；五要始终高举社会主义先进文化的前进旗帜，在文化观念上不盲目照搬，在发展模式上不简单模仿，保证中国特色社会主义文化事业及文化产业的健康发展。

坚持"核心价值体系"与贯彻"双百方针"，要在中国特色社会主义文化事业及文化产业的建设中实现坚持社会主义核心价值体系与"百花齐放、百家争鸣"的统一，要把握好它是统一的整体。要在社会主义核心价值体系统领下，坚持尊重差异、形成文化产业的包容多样的繁荣。发展社会主义文化要对不同艺术风格和流派，坚持"双百"方针，尊重创造，鼓励个性和特色。这也是发展社会主义文化产业的题中之意。发展中国特色社会主义文化事业与建设中国特色社会主义的文化产业，是统一整体。不是在中国特色社会主义的"文化事业"之外去搞"文化产业"，或者说不能把"文化产业"理解成是游离于中国特色社会主义"文化事业"之外的。

文化产业与整个文化事业一起统一于中国特色社会主义文化的整体之中，统一于中国特色社会主义文化建设的整体之中，统一于社会主义核心价值体系与"百花齐放、百家争鸣"的整体方针之中。改革是社会主义的自我

完善和发展，是经济和社会发展的强大动力。当代中国改革的根本目的，就是要在各方面形成与社会主义初级阶段基本国情相适应的比较成熟、比较定型的制度，使生产关系适应生产力的发展，使上层建筑适应经济基础的发展，使中国特色社会主义充满生机和活力。在社会主义社会的各个历史阶段，都需要根据经济社会发展的要求进行改革。如果不进行改革，就会窒息社会主义内在的生机和活力，就会严重妨碍社会主义优越性的发挥。中国特色社会主义是在改革中前进的。在社会主义初级阶段，特别是从计划经济体制向社会主义市场经济体制转变的过程中，改革更成为迫切的历史要求，具有特殊重要的意义。

在建设型意识形态的指引之下，我国文化政策彻底摆脱了政治化思维，并转向从社会现实需求中找寻文化政策的立足点与着眼点，文化政策进入了一个全新的市场化时期，其时间大致在1978～2002年间，这个时期的文化政策表现出如下几个方面的特征。

首先，改革开放以来，人们对于文化属性的认知更为开阔，开始注意到文化意识形态属性之外的经济属性，并根据文化的经济属性相继出台一系列政策措施，释放文化的生产力。从此时期采取的一系列调控手段来看，主要有两个方面的内容：第一，拓展文化发展的经济来源，特别是要通过"以文养文"等方式，为文化事业的发展提供必要的物质保障。第二，提升文化单位的经营能力，特别是要通过"事业单位，企业化管理"等方式，增强文化事业的自我发展能力。"双重属性"——意识形态属性与经济属性，"双轨制"——事业单位企业化管理，成为这一时期文化政策最为明显的特征。

其次，改革开放以来，文化领域的发展与改革开放同步，文化领域的发展也与文化体制改革须臾不分，特别是文化领域的市场化改革及其制度设计是这个时期最为重要的文化政策。我国文化领域的市场化改革一开始就从两个领域展开，一方面是增量的开放，即容许市场化的社会力量进入文化领域，这方面的代表就是1979年广州出现第一家音乐茶座；另一方面存量的改革，即容许一部分文化事业单位按照市场化方式经营，这方面的代表就是1978年财政部批准《人民日报》等新闻单位实行"事业单位，企业化管理"。这一系列市场化政策大大丰富了文化产品的生产主体，也极大程度地活跃和繁荣了文化市场，到了1988年，文化部、国家工商行政管理局联合发布《关于加强文化市场管理工作的通知》，正式确立文化市场概念，我国文化市场也开始进入规范化发展的快车道。而到了2002年，党的十六大报告正式提出"文化产业"概念，提出要完善文化相关政策，推动文化产业发展，至此，文化的市场化、产业化的合法性得到国家层面的认定，我国文化的市场化发展进入了历史最好的时期。

二　立足当代中国国情，走中国特色社会主义文化产业建设之路

当代中国，社会主义制度是经过新民主主义革命建立的。中国新民主主义革命，是在半封建半殖民地社会基础上进行的。社会主义中国发展"文化产业"，是在由计划经济体制转向社会主义市场经济体制的改革开放进程中起步的。由中国的历史和国情决定，中国必须发展市场经济，而且文化生产也应进入市场。也就是说，要发展文化产业，不能否认文化生产要通过市场运行的作用。中国在新民主主义革命时期就形成的既要反封建又不能搞资本主义的国情决定，中国要独立和解放以至发展进步，就必须走社会主义道路。这样，社会主义文化要发挥其为社会主义政治和经济服务的作用。

现在我们要建设的中国特色社会主义应当是经济、政治、文化和社会全面发展进步的社会。由此决定了，中国特色社会主义的文化产业建设，必须

是体现社会主义意识形态的，同时又是离不开市场经济运作的。中国特色社会主义的文化产业必须发挥好为中国特色社会主义经济、政治服务的作用。这成为我国文化产业与西方国家文化产业的根本区别。

文化产业既有意识形态性质，又有经济产业性质，这决定了其物化产品和服务存在着非商品化和商品化两种属性。这使文化产业的价值实现带有特殊性。我们必须坚持和实现社会效益与经济效益的统一，使文化生产的社会效益成为实现经济效益的前提，经济效益又反过来为社会效益的实现提供坚实的物质基础。

首先，文化产业生产文化商品要遵循市场规律，使文化供给符合市场需求。没有市场的文化商品，不被广大群众接受的文化产品，不可能有经济效益甚至也不可能有其广泛的社会效益。当然，重视文化供给符合市场需求，并不是不加分析地迎合社会上所有的文化消费要求。在社会主义国家，群众的文化消费观念、消费行为、消费方式，作为文化市场的因素，需要不断引导、优化、提高，使其形成积极、健康、向上的发展趋势。这种引导和优化不仅是文化意识形态功能的需要，而且也是提高文化供给有效性的必由之路。

其次，优化文化产业结构，创新机制，这是实现文化生产经济效益、保障社会效益的必然途径。目前，我国的产业正处于形成期向成长期过渡的阶段，需要根据各地的文化发展状况、文化资源优势，加强产业规划，制定符合实际的产业发展政策。随着改革的深入，文化单位都按"事业性质、国家统包"的方式发展已无法适应新的形势，需要重塑文化产业的微观主体和现代市场经营机制。经营机制的创新和改革，既要遵循市场经济规律，也要合乎文化生产的规律。在各类文化事业单位中，除博物馆、科技馆、图书馆等公益性文化单位和少数高雅艺术团体及基础研究单位外，都应积极实施企

业化管理、市场化运作，逐步建立自主生产、自主分配的机制，逐步建立适于市场经营的成本核算制度和文化企业财务制度。有条件的单位应尽快按照现代企业制度要求，深化产权制度改革，实行企业化改造。要按照"有进有退、加强重点、优化结构、提高质量"的要求和经济规模效益原则，加强资产重组力度，以企业为主体，以资本为纽带，运用市场机制配置资源，组建跨地区、跨行业、跨部门、跨所有制的文化企业集团和专业文营公司，推动文化产业上规模、出效益、增实力、创品牌。

众所周知，市场不是万能的，建设型意识形态所主导的经济建设思维以及市场化方式还是存在明显的不足：其一，市场化改革中出现大量市场失灵现象，特别是公共文化领域的管理缺位，导致公民文化权利得不到保障，文化民生领域的欠账较多；其二，文化市场化改革中的经济思维泛滥，文化领域低俗成风，人文关怀缺失，意识形态功能虚置，文化的引导功能没有得到有效发挥。

随着经济社会以及意识形态领域的文化转向，文化在意识形态以及国家政权的重要性愈加突显，而在我国社会主义事业发展的初级阶段，文化在社会主义制度的合法性论证、社会主义核心价值观凝聚以及国家文化软实力提升等方面的作用就更为重要。新中国成立以来，我国高度重视文化在意识形态建设中的重要作用，坚持以马克思主义为指导，坚持"二为"方向和"双百"方针，大力发展具有中国特色的社会主义文化，这些都是我国文化政策领域的优良传统与成功经验，也是新时期推动文化繁荣与发展的宝贵精神财富。

社会主义市场经济是同社会主义基本制度结合在一起的。我们发展文化产业既要发挥市场经济的长处，又要发挥社会主义制度的优越性。我们搞的是社会主义文化产业，"社会主义"这几个字是不能没有的，这并非多余，并非"画蛇添足"，而恰恰是"画龙点睛"。所谓"点睛"，就是点明我国文化产业的性质。在社会主义条件下搞市场经济，搞中国特色社会主义的文化产业，世界上没有先例，这是一个伟大的试验和艰辛的创造，许多规律性的东西我们还不熟悉，要积极借鉴西方发达国家发展文化产业的成功经验和合理做法。但从根上说，在社会主义市场经济体制中发展中国特色社会主义的文化产业，进行这方面的改革，一定要坚持从我国实际出发，在实践中不断探索，走出一条自己的路。长期以来，我们体制中的一个重要弊端就是把文化事业与文化产业对立起来，搞不清楚公益性文化事业和经营性文化产业的区别，把事业职能和企业功能相混淆。深化文化体制改革，就是要着力解决这个体制上的弊端。发展经营性文化产业要充分发挥市场配置资源的基础性作用，坚持以市场为导向，在改革中贯彻"创新体制、转换机制、面向市场、壮大实力"的方针，调动社会力量发展文化产业，使文化产业在市场竞争中发展壮大。总而言之，发展我国文化产业，既要符合我国文化发展规律，又要适应社会主义市场经济发展的要求。一方面，要坚持文化发展的社会主义方向，发扬民族文化的优秀传统，把发展文化作为促进社会健康发展的重要事业；另一方面，要积极推进文化与市场经济的结合，努力使产业发展同市场建设相适应。要促进体制创新和机制转换，使文化企业面向市场、增强活力，满足人民群众日益增长的文化生活需要；要以深化改革为动力，以科技进步为手段，以政策法规为保障，调整产业布局，优化产业结构和资源配置，形成多渠道多元化投资、国有文化企业为主体多种所有制共同发展的文化产业格局。

　　"文化产业"作为以"文化"为内容的产业，"文化"所具有的意识形态的性质，显然体现于其中。"文化产业"有意识形态性质的形而上的特征，是我们在研究和发展"文化产业"时，一定要有清醒认识的。从总体上

说，亦即从文化的一般意义上说，其必然丰富着人们生活的作用。在这一点上，不论是作为整个文化事业一部分的文化产业，还是包含着文化产业的整个文化事业，其丰富文化生活的作用，应当说是共同的。又正是在这种作用中，其履行着发展人类文化的使命和责任，并且教化和娱乐融为一体地发挥着作用。大众在接受、享用文化产品时，总是会受到其共同所认可的价值观念以及相应的行为准则、规范等等教育，又总是有得到身心愉悦或娱乐的要求。而文化产业的特殊性在于，人们消费的不是指向作为这种在经济运作中呈现的文化，而是"文化产业"产品，它是商品；而它又不是普通"物质"，而是指向"精神"需求，是为了丰富自己知识和文化素养，或是为了娱乐，而得到了陶冶性情、精神愉悦、身心放松，进而满足自己的精神需求。

要使文化产品在将来不以生产文化商品的面目出现，要使文化生产不通过文化市场来运行，在当前必须大力发展文化产业，必须充分发挥文化产业的作用，而这正是中国特色社会主义的"文化产业"，是为中国特色社会主义建设服务的"文化产业"。这样，建设好中国特色社会主义文化产业，就形成了如此情况：一方面，只以计划经济的投入方式发展文化而不发展文化产业，只以公益性文化事业的方式发展文化而不以经营性文化产业的方式发展文化，是不行的；另一方面，完全使文化产品带上商品的极端性质，完全使之像在资本主义国家那样，使其对人的发展和社会发展所起到的负面消极作用膨胀起来，也是不行的。现在，我们要像重新认识所有制问题，要像重新认识商品经济、市场经济那样，在实事求是、解放思想、与时俱进中，切实认识在中国发展文化产业的问题，从而走出有中国特色的社会主义文化产业发展之路。在当代中国积极推进文化产业发展，这既是为了发展经济，又不只是提高经济产品文化含量而实现经济增长的权宜之计。这既是为了繁荣

文化，又不只是繁荣文化的权宜之计，它要起到促进整个社会主义事业发展的作用。我们要正确认识文化产业的历史地位和作用，使之促进社会进步。在中国特色社会主义理论体系中，关于文化产业的理论创新，应当纳入其中而且成为重要的组成部分。在马克思主义指导下，建设中国特色社会主义的文化产业，是当代中国建设者必须负起的重要历史责任，是为推动人类社会按自身规律前进而必须努力去完成的历史任务。

第三章 发展与腾飞：十六大以来文化产业政策研究（2003~2013）（上）

　　随着中国加入世界贸易组织和国际文化竞争的日益加剧，2002年11月，党的十六大明确提出"积极发展文化事业和文化产业"，标志着我国文化产业进入全面启动、快速发展阶段。随后的十多年里，有关文化产业的政策呈井喷式涌现，广泛涉及文化产业各个门类。为尽可能地全面关照这个阶段的相关政策，我们对这个阶段的文化产业政策研究分成上、下两部分叙述，上部分着重是对文化产业的总体政策进行分析，下部分则是对具体行业门类的政策进行分析。政策分析的方法主要采用定性与定量相结合、点面结合的方式，力求全面而又重点突出地呈现十多年来我国文化产业政策的发展状况。

第一节 十六大以来我国文化产业总体政策的宏观背景

　　进入新时期三十多年来，伴随着我国经济领域的改革开放，我国文化领域也不断乘风破浪，取得不少突破。特别是十六大以来的十多年里，我国文化产业进入了快速发展和腾飞的时期。放眼全球，自20世纪下半叶以来出现的一波又一波的传媒革命浪潮、信息经济浪潮以及文化创意产业浪潮，不断将发展程度不一的国家由"第一次现代化"推向"第二次现代化"的转折点。聚焦国内，20世纪末到21世纪初，我国已站在由初步建立社会主义市场经济体制向可持续发展全面建设小康社会转变的关键节点，文化产业发展特别是文化体制改革成为这个转折节点的重要标志之一。全球化的发展态势和国内发展的逻辑要求我国文化政策需要适时做出更大幅度的调整，也成为十六大以来我国文化产业政策演变的现实背景。

简而言之，所谓文化产业政策是指与文化产业相关的法律、法规和各级政府的政策。而就我国而言，它首先指向两个权威来源，即中国共产党历届代表大会报告和历届全国人大政府工作报告中涉及文化产业的部分。尽管这些文件的内容在出台伊始尚未定型为法律法规，但它们是"一切政策中的第一政策"。[①]

自党的十五届五中全会第一次提到"文化产业"，明确提出要"完善文化产业政策，加强文化市场建设和管理，推动有关文化产业发展"，并在第九届全国人大四次会议正式被纳入《国民经济和社会发展十五计划纲要》，文化产业开始正式走进党和国家层面的政策性、法规性文件，并在党的十六大、十七大、十八大及中央全会等场合成为我国文化建设和文化体制改革重大战略思想和重大战略举措的重要组成部分。

党的十六大第一次区分文化事业和文化产业，把"文化更加繁荣"作为全面建设小康社会的重要内容和明确的奋斗目标，对文化建设和文化体制改革做出总体部署，要求抓紧制定文化体制改革总体方案，进一步理清文化体制改革的思路。党的十六届三中全会全面落实十六大精神，明确把文化体制改革作为完善社会主义市场经济体制的重要任务，确定了深化文化体制改革的总体思路和目标，要求按照社会主义精神文明建设的特点和规律，促进文

---

① 李河、张晓明：《当代中国文化政策十年的主题》，《科学新闻》2008年第9期。

化事业和文化产业协调发展。党的十六届四中全会明确提出通过深化文化体制改革，解放和发展文化生产力，要求抓紧制定文化发展纲要和文化体制改革总体方案，以体制机制创新为重点，增强微观活力，健全文化市场体系，依法加强管理，促进文化事业全面繁荣和文化产业快速发展。党的十六届五中全会通过的《中共中央关于制定国民经济和社会发展第十一个五年规划的建议》坚持以科学发展观统领经济社会发展全局，积极发展文化事业和文化产业，明确提出"一个体系、两个格局"的设想，即加大政府对文化事业的投入，逐步形成覆盖全社会的比较完备的公共文化体系；完善文化产业政策，形成公有制为主体、多种所有制共同发展的文化产业格局，形成民族文化为主体、吸收外来有益文化的文化市场格局。党的十六届六中全会立足于构建社会主义和谐社会的全局，提出建设和谐文化是构建社会主义和谐社会的重要任务，要求把社会效益放在首位，把发展公益性文化事业作为保障人民文化权益的主要途径，加快发展文化事业和文化产业，推进文化体制的改革和创新。

党的十七大要求深入贯彻落实科学发展观，提出了兴起社会主义文化建设新高潮、推动社会主义文化大发展大繁荣的战略任务，要求深化文化体制改革，增强文化发展活力，大力发展文化产业，实施重大文化产业项目带动战略，加快文化产业基地和区域性特色文化产业群建设，培育文化产业骨干企业和战略投资者，繁荣文化市场，增强国际竞争力。运用高新技术创新文化生产方式，培育新的文化业态，加快构建传输快捷、覆盖广泛的文化传播体系。党的十七届五中全会通过的《中共中央关于制定国民经济和社会发展第十二个五年规划的建议》以"推动文化大发展大繁荣，提升国家文化软实力"作了专题部署，要求深化文化体制改革，创新文化生产和传播方式，解放和发展文化生产力，增强文化发展活力。坚持一手抓公益性文化事业、一手抓经营性文化产业，繁荣发展文化事业和文化产业。在政府引导下发挥市场机制积极作用，培育骨干文化企业和战略投资者，鼓励和引导非公有制经济进入，发展新型文化业态，增强多元化供给能力，满足多样化社会需求，繁荣社会主义文化市场，推动文化产业成为国民经济支柱性产业。党的十七届六中全会全面分析形势和任务，认真总结我国文化改革发展的丰富实践和宝贵经验，专题研究部署深化文化体制改革、推动社会主义文化大发展大繁荣，进一步兴起社会主义文化建设新高潮。会议审议通过的《中共中央关于深化文化体制改革推动社会主义文化大发展大繁荣若干重大问题的决定》，在集中全党智慧的基础上提出了新形势下努力建设社会主义文化强国的文化改革发展奋斗目标，并提出实现奋斗目标的指导思想、重要方针、目标任务、政策措施，深化了对中国特色社会主义文化发展道路的认识。

2012年7月23日，胡锦涛在省部级主要领导干部专题研讨班的开班式上发表了一个重要讲话（简称"7·23讲话"）。这次讲话从坚持和发展中国特色社会主义的政治高度和宽广的视野，精辟分析了我国面临的新形势和新任务，科学阐述了事关党和国家全局的若干重大问题，深刻回答了党和国家未来发展的一系列理论和实践问题。改革开放以来，每逢全国党代表大会召开之前，往往是各种思潮和思想特别活跃的时期。在这些活跃的思潮中，又常常夹杂些不正确的、扰乱社会视听的思想或思潮，特别是在当今互联网普及的情况下，这些错误的思想和思潮还很有市场。因此，在每次党代会召开之前，统一全党全国人民的思想，就显得很有必要。胡锦涛同志的"7·23讲话"，在党的十八大召开之际，对统一全党、全国各族人民的思想，具有非常重要的指导作用。党的十八大提出建设社会主义文化强国，关键是增强全民族文化创造活力。要深化文化体制改革，推动文化事业全面繁荣、文化产业快速发展，增强文化整体实力和竞争力。促进文化和科技融合，发展新型

文化业态，提高文化产业规模化、集约化、专业化水平。党的十八届三中全会在新的历史起点上全面深化改革，要求进一步完善文化管理体制，建立健全现代文化市场体系，构建现代公共文化服务体系，提高文化开放水平。

十六大以来，党中央对大力发展文化产业的认识不断深化，文化产业实践也获得迅猛发展，但也凸显了现行文化体制与发展文化产业要求的不适应。有学者深刻指出，"世纪之交的中国，社会主义市场经济体制基本形成，文化赖以生存和发展的经济基础、体制环境、社会条件、传播技术都已经发生了深刻变化，但管理体制却大大落后于改革进程，极大地约束了文化产业的发展"[1]。由此，文化体制改革也就成为新世纪以来我国文化产业政策演变的核心主题和最大现实背景。十多年来我国文化体制改革基本实现了由被动改革向主动改革的转变，由主要模仿经济体制改革向把握文化体制改革自身规律的转变。这个过程自2003年文化体制改革试点工作的启动，至今已大致经历了三个阶段[2]：

第一阶段，积极探索，开展试点。在这一阶段，按照党的十六大关于深化文化体制改革的精神，2003年7月，中办、国办转发《中宣部、文化部、广电总局、新闻出版总署关于文化体制改革试点工作的意见》，确定北京市、上海市、广东省、浙江省、重庆市、深圳市、沈阳市、西安市、丽江市9个地区为综合性试点地区，新华日报报业集团、浙江广电集团、中国出版集团、国家图书馆、中国电影集团公司、中国对外演出公司、江苏新华书店集团公司等35家为试点单位。综合性试点地区承担着整体性实验的重要任务。试点单位的改革大致可分为两大类，一是党报、党刊、电台、电视台等重要新闻媒体和重要出版社的广告、印刷、发行、传输等经营服务部分，可剥离转制

---

① 李河、张晓明：《当代中国文化政策十年的主题》，《科学新闻》2008年第9期。
② 庞仁芝、徐彬：《党的十六大以来文化体制改革综述》（上），《珠海市行政学院学报》2012年第1期。

为企业；二是电影、电视剧和娱乐节目制作单位，出版物发行、印刷企业，放映、演出公司和一般性艺术表演团体等经营性文化事业单位，可整体转制，对具备条件的文化企业单位可直接进行股份制改造。试点工作启动后，国家有关部门适时出台一系列政策，推动文化体制改革的试点。如国务院《关于非公有资本进入文化产业的若干决定》《关于支持文化事业发展若干经济政策的通知》《关于鼓励、支持和引导个体私营等非公有制经济发展的若干意见》，财政部、海关总署、国家税务总局《关于文化体制改革中经营性文化事业单位转制为企业的若干税收政策问题的通知》《关于文化体制改革试点中支持文化产业发展若干税收政策问题的通知》等。文化体制改革试点工作从理论和实践的结合上进行了探索，为制定文化体制改革总体方案、进一步扩大试点工作做了准备。

第二阶段，由点到面，扩大试点。经过几年的试点探索，2006年1月，中共中央、国务院发布《关于深化文化体制改革的若干意见》，在总结试点经验的基础上，进一步明确了深化文化体制改革的指导思想、方针原则、基本目标和主要任务。这是一个深化文化体制改革的纲领性文件。为贯彻文件精神，2006年3月，全国文化体制改革工作会议在北京召开。会议对文化体制改革试点工作做了总结，并对推进文化体制改革做出具体部署，新确定89个地区和170个单位为文化体制改革试点。2006年9月，中共中央办公厅、国务院办公厅办发布《国家"十一五"时期文化发展规划纲要》，对"十一五"时期进一步加快文化建设、改革文化体制做出了全面部署。这是我国建国以来第一个国家文化发展规划。2009年7月，国务院常务会议审议通过《文化产业振兴规划》，提出将重点推进文化创意、影视制作、出版发行、印刷复制、广告、演艺娱乐、文化会展、数字内容和动漫等文化产业类型。这是我国第一部国家文化产业专项规划，是继钢铁、汽车、纺织等十大产业振兴规

划后出台的又一个重要的产业振兴规划，标志着文化产业已经上升为国家的战略性产业。

第三阶段，全面展开，加快推进。2009年8月，全国文化体制改革经验交流会在江苏南京召开。会议总结交流了改革经验，表彰了北京、上海、江苏等12个"全国文化体制改革先进地区"和中国对外文化集团公司、中国电影集团公司、央视国际网络有限公司等58家"全国文化体制改革先进企业"。李长春对会议做出重要批示，强调当前文化体制改革已进入攻坚克难的关键阶段，迫切要求我们在已有工作的基础上，抓住关键环节和重点领域，加大力度，加快进度，在解决影响和制约文化科学发展的一些深层次矛盾和问题上实现重点突破，推动文化体制改革向纵深发展。以这次会议为标志，出版、发行、电影、文化市场管理等领域的改革全面推开。2010年7月23日，中央政治局就深化文化体制改革举行专题学习。胡锦涛在主持学习时强调，深入推进文化体制改革，促进文化事业全面繁荣和文化产业快速发展，要加快文化体制机制改革创新，加快构建公共文化服务体系，加快发展文化产业，加强对文化产品创作生产的引导，推动社会主义文化大发展大繁荣。2012年2月，中共中央办公厅、国务院办公厅印发《国家"十二五"时期文化改革发展规划纲要》，围绕建设社会主义文化强国的宏伟目标，明确了"十二五"时期我国文化改革发展的指导思想、方针原则、具体目标任务和重大举措，对文化改革发展做出了全面部署。

第二节　十六大以来我国文化产业总体政策的文本分析

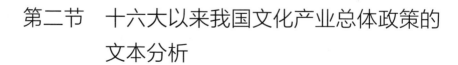

按照不同的标准，公共政策有不同的分类。从政策层次的角度来看，公

共政策可以分为元政策、基本政策和具体政策。就文化产业总体政策类型而言，其元政策主要体现为中共中央历年对文化产业发展的指导政策，是文化产业总体政策类型中基本政策、具体政策的出发点和基本依据。显然，这里的元政策实际也是文化产业行业政策类型的元政策。而文化产业总体政策类型中的基本政策则是将元政策的原则规定在文化产业整体领域中的具体化，同时又是各项具体政策制定的依据和原则，是指导文化产业整体发展的全局性政策。文化产业总体政策类型中的具体政策则是基本政策在文化产业某方面工作的具体化规制内容，是执行基本政策而制定的具体行为规则，是实现元政策和基本政策的手段和途径。

梳理十六大以来我国文化产业政策文本，共有元政策4项，基本政策7项，具体政策有文化市场、文化体制改革、财政税收、投融资扶持、文化科技、文化产业园区基地、对外文化贸易等七个方面共83项，具体见表3-1。

表3-1　十六大以来我国文化产业政策基本统计

类型		数量
元政策		4
基本政策		7
具体政策	文化市场	30
	文化体制改革	7
	财政税收	6
	投融资扶持	11
	文化科技创新	2
	文化产业园区基地	12
	对外文化贸易	15
合计		94

一　元政策的文本内容分析

2002年11月，党的十六大报告首次提出文化事业和文化产业的"二分法"，要求"积极发展文化事业和文化产业"，指出"发展文化产业是市场经济条件下繁荣社会主义文化、满足人民群众精神文化需求的重要途径"，提出"完善文化产业政策，支持文化产业发展，增强我国文化产业的整体实力和竞争力"。这一重要思想，赋予文化产业应有的合法地位。

2006年9月，中央办公厅、国务院办公厅印发了《国家"十一五"时期文化发展规划纲要》，明确要求"加快发展文化产业，激发民族生命力，增强民族凝聚力，提高民族创造力，在国际竞争中占据制高点，掌握主动权"，"适应社会主义市场经济的发展要求，转变增长方式，提高效益，扩大规模，促进文化产业持续健康发展"。《纲要》确定了"重点发展的文化产业门类，推动国家数字电影制作基地建设、国产动漫振兴工程、'中华字库'工程等一批具有战略性、引导性和带动性的重大文化产业项目，在重点领域取得跨越式发展"，要求"着力重塑文化市场主体，提高国有文化企业竞争力，形成以公有制为主体、多种所有制共同发展的文化产业格局"，"充分发挥市场配置资源的基础性作用，建立健全门类齐全的文化市场，促进文化产品和生产要素合理流动"，"推进连锁经营、物流配送、电子商务，加快文化产品物流中心建设，实行新型代理配送制度，建立以大城市为中心、中小城市相配套、贯通城乡的文化产品流通网络"，提出要"建设一批文化产业强省、强市和区域性特色文化产业群，形成文化产业协调发展格局"。

2010年10月，党的十七届五中全会通过了《中共中央关于制定国民经济和社会发展第十二个五年规划的建议》，提出"繁荣社会主义文化市场，推动文化产业成为国民经济支柱性产业"，把文化产业提升到国民经济支柱性产业的战略高度。

2011年10月18日，党的十七届六中全会专题研究了文化体制改革的问题，发布了《中共中央关于深化文化体制改革推动社会主义文化大发展大繁荣若干重大问题的决定》。报告强调"推动文化产业跨越式发展，使之成为新的经济增长点、经济结构战略性调整的重要支点、转变经济发展方式的重要着力点，为推动科学发展提供重要支撑"，明确要求构建结构合理、门类齐全、科技含量高、富有创意、竞争力强的现代文化产业体系；形成公有制为主体、多种所有制共同发展的文化产业格局；发挥文化和科技相互促进的作用，深入实施科技带动战略，增强自主创新能力；增加文化消费总量，提高文化消费水平，扩大文化消费。

2012年2月，中央办公厅、国务院办公厅印发《国家"十二五"时期文化改革发展规划纲要》，认为"当前文化产业蓬勃发展，整体规模和实力快速提升"，要求加快发展文化产业，构建结构合理、门类齐全、科技含量高、富有创意、竞争力强的现代文化产业体系，发挥文化和科技相互促进的作用，推进文化科技创新，增加文化消费总量，提高文化消费水平，形成公有制为主体、多种所有制共同发展的文化产业格局。同时，要求以建立现代企业制度为重点，加快推进经营性文化单位改革，培育合格市场主体，深化文化事业单位改革，健全现代文化市场体系，创新文化管理体制，加快文化体制机制的改革创新。

2013年11月，党的十八届三中全会研究了全面深化改革的若干重大问题，做出《中共中央关于全面深化改革若干重大问题的决定》（以下简称《决定》），要求"坚持以人民为中心的工作导向，坚持把社会效益放在首位、社会效益和经济效益相统一，以激发全民族文化创造活力为中心环节，进一步深化文化体制改革"，这是党中央对新时期文化建设的新要求，是我党全心全意为人民服务的宗旨和执政为民的理念在文化领域的具体体现，也是践行党的群众路线的必然要求。《决定》提出"按照政企分开、政事分开原则，推动政府部门由办文化向管文化转变，推动党政部门与其所属的文化企事业单位进一步理顺关系"，完善文化管理体制。自2003年中央号召开展文化体制改革综合性试点工作以来，我国文化体制改革已走过10个年头，取得显著成效，已从过去的"破冰期"挺进"深水区"。通过10年的努力，文化体制改革已顺利完成了四项改革内容：一是经营性文化单位的转企改制；二是保留事业性质文化单位的内部机制改革；三是文化市场的综合执法改革；四是政府文化行政部门的文化职能转变，由办文化向管文化转变；由管微观向管宏观转变；由管直属单位向管全社会转变。此外，《决定》还要求"完善文化市场准入和退出机制，鼓励各类市场主体公平竞争、优胜劣汰，促进文化资源在全国范围内流动"，建立健全现代文化市场体系，充分发挥市场在文化资源配置中的作用，进一步加强法制建设，健全文化市场法规体系，完善文化市场运行的基本规则，加强政策引导、搭建平台、提供服务。

从党的十六大到党的十八届三中全会，所提出的有关文化产业发展的元政策，不仅明确了文化产业的合法性地位，而且体现了我国发展文化产业战略地位的确立过程。

表 3-2　十六大以来有关文化产业的元政策一览表

序号	标题	法规类别	发布机关	颁布日期
1	中共中央关于全面深化改革若干重大问题的决定	规范性文件	中共中央	2013年11月
2	国家"十二五"时期文化改革发展规划纲要	规范性文件	中共中央办公厅、国务院办公厅	2012年2月

（续表）

序号	标题	法规类别	发布机关	颁布日期
3	中共中央关于深化文化体制改革推动社会主义文化大发展大繁荣若干重大问题的决定	规范性文件	中共中央	2011年10月
4	国家"十一五"时期文化发展规划纲要	规范性文件	国务院办公厅	2006年9月

二 基本政策的文本内容分析

改革开放以来，特别是21世纪以来，各地在促进文化产业发展方面，进行了积极探索和大胆实践，积累了宝贵经验，取得了明显成绩，但从整体上看，我国文化产业仍处于起步、探索、培育、发展的初级阶段，与发达国家相比差距很大。2003年9月，为深入贯彻落实党的十六大精神，在大力繁荣文化事业的同时，积极发展文化产业，文化部发布《关于支持和促进文化产业发展的若干意见》，在国有经营性文化单位改革、市场准入、文化资源整合、文化科技创新、文化产品和文化服务"走出去"、重点文化产业项目扶持、现代文化产品流通组织建设、文化产业人才培养、文化市场环境建设、知识产权保护以及文化产业理论和政策法规建设等多个领域，提出发展文化产业的主要措施。

为贯彻落实党的十六大关于文化建设和文化体制改革的要求，改进和完善文化产业统计工作，规范文化及相关产业的口径、范围，2004年3月，国家统计局发布了《文化及相关产业分类》（以下简称《文化产业分类》）。《文化产业分类》规定"文化及相关产业是指为社会公众提供文化、娱乐产品和服务的活动，以及与这些活动有关联的活动的集合"，主要范围包括提供文化产品（如图书、音像制品等）、文化传播服务（如广播电视、文艺表

演、博物馆等）和文化休闲娱乐（如游览景区服务、室内娱乐活动、休闲健身娱乐活动等）的活动，它们构成文化产业的主体；同时，还包括与文化产品、文化传播服务、文化休闲娱乐活动有直接关联的用品、设备的生产和销售活动以及相关文化产品（如工艺品等）的生产和销售活动，它们构成文化产业的补充。《文化产业分类》将文化及相关产业分成文化产业核心层、文化产业外围层和相关文化产业层，但是该分类是依据活动的同质性原则划分，没有按照公益性和经营性划分，所以无法用其划分公益性文化单位和经营性文化单位。尽管如此，它对界定和规范我国公益性文化活动和经营性文化活动还是提供了很好的参考与借鉴。

为适应我国社会主义文化建设的需要，全面贯彻落实科学发展观，推动文化事业和文化产业的协调发展，根据《国家"十一五"时期文化发展规划纲要》，2006年9月，文化部发布《文化建设"十一五"规划》，在总结"十五"时期文化产业发展成就和经验的基础上，对今后五年我国文化产业结构的优化、文化市场主体的培育、文化市场体系的培育、文化市场管理长效机制的构建、对外文化贸易以及文化产品进口管理等方面对我国文化产业发展做出具体部署和安排，以指导我国在全面建设小康社会进程中的文化产业发展。

党的十七大明确提出，要积极发展公益性文化事业，大力发展文化产业，激发全民族文化创造活力，更加自觉、更加主动地推动文化大发展大繁荣。为此，2009年9月，国务院办公厅发布《文化产业振兴规划》，要求在国际金融危机新的形势下，发挥文化产业逆势而上的特点，抓住机遇，大力振兴文化产业，为"保增长、扩内需、调结构、促改革、惠民生"做出贡献。《文化产业振兴规划》重点确定了当时及其后一个时期需着力做好的八个方面的工作任务，包括发展以文化创意、影视制作、出版发行、印刷复制、广

告、演艺娱乐、文化会展、数字内容和动漫等产业为重点的文化产业；加快建设一批具有重大示范效应和产业拉动作用的重大文化产业项目；着力培育一批有实力、有竞争力的骨干文化企业；加强对文化产业园区和基地布局的统筹规划；创新文化产品和服务，提高文化消费意识，培育新的消费热点；建立健全门类齐全的文化产品市场和文化要素市场；采用数字、网络等高新技术，大力推动文化产业升级，发展新兴文化业态；扩大对外文化贸易。

与此同时，为贯彻和落实《文化产业振兴规划》，文化部发布了《关于加快文化产业发展的指导意见》，进一步明确了文化产业十个行业门类的发展方向和发展重点，从深化文化体制改革、鼓励非公有资本进入文化产业、培育骨干文化企业、不断延伸文化产业链、建设现代文化产业基地和园区、实施重大项目带动战略、建设现代文化市场体系、建立健全文化产业投融资体系、运用高新科技促进文化产业升级、大力推动对外文化贸易等十个方面，提出了加快发展文化产业的主要任务。

为全面贯彻落实党的十七届五中全会、六中全会精神，推动文化产业成为国民经济支柱性产业，加快建设社会主义文化强国，2012年2月，文化部发布《"十二五"时期文化产业倍增计划》，明确"十二五"时期文化产业的主要任务是"以实现跨越式发展为主题，以优化结构布局、加快转变发展方式为主线，以培育文化企业、扩大文化消费、推进文化科技创新、发展特色文化产业为重点，加强内容引导，实施重大文化产业项目带动战略，全面提升文化产业创新能力和核心竞争力，推出一批内容健康向上、深受群众喜爱、市场占有率高的中国原创文化产品，努力满足人民多样化精神文化需求，推动文化产业成为国民经济支柱性产业"，并且重点"改造提升演艺、娱乐、文化旅游、工艺美术等传统文化产业，加快发展动漫、游戏、网络文化、数字文化服务等极具活力和潜力的新兴文化产业，构建结构合理、门类齐全、科技含量高、竞争力强的现代文化产业体系，以重点行业的快速发展实现倍增目标，形成各行业百花齐放、共同繁荣的良好局面，推动文化产业跨越式发展"。

由于新的《国民经济行业分类》（GB/T 4754—2011）颁布实施，联合国教科文组织《文化统计框架（2009）》的发布，特别是贯彻党的十七届五中全会、六中全会对我国文化产业发展的会议精神，为适应我国文化产业发展的新情况、新变化，国家统计局对2004年制定的《文化及相关产业分类》进行修订，并于2012年7月发布了《文化及相关产业分类（2012）》。2012年修订版进一步完善了文化及相关产业的定义，即"为社会公众提供文化产品和文化相关产品的生产活动的集合"，并在范围的表述上对文化产品的生产活动（内涵）和文化相关产品的生产活动（外延）做出解释。尽管该修订版依然使用"文化及相关产业"的名称，分类涉及范围既包括了公益性单位，也包括了经营性单位，但明确了"文化产业"仅指经营性文化单位的集合，"文化事业"仅指公益性文化单位的集合。另外，随着我国文化体制改革不断取得新突破，文化业态不断融合，文化新业态不断涌现，该修订版也不再保留2004版三个层次的划分，对于新生的文化业态和与文化及相关产业定义较为符合的生产活动已纳入分类，但对于争议较大或目前尚把握不准的生产活动暂不纳入（如手机和微型家用计算机的制造），对于虽有部分活动与文化有关但已形成自身完整体系的生产活动不予纳入，以免削弱分类的文化特征。总的来说，2012修订版在2004版的基础上，延续原有的分类原则和方法，调整了类别结构，增加了与文化生产活动相关的创意、新业态、软件设计服务等内容和部分行业小类，减少了少量不符合文化及相关产业定义的活动类别。

表 3-3 十六大以来有关文化产业的基本政策一览表

序号	标题	法规类别	发布机关	颁布日期
1	文化及相关产业分类2012	规范性文件	国家统计局	2012年7月
2	"十二五"时期文化产业倍增计划	规范性文件	文化部	2012年2月
3	文化产业振兴规划	行政法规	国务院办公厅	2009年9月
4	关于加快文化产业发展的指导意见	规范性文件	文化部	2009年9月
5	关于印发《文化建设"十一五"规划》的通知	规范性文件	文化部	2006年9月
6	关于印发《文化及相关产业分类》的通知	规范性文件	国家统计局	2004年3月
7	关于支持和促进文化产业发展的若干意见	规范性文件	文化部	2003年9月

三 具体政策的文本内容分析

相关部门在文化产业总体政策类型中具体对文化市场、文化体制改革、财政税收、投融资、文化产业园区基地、对外文化贸易、信息化建设、文化科技等领域进行了政策规制，其中以文化市场和文化体制改革方面的政策发布最多，反映出政府在文化产业发展期更注重于理顺和调整文化产业发展的体制机制以及文化市场的培育与市场秩序的建构，也反映出政府在社会主义市场经济日趋完善的过程中更加重视文化产业发展的顶层设计与强调政府公共服务职能的政策导向。

（一）文化市场

从政策发布的数量来看，图3-1显示，十六大以来有关文化市场领域的政策发布共有30项，几乎平均每年出台3项，其中以2007年（6项）和2010年（7项）出台最为集中，呈现出每隔三年左右便有一次文化市场规范政策密集出台的特点。一方面，反映出我国文化市场的培育与发展异常复杂，不能奢望通过一次性的政策规范即可解决，而需要随着文化市场发展实践的需要，适时适势推出相应的政策规制；另一方面，也反映出我国文化市场具体政策的制定主要是采取摸着石头过河的办法，以问题为导向，切实解决文化市场发展中的具体问题为主。

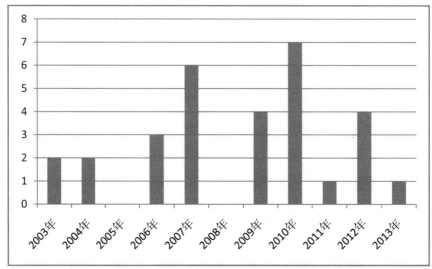

图3-1 2003年～2013年有关文化市场的政策出台数量分布

从政策主体的分布来看，图3-2显示，主要以文化部为主（26项），约占86.67%，其余则有原新闻出版总署、国家版权局、国务院其他部委以及文化部联合中央综治办等七部门，各有1项。可见，文化部是文化市场的主要管理部门和政策制定部门。

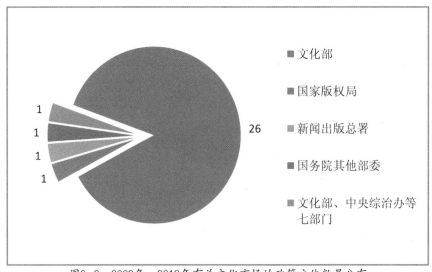

图3-2　2003年～2013年有关文化市场的政策主体数量分布

　　从政策内容来看，图3-3显示，绝大部分是关于文化市场行政执法的具体政策，共有21项，占总数的七成，其余主要是对文化市场的综合治理、文化监管以及文化市场准入等方面的政策。其中，2003年1月，文化部发布《2003～2010年文化市场发展纲要》，对后一时期文化市场发展的主要目标和基本思路，特别是对演出市场、娱乐市场、音像市场、网络文化市场、电影市场、艺术品市场等分类市场的发展目标做出了纲要性的指导，并提出了加强文化市场建设和管理的具体保障措施，是指导2003～2010年文化市场发展的纲要性文件。

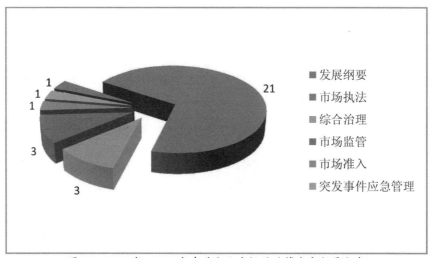

图3-3　2003年～2013年有关文化市场的政策内容数量分布

　　文化市场行政执法是文化市场管理的主要工作内容。2006年3月，文化部曾发布《文化市场行政执法管理办法》（以下简称《办法》），对文化市场行政执法行为进行规范。但随着文化市场综合执法改革于2011年底基本完成，该《办法》于2012年2月1日被废止，与此同时，于2011年12月19日由文化部颁布的《文化市场综合行政执法管理办法》（以下简称新《办法》）开始施行。在新《办法》发布之后不久，文化部紧接着于2012年1月5日出台《〈文化市场综合行政执法管理办法〉解读》，对《办法》制定的背景、综合执法的法律基础、相关行政部门的职责分工、执法程序及执法制度、执法队伍建设、执法证件的统一规范等方面进行了详细解读。新《办法》全面阐述了文化市场综合行政执法的定义，进一步明确了文化部负责指导全国文化市场综合行政执法，规定了综合执法机构的职责和执法人员的条件、执法工作应遵守的程序、执法监督的内容和方式、应当追究责任的情形及责任追究形式等。在文化市场综合行政执法的具体方面，以文化部为主的相关部门重点对打击侵权盗版行为、集中整治行动、执法规范、行政执法装备、文书制作、重大案件管理、举报办理、执法数据统计及报送、行政执法队伍建设、执法考评等进行了具体政策规制（详见表3-4）。

文化市场综合治理方面，2007年8月，文化部、中央社会治安综合治理委员会办公室、公安部、工商总局、教育部、建设部、信息产业部等七个部门联合发布《关于深化文化市场综合治理开展文化市场平安建设的意见》，决定在文化市场领域深化综合治理，开展平安建设，建设和规范文化市场，推动社会主义和谐文化建设。2010年12月，文化部发布《关于进一步加强文化市场管理工作的若干意见》，要求正确研判文化市场发展管理的形势与任务，加强文化市场管理的组织领导，明确了文化市场管理工作的总体要求和基本原则，并提出了文化市场管理的主要任务。2013年8月22日，中国（上海）自由贸易试验区经国务院正式批准设立。为贯彻落实《国务院关于印发中国（上海）自由贸易试验区总体方案的通知》有关规定，2013年9月，文化部发布了《关于实施中国（上海）自由贸易试验区文化市场管理政策的通知》，将中国（上海）自由贸易试验区内文化市场管理有关政策做了相应的调整。

文化市场监管方面，为积极贯彻《行政许可法》，切实转变政府职能，妥善处理好工作上的衔接，做好取消、下放和保留的行政审批项目监管工作，2004年8月，文化部发布《关于贯彻实施〈行政许可法〉转变政府职能改进和加强文化市场监管工作的通知》。2010年中国上海世博会是继北京奥运会后我国举办的又一个世界盛会。为办好一届"成功、精彩、难忘"的世博会营造良好社会文化环境，创建平安文化市场，2010年3月，文化部发布《关于开展"平安世博"文化市场专项保障行动的通知》，决定自2010年4月1日至6月30日在全国范围内开展"平安世博"文化市场专项保障行动。针对部分网吧违规接纳未成年人，少数地区游艺娱乐场所经营秩序混乱，部分农村乡

中国文化产业学术研究大系

镇庙会集市期间发生色情表演活动，2010年7月，文化部发布《关于加强暑假期间文化市场监管工作的通知》，要求全面净化社会文化环境，维护未成年人合法权益，特别是加强暑期文化市场监管工作。

此外，为深化行政审批制度改革，推进政务公开，严格公众聚集文化经营场所申办程序，提高审核工作的透明度，规范场所经营行为，维护公民合法权益，发挥社会监督的作用，2003年7月，文化部发布《公众聚集文化经营场所审核公示暂行办法》。2012年8月，为加强文化市场突发事件应急管理，有效预防和妥善处置文化市场突发事件，最大限度地减少危害和负面影响，文化部发布了《文化市场突发事件应急管理办法（试行）》及《文化市场突发事件应急预案（试行）》。

表3-4　十六大以来有关文化市场的政策一览表

序号	政策内容		政策标题	法规类别	发布机关	颁布时间
1	发展纲要		关于印发《2003～2010年文化市场发展纲要》的通知	规范性文件	文化部	2003年1月
2	市场执法	管理办法	《文化市场综合行政执法管理办法》解读	规范性文件	文化部	2012年1月
3			文化市场综合行政执法管理办法	规范性文件	文化部	2011年12月
4		打击侵权盗版行为	全国文化市场知识产权保护专项执法行动方案	规范性文件	文化部	2010年11月
5			举报查处侵权盗版行为奖励暂行办法	规范性文件	国家版权局	2007年9月
6			关于开展反盗版百日行动的公告	规范性文件	新闻出版总署	2006年7月

（续表）

序号	政策内容		政策标题	法规类别	发布机关	颁布时间
7		集中整治行动	关于开展文化市场集中整治行动的通知	规范性文件	文化部	2009年6月
8			关于文化市场集中执法检查工作情况的通报	规范性文件	文化部	2007年12月
9			关于开展文化市场集中执法季行动的通知	规范性文件	文化部	2006年6月
10		执法规范	关于印发《文化市场交叉检查与暗访抽查规范》的通知	规范性文件	文化部	2012年7月
11		行政执法装备	关于加强文化市场综合执法装备配备工作的指导意见	规范性文件	文化部	2010年11月
12			关于开展全国文化市场综合执法办公系统试点工作的通知	规范性文件	文化部	2009年4月
13	市场执法	文书制作	关于统一文化市场综合执法文书的通知	规范性文件	文化部	2009年9月
14		重大案件管理	文化市场重大案件管理办法	规范性文件	文化部	2012年7月
15		举报办理	关于印发《文化市场举报办理规定》的通知	规范性文件	文化部、国家文物局	2004年11月
16		执法数据统计及报送	关于进一步完善文化市场行政执法数据定期报告制度的通知	规范性文件	文化部	2009年1月
17		行政执法队伍建设	关于印发《全国文化市场综合执法队伍培训规划（2011～2015年）》的通知	规范性文件	文化部	2010年11月
18			关于整合组建文化市场综合执法机构加强文化市场综合执法人员编制管理的实施意见	规范性文件	中央编办	2010年3月
19			关于统一文化市场行政执法人员业务考试标准的通知	规范性文件	文化部	2007年10月
20			关于印发《2006～2008年全国文化市场行政执法人员岗位培训规划要点》的通知	规范性文件	文化部	2006年3月

（续表）

序号	政策内容		政策标题	法规类别	发布机关	颁布时间
21	市场执法	执法考评	关于开展2007年度文化市场行政执法考评工作的通知	规范性文件	文化部	2007年12月
22			关于印发《文化市场行政执法考评办法》的通知	规范性文件	文化部	2007年12月
23		综合治理	关于实施中国（上海）自由贸易试验区文化市场管理政策的通知	行政法规	文化部	2013年9月
24			关于进一步加强文化市场管理工作的若干意见	规范性文件	文化部	2010年12月
25			关于深化文化市场综合治理，开展文化市场平安建设的意见	规范性文件	文化部、中央综治办、公安部、工商总局、教育部、建设部、信息产业部	2007年8月
26		市场监管	关于加强暑假期间文化市场监管工作的通知	规范性文件	文化部	2010年7月
27			关于开展"平安世博"文化市场专项保障行动的通知	规范性文件	文化部	2010年3月
28			关于贯彻实施《行政许可法》转变政府职能改进和加强文化市场监管工作的通知	规范性文件	文化部	2004年8月
29		市场准入	关于印发《公众聚集文化经营场所审核公示暂行办法》的通知	规范性文件	文化部	2003年7月
30		突发事件应急管理	关于印发《文化市场突发事件应急管理办法（试行）》及《文化市场突发事件应急预案（试行）》的通知	规范性文件	文化部	2012年8月

（二）文化体制改革

从表3-5可看出，自党的十六大提出要推进文化体制改革，并于2003年开始相关试点工作以来，相关部门陆续推出了相关政策，以进一步深化文化体制改革，特别是在党的十七届六中全会上，专题对深化文化体制改革做出了全面部署。而发布机关也不只是局限在文化部，而是广泛涉及中央组织部、中宣部、中央编办、发改委、财政部、人力资源和社会保障部、税务总局、工商总局、广电总局、新闻出版总署等众多部门，充分说明了文化的特殊性所决定的文化体制改革的复杂性和艰巨性，涉及上层建筑领域的诸多方面，牵一发而动全身。

表 3-5　十六大以来有关文化体制改革的政策一览表

序号	标题	法规类别	发布机关	颁布时间
1	关于深化文化体制改革推动社会主义文化大发展大繁荣若干重大问题的决定	规范性文件	中共中央	2011年10月
2	关于转制文化企业名单及认定问题的通知	规范性文件	财政部、国家税务总局、中宣部	2009年8月
3	关于中央级经营性文化事业单位转制中资产和财务管理问题的通知	规范性文件	财政部	2009年7月
4	关于印发文化体制改革中经营性文化事业单位转制为企业和支持文化企业发展两个规定的通知	规范性文件	国务院	2008年10月
5	关于在文化体制改革中加强国有文化资产管理的通知	规范性文件	财政部、中宣部、文化部、广电总局、新闻出版总署	2007年9月
6	关于进一步做好文化系统体制改革工作的意见	规范性文件	文化部	2006年7月
7	关于深化文化体制改革的若干意见	规范性文件	国务院	2006年1月
8	关于文化体制改革试点工作的意见	规范性文件	中宣部、文化部、广电总局、新闻出版总署	2003年7月

注：党的十七届六中全会做出的《中共中央关于深化文化体制改革推动社会主义文化大发展大繁荣若干重大问题的决定》，尽管由于政策层级很高而在上文中被列入元政策序列，但其政策主题是有关文化体制改革，故将其列入在本表格。

　　党的十六大提出，要根据社会主义精神文明建设特点和规律，适应社会主义市场经济发展要求，推进文化体制改革。为此，2003年7月，中宣部、文化部、国家广电总局、新闻出版总署发布了《关于文化体制改革试点工作的意见》（以下简称《意见》），采取先试点、后推广的方法，选择一些地区和单位进行试点，在破除妨碍文化发展的体制弊端上探索新的路子，在解决制约文化发展的难点问题上力求取得新的突破，从理论和实践的结合上探索经验，为制定文化体制改革总体方案、进一步推动文化体制改革进行思想准备、理论准备和工作准备。该《意见》明确了文化体制改革试点工作的总体要求，对试点单位和综合性试点地区分别提出了主要任务。要求公益性文化事业试点单位的改革要以"增加投入、转换机制、增强活力、改善服务"为重点，经营性文化企业试点单位的改革要以"创新体制、转换机制、面向市场、增强活力"为重点，做到公益性文化事业单位和经营性文化企业单位"两手抓、两加强"。要求综合性试点地区"在着力抓好单项试点的基础上，积极探索建立新形势下保证党委领导，调控适度、运行有序、促进发展的宏观管理体制；建立保证正确导向、富有经营活力的微观运行机制；建立体现宣传文化特点，适应法制建设总体要求的政策法规体系；形成传播健康精神文化产品，促进资源优化配置，竞争、有序的市场环境；形成吸收国外优秀文化和先进技术，抵制腐朽文化，用好'两个市场、两种资源'的开放格局"。

　　随着文化与经济政治相互交融，在综合国力竞争中的地位和作用越来越突出，经过两年多试点单位和综合性试点地区的试点，2006年1月，中共中央、国务院发布《关于深化文化体制改革的若干意见》（以下简称《意见》），要求充分认识文化体制改革的重要性和紧迫性，抓住重要战略机遇期，深化改革，加快发展。《意见》强调了深化文化体制改革的指导思想、原则要求以及目标任务，要求深化文化企业改革，规范国有文化事业单位的转制；加快文化领域结构调整，合理配置文化资源，盘活存量，优化增量；培育现代文化市场体系，加强文化产品和要素市场建设，形成统一、开放、竞争、有序的现代文化市场体系；加强和改进文化领域宏观管理，明确文化行政管理部门职责，理顺文化行政管理部门与所属文化企事业单位的关系；切实加强对改革的组织领导，建立健全党委统一领导、政府大力支持、党委宣传部门协调指导、行政主管部门具体实施、有关部门密切配合的文化体制改革领导体制和工作机制。

同年7月，为贯彻落实《关于深化文化体制改革的若干意见》精神，结合文化系统实际，文化部发布《关于进一步做好文化系统体制改革工作的意见》，要求切实贯彻"区别对待、分类指导、循序渐进、逐步推开"的工作方针，积极稳妥推进改革；坚持"两手抓，两加强"，创新体制，转换机制，推动公益性文化事业和经营性文化产业全面发展；调动社会力量办文化的积极性，支持、引导民办文化事业的发展；以转变政府职能为着力点，改革文化行政管理体制；以落实和完善相关政策为重点，切实加强对文化体制改革工作的领导。

此外，为进一步推动文化体制改革工作，相关部门对文化体制改革中有关转企改制、国有文化资产管理等具体方面也出台了相关政策规定。2008年10月，国务院办公厅发布了由中央宣传部会同中央组织部、中央编办、发改委、财政部、人力资源和社会保障部、文化部、税务总局、工商总局、广电总局、新闻出版总署等有关部门和单位拟订的《文化体制改革中经营性文化事业单位转制为企业的规定》和《文化体制改革中支持文化企业发展的规定》。《文化体制改革中经营性文化事业单位转制为企业的规定》适用于开展文化体制改革的地区和转制企业，对改革中有关国有文化资产管理、资产

和土地处置、收入分配、社会保障、人员分流安置、财政税收、法人登记、党的建设等具体方面进行了详细规制，执行期限为2009年1月1日至2013年12月31日。《文化体制改革中支持文化企业发展的规定》对所有文化企业在有关财政税收、投资和融资、资产和土地处置以及工商管理等方面提出了诸多积极鼓励措施，执行期限为2009年1月1日至2013年12月31日。2009年8月，财政部、国家税务总局、中宣部发布《关于转制文化企业名单及认定问题的通知》，对转制文化企业名单及认定问题进行了具体规定。

随着文化体制改革的推进，新闻出版、广播影视、文化艺术领域的国有文化资产总量不断增加，资本运作方式发生了新的变化。为确保文化体制改革健康有序进行，促进文化事业和文化产业发展，财政部、中宣部、文化部、广电总局、新闻出版总署联合发布《关于在文化体制改革中加强国有文化资产管理的通知》，提出财政部门、文化行政主管部门和党委宣传部门等要加强沟通和协调，明确管理职责，共同做好国有文化资产管理工作；要严格规范和履行国有文化资产管理的审批程序；要建立对国有文化资产管理的绩效考评机制；要结合实际，及时制定加强国有文化资产管理的具体措施。为了加强和规范中央级经营性文化事业单位转制过程中的资产和财务管理工作，财政部发布《关于中央级经营性文化事业单位转制中资产和财务管理问题的通知》，就转制中清产核资、资产评估、国有资产产权登记及国有资产划转等资产和财务管理工作有关问题做出了具体规定。

（三）财政税收

为推动文化体制改革试点工作，促进文化产业发展，2005年3月，财政部、海关总署、国家税务总局相继发布《关于文化体制改革中经营性文化事业单位转制为企业的若干税收政策问题的通知》和《关于文化体制改革试点中支持文化产业发展若干税收政策问题的通知》，对文化体制改革试点地区

的所有文化单位和不在试点地区的试点单位在文化体制改革试点中发展文化
产业的税收优惠政策做了明确规定，执行期限为2004年1月1日至2008年12月
31日。2009年3月，财政部、国家税务总局发布《关于文化体制改革中经营性
文化事业单位转制为企业的若干税收优惠政策的通知》，规定在2009年1月1
日至2013年12月31日期间，文化体制改革地区的所有转制文化单位和不在文
化体制改革地区的转制企业，自转制注册之日起免征企业所得税；由财政部
门拨付事业经费的文化单位转制为企业，自转制注册之日起对其自用房产免
征房产税；党报、党刊将其发行、印刷业务及相应的经营性资产剥离组建的
文化企业，自注册之日起所取得的党报、党刊发行收入和印刷收入免征增值
税；对经营性文化事业单位转制中资产评估增值涉及的企业所得税，以及资
产划转或转让涉及的增值税、营业税、城建税等给予适当的优惠政策。与此
同时，财政部、海关总署、国家税务总局又联合发布《关于支持文化企业发
展若干税收政策问题的通知》，对所有规定的文化企业在规定时间予以税收
政策优惠，如对内容涉及广播电影电视、出版发行及生产重点文化产品的进
口设备等给予企业所得税、增值税、营业税及关税等免征优惠。根据《关于
支持文化企业发展若干税收政策问题的通知》第八条和《关于文化体制改革
试点中支持文化产业发展若干税收政策问题的通知》第一条的规定，2010年
3月，国家税务总局发布《关于新办文化企业企业所得税有关政策问题的通
知》，对2008年12月31日前新办的政府鼓励的文化企业，自工商注册登记之
日起，免征3年企业所得税，享受优惠的期限截止至2010年12月31日。

　　可见，与文化产业相关的财政税收政策主要体现在2009年发布的《关于
支持文化企业发展若干税收政策问题的通知》和《关于文化体制改革中经营
性文化事业单位转制为企业的若干税收优惠政策的通知》两个文件中。而这
两个文件实质是对2005年发布的《关于文化体制改革中经营性文化事业单位

转制后企业的若干税收政策问题的通知》和《关于文化体制改革试点中支持文化产业发展若干税收政策问题的通知》两个文件的修订和完善，强调对转制后的文化企业继续给予税收支持，并延期5年，执行期限为2009年1月1日至2013年12月31日。修订后的文化产业税收优惠政策主要有以下三个特点：一是修订的税收扶持政策是根据文化产业的实际发展，在对原先实践证明行之有效的税收优惠政策作大部分保留的基础上，增加了新的内容，使其更切实际，是对过去5年已经实施政策的延续、修订和完善。二是修订后的税收扶持政策重在推动经营性文化事业单位改制和文化企业的发展。三是修订后的税收扶持政策继续鼓励文化产品和服务出口及技术创新，如在延续文化企业在境外演出从境外取得的收入免征营业税的基础上，明确了出口图书、报纸、期刊、音像制品、电子出版物、电影和电视完成片按规定享受增值税出口退税的政策。还有，对于认定的高新技术文化企业减按15%征收企业所得税；对文化企业开发新技术、新产品、新工艺发生的研究开发费用，在计算应纳税所得额时允许加计扣除，鼓励文化企业充分利用高新技术，推动文化企业发展。[①]

文化产业发展专项资金由中央财政安排，专项用于提高文化产业整体实力，促进经济发展方式转变和结构战略性调整，推动文化产业跨越式发展。2012年4月，为进一步规范和加强文化产业发展专项资金管理，提高资金使用效益，结合近几年文化产业发展的实际情况，财政部发布《关于重新修订印发〈文化产业发展专项资金管理暂行办法〉的通知》，对原专项资金管理暂行办法进行了修订。明确了专项资金主要支持方向，包括推进文化体制改革、培育骨干文化企业、构建现代文化产业体系、促进金融资本和文化资源

---

① 张皓：《支持文化体制改革和文化产业发展的财税政策分析》，《税务研究》2010年第7期。

对接、推进文化科技创新和文化传播体系建设、推动文化企业"走出去"及财政部确定的其他文化产业发展领域。专项资金支持项目分为重大项目和一般项目，支持方式包括：项目补助、贷款贴息、保费补贴、绩效奖励及财政部确定的其他方式。修订的《暂行办法》还对重点项目和一般项目申请的条件和程序以及专项资金的使用和监督管理进行了详细规定。

表3-6　十六大以来有关文化产业财政税收的政策一览表

序号	标题	法规类别	发布机关	颁布时间
1	关于重新修订印发《文化产业发展专项资金管理暂行办法》的通知	规范性文件	财政部	2012年4月
2	关于新办文化企业企业所得税有关政策问题的通知	规范性文件	国税总局	2010年3月
3	关于支持文化企业发展若干税收政策问题的通知	规范性文件	财政部、海关总署、国税总局	2009年3月
4	关于文化体制改革中经营性文化事业单位转制为企业的若干税收优惠政策的通知	规范性文件	财政部、国税总局	2009年3月
5	关于文化体制改革试点中支持文化产业发展若干税收政策问题的通知	规范性文件	财政部、海关总署、国税总局	2005年3月
6	关于文化体制改革中经营性文化事业单位转制为企业的若干税收政策问题的通知	规范性文件	财政部、海关总署、国税总局	2005年3月

（四）投融资扶持

为深入贯彻党的十六大、十六届三中和四中全会精神，在巩固发展公有制经济、发挥国有文化企业主导作用的基础上，进一步鼓励、支持和引导非公有制经济进入文化产业领域，推动我国文化产业快速发展，更好地满足人民群众日益增长的精神文化需求，2004年10月，文化部发布了《关于鼓励、支持和引导非公有制经济发展文化产业的意见》，要求各级文化行政部门要

把鼓励、支持和引导非公有制经济发展文化产业作为一项重要任务纳入工作议程，进一步转变政府职能，强化服务意识。提出要进一步放宽市场准入，允许非公有制经济进入法律法规未禁止进入的文化产业领域，打破所有制界限，打破地区封锁和部门封锁，大力营造非公有制经济发展文化产业的良好政策环境和市场环境，坚持非公有制文化企业与国有、集体文化企业同等待遇，支持非公有制经济参与国有文化单位的重组改造；要充分发挥工商联、商会、行业协会等社会团体和中介组织在引导规范非公有制文化企业发展中的作用，依法加强对非公有制文化企业的监督，切实改进管理方式，引导非公有制文化企业认真学习党和国家的路线、方针和政策，自觉遵守国家关于文化市场管理的各项政策法规。

2007年7月，为加强中央补助地方文化体育与传媒事业发展专项资金的使用和管理，提高资金使用效益，国家财政部发布《中央补助地方文化体育与传媒事业发展专项资金管理暂行办法》，对专项资金的使用原则和补助范围、专项资金的申请和审批及专项资金的管理与监督等进行了具体规定。次月，财政部修订并发布《宣传文化发展专项资金管理办法》，进一步加强宣传文化发展专项资金的管理、使用和监督。这次修订，实际是根据2006年国务院办公厅转发财政部、中宣部的《关于进一步支持文化事业发展若干经济政策的通知》，决定中央和省级财政继续建立"宣传文化发展专项资金"的文件精神修订的。

为进一步落实《文化产业振兴规划》关于积极吸收社会资本进入文化产业领域的要求，方便国内投资主体了解文化产业发展方向，2009年9月，文化部发布《文化产业投资指导目录》（以下简称《指导目录》），将鼓励类和限制类产业列入《指导目录》，而允许类、禁止类文化产业暂不列入《指导目录》。所谓鼓励类产业主要指具有良好的经济和社会效益，市场前景好，关联带动作用突出，技术含量和附加值高，有利于产业结构优化升级，能够有效地扩大内需，增加就业，扩大文化产品出口的产业。所谓限制类产业主要针对符合行业准入条件，但国家规定需有计划按比例逐步发展的产业以及有投资比例要求的产业。禁止类产业为国家法律法规和有关政策明令禁止的产业。不属于鼓励类、限制类和禁止类的产业，除国家另有规定外均为允许类文化产业。

2010年3月，为进一步改进和提升对我国文化产业的金融服务，支持文化产业振兴和发展繁荣，中宣部、中国人民银行、财政部、文化部、广电总局、新闻出版总署、银监会、证监会、保监会联合发布《关于金融支持文化产业振兴和发展繁荣的指导意见》，强调金融支持文化产业发展的重要意义，要求积极开发适合文化产业特点的信贷产品，加大有效的信贷投放，完善授信模式，加强和改进对文化产业的金融服务，大力发展多层次资本市场，扩大文化企业的直接融资规模，积极培育和发展文化产业保险市场，建立健全有利于金融支持文化产业发展的配套机制，加强政策协调和实施效果监测评估。

为贯彻落实《关于金融支持文化产业振兴和发展繁荣的指导意见》精神，2010年3月10日，文化部与中国工商银行签订了《支持文化产业发展战略合作协议》，双方将在文化产业领域建立长期稳定的战略合作关系，将对方作为最重要的战略合作伙伴。同年5月7日，文化部又发布了《关于贯彻落实支持文化产业发展战略合作协议的通知》，明确文化部与中国工商银行为文化产业发展提供金融服务支持的具体对象和范围，中国工商银行可提供的金融创新产品和服务，以及文化部及各省、自治区、直辖市文化厅（局）全力支持中国工商银行及其分行参与文化产业发展的合作内容。

2010年5月14日，"文化部文化产业投融资公共服务平台"（http://

www.cnci.gov.cn/sys）正式上线，同时开通"文化企业信贷申报评审系统"。首批进入"文化企业信贷申报评审系统"，与文化部建立部行合作机制的银行机构有中国进出口银行、国家开发银行、中国银行、中国工商银行和北京银行等。为进一步推进文化产业投融资服务，促进各地文化厅（局）与银行机构的实务合作，使部行合作机制落到实处，2010年6月，文化部发布《关于推进文化产业投融资服务巩固部行合作机制的通知》，要求指定专人为文化产业投融资工作联络员，建立高效敬业的联络员制度。积极宣传和充分利用"文化部文化产业投融资公共服务平台"，鼓励本地有贷款需求的文化企业通过平台上的"文化企业信贷申报评审系统"申请银行贷款，组织开展文化企业信贷申报推荐工作。主动和银行机构在各地的分支行建立联系，与银行机构建立沟通协调机制，开展多种形式的合作。推动建立政府引导下的文化企业投融资服务机制。

2010年12月，保监会、文化部发布《关于保险业支持文化产业发展有关工作的通知》，对保险业支持和服务文化产业发展有关工作进行规定，要求积极培育和发展文化产业保险市场，积极推进文化产业保险的创新发展，努力开发适合文化企业特点和文化产业需要的保险产品，逐步建立文化产业保险市场运行机制和制度，发挥保险支持文化产业发展的融资功能，提升促进文化产业发展的保险服务水平，并公布了第一批文化产业保险试点险种及公司。

表3-7　十六大以来有关文化产业投融资扶持的政策一览表

序号	标题	法规类别	发布机关	颁布时间
1	关于保险业支持文化产业发展有关工作的通知	规范性文件	文化部	2010年12月
2	关于推进文化产业投融资服务巩固部行合作机制的通知	规范性文件	文化部	2010年6月
3	关于贯彻落实支持文化产业发展战略合作协议的通知	规范性文件	文化部、中国工商银行	2010年5月
4	关于金融支持文化产业振兴和发展繁荣的指导意见	规范性文件	中宣部、中国人民银行、财政部、文化部、广电总局、新闻出版总署、银监会、证监会、保监会	2010年3月
5	文化产业投资指导目录	规范性文件	文化部	2009年9月
6	宣传文化发展专项资金管理办法	规范性文件	财政部	2007年8月
7	中央补助地方文化体育与传媒事业发展专项资金管理暂行办法	规范性文件	财政部	2007年7月
8	关于非公有资本进入文化产业的若干决定	规范性文件	国务院	2005年8月
9	关于鼓励、支持和引导非公有制经济发展文化产业的意见	规范性文件	文化部	2004年10月
10	关于投资体制改革的决定	行政法规	国务院	2004年7月
11	关于推进资本市场改革发展的9条意见	规范性文件	国务院	2004年1月

（五）文化科技创新

　　标准化是促进文化艺术与现代科技紧密结合、推动文化创新的重要技术保障，是繁荣文化事业和发展文化产业的重要基础性工作。为进一步推动文化领域的标准化工作，2007年7月，文化部发布了《文化标准化中长期发展规划（2007～2020）》，提出2010年以前，初步建立起文化领域标准体系，2020年以前，建立起较为完善的标准体系，取得一批文化标准化理论研究重

大成果，完成主要标准的制（修）订工作，使文化标准化建设走向规范有序健康发展的道路。要求"推进文化产业科学技术进步，以标准的形式推动文化产业的秩序化发展，促进文化市场的规范化管理，使我国文化产业向规模化、品牌化方向发展，提高民族文化产品的国际竞争力"。

为贯彻党的十七届六中全会精神和《国家"十二五"时期文化改革发展规划纲要》的战略部署，深入实施《文化部"十二五"时期文化改革发展规划》，发挥与增强文化和科技的相互促进作用，实施科技带动战略，增强自主创新能力，2012年9月，文化部制定了《文化部"十二五"文化科技发展规划》，要求从文化科技创新的发展环境、载体建设、文化与科技的融合发展、科技项目的引领带动、文化行业标准规范的制定、文化科技专业人才队伍的建设等方面，着力加强文化科技创新体系建设。确定了文化科技基础性工作、文化艺术资源保护与开发、文化艺术产品创作生产、文化传播与服务、文化装备与系统平台建设等重点工作任务及领域，力求在"十二五"期间实现文化科技创新体系基本完备，自主创新能力大幅提升，科技竞争力显著增强，文化重点领域核心关键技术取得突破性进展，文化行业标准化体系相对完善，文化科技基础环境条件得到改善，科技资源与文化资源的共享明显增强，文化与科技融合在深度和广度上取得实质性推进，有力支撑和引领文化事业和文化产业发展的总体目标。

表3-8　十六大以来有关文化科技创新的政策一览表

序号	标题	法规类别	发布机关	颁布时间
1	关于印发《文化部"十二五"文化科技发展规划》的通知	规范性文件	文化部	2012年9月
2	关于印发《文化标准化中长期发展规划（2007～2020）》的通知	规范性文件	文化部	2007年7月

（六）文化产业园区基地

随着文化体制的改革和文化产业的快速推进，部分文化产业基地在坚持发展先进文化、推动文化产业发展和文化项目产业化运作方面进行了有益的尝试，并取得突出的成绩。2004年11月，文化部发布《关于命名文化产业示范基地的决定》，命名了42个文化产业示范基地，并要求广泛宣传和深入推广文化产业示范基地的先进经验，充分发挥它们的示范、窗口和辐射作用，推动全国文化产业深入发展，从而增强我国文化产业的整体实力和竞争力。

为规范国家文化产业示范基地的评选命名管理工作，促进文化产业示范基地有序健康发展，2006年2月，文化部发布《国家文化产业示范基地评选命名管理办法》，规定了申报示范基地的文化企业应符合的基本条件、申报程序、评审程序及管理运行机制，并明确示范基地原则上每两年评选命名一次。5月，文化部又发布《关于命名第二批国家文化产业示范基地的决定》，命名雅昌企业（集团）公司等33个企业和单位为国家文化产业示范基地。两年后，文化部发布《关于命名第三批国家文化产业示范基地的决定》，命名北京老舍茶馆有限公司等59个企业和单位为第三批国家文化产业示范基地。2010年11月，文化部发布《关于命名第四批国家文化产业示范基地的决定》，命名北京数字娱乐发展有限公司等70家企业和单位为第四批国家文化产业示范基地。2012年8月，文化部发布《关于命名第五批国家文化产业示范基地的决定》，命名中国木偶艺术剧院有限责任公司等69家企业为第五批国家文化产业示范基地。

为进一步提高我国文化产业的规模化、集约化水平，催生一批有较强实力、竞争力、影响力和自主创新能力的大型文化企业和企业集团，努力增强我国文化产业的整体实力和竞争力，充分发挥文化产业在繁荣社会文化生活、满足群众精神需求、促进经济结构调整、扭转经济增长方式等方面的重

要作用，2007年6月，文化部发布《关于命名首批国家级文化产业示范园区的通知》，决定命名西安曲江新区和华侨城集团公司为首批国家级文化产业示范园区。2008年5月，文化部发布《关于命名第二批国家级文化产业示范园区的通知》，命名山东省曲阜新区文化产业园和辽宁省沈阳棋盘山开发区为第二批国家级文化产业示范园区。

为规范国家级文化产业示范园区的申报、命名和监督管理工作，2010年7月，文化部出台《国家级文化产业示范园区管理办法（试行）》，明确申报国家级文化产业示范园区应具备的基本条件，并确定文化部负责国家级文化产业示范园区的申报、命名、管理和考核。省级文化行政主管部门负责本辖区省级的文化产业园区的申报、命名、管理和考核，并负责对国家级文化产业示范园区的指导和监管。园区每两年申报、命名一次，每次命名不超过两个。原则上每个省级行政区内园区总量不超过两个。园区每两年考核一次。2011年2月，文化部发布《关于命名第三批国家级文化产业示范园区的通知》，命名开封宋都古城文化产业园区和张江文化产业园区为第三批国家级文化产业示范园区。同时，命名广州北岸文化码头、黑龙江（大庆）文化创意产业园、长沙天心文化产业园区、中国曲阳雕塑文化产业园等4家园区为首批国家级文化产业试验园区。2012年8月，文化部发布《关于命名第四批国家级文化产业示范园区的通知》，命名湖南省长沙天心文化产业园区和四川省成都青羊绿舟文化产业园区为第四批国家级文化产业示范园区。同时，决定命名福建省闽台文化产业园、山东省台儿庄古城文化产业园、吉林省东北亚文化创意科技园、宁夏回族自治区石嘴山市星海湖文化产业园区为国家级文化产业试验园区。

自2004年以来，文化部先后命名了四批8家国家级文化产业示范园区和两批8家国家级文化产业试验园区，以及五批共265家国家文化产业示范基地

（期间已有8家基地被撤销资格），催生了一批有较强实力、竞争力、影响力和自主创新能力的大型文化企业和企业集团，培育扶持、发展壮大了一批产业集聚效应明显、特色鲜明的文化产业园区，进一步提高了我国文化产业规模化、集约化水平。但是，在文化产业园区、基地发展进程中出现了一些不容忽视的不良倾向，一哄而上、盲目发展的问题比较突出。有的地方建设的文化产业园区功能定位雷同，文化含量低，浪费资源；有的地方和部门热衷于给文化产业园区、基地命名"挂牌"，而忽视其条件和内涵；有的地方以文化产业之名违规占地，搞房地产及其他产业开发；有的地方在历史文化资源的开发利用中存在偏差。为此，2010年6月，文化部发布《关于加强文化产业园区基地管理、促进文化产业健康发展的通知》，要求各级文化行政部门要加强对文化产业园区、基地布局的统筹规划，严格调控文化产业园区、基地的发展数量，尤其要重点调控和监管动漫产业园区、基地和动漫主题公园、文化主题公园。严格建设程序和条件，国家级文化产业示范园区、基地由文化部负责认定，省级文化产业示范园区、基地和投资1亿元以上的文化产业园区、基地由省级文化行政部门认定或审核后报文化部备案。对通过文化行政部门审核，国内外影响大、文化含量高、规模效益好、管理规范、示范引导辐射作用强的文化产业园区、基地及园区内文化企业要重点扶持，积极支持和帮助其申报贷款贴息、项目补助、绩效奖励等资金。优先将示范园区、基地内有贷款需求的企业和项目推荐给与文化部建立部行合作机制的银行机构，积极促成优质文化项目进入文化产权交易市场进行融资，大力培育、辅导并推荐符合条件的文化企业上市融资，联合金融机构探索针对文化产业示范园区、基地内文化企业的信用评级制度。

表 3-9　十六大以来有关文化产业园区基地的政策一览表

序号	标题	法规类别	发布机关	颁布时间
1	关于命名第五批国家文化产业示范基地的决定	规范性文件	文化部	2012年8月
2	关于命名第四批国家级文化产业示范（试验）园区的决定	规范性文件	文化部	2012年8月
3	关于命名第三批国家级文化产业示范园区的通知	规范性文件	文化部	2011年2月
4	关于命名第四批国家文化产业示范基地的决定	规范性文件	文化部	2010年11月
5	国家级文化产业示范园区管理办法（试行）	规范性文件	文化部	2010年7月
6	关于加强文化产业园区基地管理、促进文化产业健康发展的通知	规范性文件	文化部	2010年6月
7	关于命名第三批国家文化产业示范基地的决定	规范性文件	文化部	2008年9月
8	关于命名第二批国家级文化产业示范园区的通知	规范性文件	文化部	2008年5月
9	关于命名首批国家级文化产业示范园区的通知	规范性文件	文化部	2007年6月
10	关于命名第二批国家文化产业示范基地的决定	规范性文件	文化部	2006年5月
11	关于印发《国家文化产业示范基地评选命名管理办法》的通知	规范性文件	文化部	2006年2月
12	关于命名文化产业示范基地的决定	规范性文件	文化部	2004年11月

（七）对外文化贸易

为顺利推进文化体制改革试点工作的进行，扩大对外文化贸易，2004年，文化部向国务院呈交了《关于报请批准〈中国对外演出中心和中国对外艺术展览中心转企改制和组建中国对外文化集团公司实施方案〉和〈中国对外文化集团公司章程〉的请示》，2004年3月8日，国务院就组建中国对外文化集团公司有关问题发布《关于组建中国对外文化集团公司有关问题的批复》，规定中国对外文化集团公司是在文化部原直属事业单位中国对外演出中心和中国对外艺术展览中心基础上组建的国有企业，主要从事对外文化艺术交流，组织来华或出国演出、展览，影视产品策划、设计、制作和播放，艺术品、文化用品、舞台设施、音视频设备销售，演出服饰设计、制作和销售，艺术品鉴定、销售、拍卖和复制，艺术品、文化产品进出口等业务，要依照《中华人民共和国公司法》进行改组和规范，加快建立现代企业制度。要求中国对外文化集团公司根据国家产业政策，制定发展战略，在国家宏观调控下，深化企业改革，转变经营机制和经济增长方式，优化组织结构，强化内部管理，加速结构调整，增强市场竞争能力，努力提高投资收益和经济效益。同时，要按照精简、统一、效能的原则，建立精干高效、职责明确的内部管理机构。

为鼓励和支持文化企业走出去，推动文化产品出口，扭转文化贸易逆差，进一步扩大中华文化影响力，2005年1月，文化部发布《关于开展国家文化产品出口示范基地认定工作的通知》，决定开展"国家文化产品出口示范基地"认定工作，并出台《国家文化产品出口示范基地认定管理办法（暂行）》，规定国家文化产品出口示范基地的具体认定标准、认定程序及监督管理，重点扶持打造一批在国际文化市场有较强竞争力的文化企事业单位，壮大我国对外文化贸易主体，促进我国对外文化贸易的发展。同年7月，国务院发布《关于进一步加强和改进文化产品和服务出口工作的意见》（以下简称《意见》），推动更多优秀文化产品和服务走向国际市场，增强我国文化的国际影响力和竞争力。《意见》要求加快国有文化企事业单位改革步伐，着力培养一批参与国际竞争的文化市场主体；鼓励、支持和引导非公有制文化企业扩大产品和服务出口，调动各方面力量共同开展文化产品和服务出口工作；积极培育出口品牌，努力生产和提供更多适销对路的文化产品和服务；认真实施"走出去"重点工程和活动，带动文化产品和服务的出口；利用各类国际性文化博览会、文化产品交易会或商务洽谈活动，加强出口渠道和国际营销网络建设；积极借助区域文化合作、多边文化会议、各类艺术节等平台，多层次多渠道推介我国文化产品和服务；加强人员培训和人才培养，建设一支文化产品和服务出口工作队伍。

为进一步贯彻落实《关于进一步加强和改进文化产品和服务出口工作的意见》的文件精神，鼓励和支持文化企业参与国际竞争，推动我国文化产品和服务更多地进入国际市场，2006年11月，财政部、商务部、文化部、人民银行、海关总署、税务总局、广电总局、新闻出版总署联合发布《关于鼓励和支持文化产品和服务出口的若干政策》，鼓励和支持各种所有制文化企业积极开展、参与和从事文化产品和服务出口业务，并享有同等待遇。从事图书、报刊、电子音像制品、电影和电视剧国际版权贸易的文化单位要积极拓展出口业务，加大出口业务在总业务中的比重，对进出口比例严重失衡的要削减版权引进数量和引进指标。支持出版集团公司和具有一定版权输出规模的出版社成立专门针对国外图书市场的出版企业，经批准可配备相应出版资源。鼓励文化企业通过新设、收购、合作等方式，在境外设立出版社、广播电视网、出版物营销机构等，商务主管部门在境外投资促进、扶持、保障、服务、核准等方面提供便利。支持出口文化产品和服务的技术创新。中央和省级宣传文化发展专项资金、文化走出去专项资金，要加大对文化产品和服务出口的支持，奖励开发国际文化市场成绩突出的企业。加大文化产品和服务开拓国际市场的工作力度，通过在境外组织综合性的中国文化产品和服务出口展览会和经贸洽谈活动，或参加综合性的国际服务贸易展览会，扩大中国文化产品和服务的国际影响力，树立良好的国际形象。研究制定文化产品出口退税政策，充分利用出口信用保险扩大文化产品和服务的出口。完善文化产品和服务出口表彰奖励机制。

为培育一批中国文化出口品牌企业和品牌项目，加快提升文化出口企业的国际竞争力，推动我国文化贸易实现跨越式发展，我国不断加大对文化出口重点企业和项目的支持力度。2007年4月，商务部、外交部、文化部、广

电总局、新闻出版总署、国务院新闻办共同制定了《文化产品和服务出口指导目录》，不仅有利于完善文化产品和服务进出口统计，加强对文化企业走出去工作的指导，而且对列入指导目录的项目和企业，给予相应优惠政策。要求各部门要在列入本目录的项目中认定一批有利于弘扬中华民族优秀传统文化、有利于维护国家统一和民族团结、有利于发展中国同世界各国人民友谊的且具有比较优势和鲜明民族特色的"国家文化出口重点项目"；在符合本目录要求的企业中认定一批拥有国际文化贸易专门人才、具备较强国际市场竞争力、守法经营、信誉良好的"国家文化出口重点企业"。11月，经各地推荐、各部门评审，商务部、文化部、广电总局和新闻出版总署共同发布《关于发布〈2007～2008年度国家文化出口重点企业目录〉和〈2007～2008年度国家文化出口重点项目目录〉的公告》，公布了2007～2008年度国家文化出口重点企业142家，国家文化出口重点项目118项。2009年11月，商务部又发文公布2009～2010年度国家文化出口重点项目225项。2010年2月，为进一步扶优扶强，加大对文化出口重点企业和重点项目的支持力度，商务部会同中宣部、财政部、文化部、中国人民银行、海关总署、国税总局、广电总局、新闻出版总署、国家外汇管理局共同发布《关于进一步推进国家文化出口重点企业和项目目录相关工作的指导意见》，进一步明确主要任务是培育具有国际竞争力的文化贸易品牌、加强国际营销能力建设、提升运用现代高新技术的水平、积极发展新兴文化业态等，并制定和调整《指导目录》《企业目录》和《项目目录》。随着对外文化贸易的发展，2012年2月，在2007年首次提出的《文化产品和服务出口指导目录》基础上，商务部、中宣部、外交部、财政部、文化部、海关总署、国税总局、广电总局、新闻出版总署、国务院新闻办共同修订了《文化产品和服务出口指导目录》。

　　2007年5月，为实施文化走出去战略，鼓励中国文化企业和文化产品走

出国门，走向世界，提高中国文化产品的国际竞争力，扩大中华优秀文化的国际影响力，改变我国文化产品进出口严重不平衡的局面，文化部发布《关于奖励优秀出口文化企业、文化产品和服务项目的通知》（以下简称《通知》），对部分优秀出口文化企业、文化产品和服务项目给予奖励，对申报奖励的资格、程序、资格认定及相关问题提出了具体规定。11月，根据《通知》要求，经各地广泛推荐、专家委员会评审和媒体公示，文化部奖励了优秀出口文化企业9个、优秀出口文化产品和服务项目（演出、展览类）18个。2008年12月，文化部再次发文奖励2007～2008年度优秀出口文化产品和服务项目25项，共计205万元。

文化贸易属于我国服务贸易的重要范畴，为深入贯彻落实科学发展观，推动社会主义文化大发展大繁荣，促进我国文化贸易快速发展，扶持培育壮大文化企业，打造一批具有国际竞争力和核心竞争力的文化企业和重点项目，提升中国文化产品和服务在国际市场的竞争力，增强中华文化的国际影响力，2009年4月，文化部、商务部、广电总局、新闻出版总署、进出口银行发布了《关于金融支持文化出口的指导意见》，按照"各部门组织推荐，进出口银行独立审贷"的原则，发挥中央有关部委与地方主管部门的政策优势和组织优势，以及进出口银行总行与各营业机构的市场优势和资金优势，共同搭建文化、金融合作平台，以支持文化企业和项目"走出去"为重点，将支持文化产业"走出去"与"引进来"相结合，全面支持文化贸易发展。

2013年7月，为加强对港澳文化工作"部省（自治区、直辖市）""部直（直属单位）"合作机制建设，统筹全国文化资源，形成对港澳文化工作合力，文化部特制订《对港澳文化交流重点项目扶持办法（试行）》（以下简称《办法》），在全国范围内筛选"对港澳文化交流重点项目"。《办法》提出今后将在演出展览、人员交流、人才合作及产业贸易等领域加强扶持，并对项目规划的要求、申报程序、审核程序、经费的管理和使用以及项目的结项考核等做出明确的规定。

表3-10 十六大以来有关对外文化贸易的政策一览表

序号	标题	法规类别	发布机关	颁布时间
1	关于印发《对港澳文化交流重点项目扶持办法（试行）》的通知	规范性文件	文化部	2013年7月
2	商务部、中宣部、外交部、财政部、文化部、海关总署、国税总局、广电总局、新闻出版总署、国务院新闻办公告2012年第3号	行政规章	商务部、中宣部、外交部、财政部、文化部、海关总署、国税总局、广电总局、新闻出版总署、国务院新闻办	2012年2月
3	关于进一步推进国家文化出口重点企业和项目目录相关工作的指导意见	规范性文件	商务部	2010年2月
4	2009～2010年度国家文化出口重点项目目录	规范性文件	商务部	2009年11月
5	关于金融支持文化出口的指导意见	规范性文件	商务部、文化部、广电总局、新闻出版总署、进出口银行	2009年4月
6	关于奖励2007～2008年度优秀出口文化产品和服务项目的通知	规范性文件	文化部	2008年12月
7	关于发布《2007～2008年度国家文化出口重点企业目录》和《2007～2008年度国家文化出口重点项目目录》的公告	规范性文件	文化部	2007年11月
8	关于奖励优秀出口文化企业、优秀出口文化产品和服务项目的通知	规范性文件	文化部	2007年11月
9	关于奖励优秀出口文化企业、文化产品和服务项目的通知	规范性文件	文化部	2007年5月

（续表）

序号	标题	法规类别	发布机关	颁布时间
10	文化产品和服务出口指导目录	规范性文件	商务部、中宣部、财政部、文化部、海关总署、国税总局、广电总局、新闻出版总署、国务院新闻办	2007年4月
11	关于鼓励和支持文化产品和服务出口的若干政策	规范性文件	国务院	2006年11月
12	关于进一步加强和改进文化产品和服务出口工作的意见	规范性文件	国务院	2005年7月
13	关于开展国家文化产品出口示范基地认定工作的通知	规范性文件	文化部	2005年1月
14	关于组建中国对外文化集团公司有关问题的批复	规范性文件	国务院	2004年3月

第三节　十六大以来我国文化产业总体政策的实践

　　十六大以来，我国文化产业发展开始进入一个前所未有的政策红利时期。党和政府在文化产业发展方面提出了许多具有指导性、针对性、实践性的判断和论述，出台了一系列政策文件，极大地促进了我国文化产业的发展。

　　十年来，随着文化体制改革的逐步深入，政府、市场与文化企事业单位的关系不断得到理顺，良好的文化产业发展体制机制逐步形成。新闻出版和广播电视事业行政管理部门实行"局社分开""局台分离"，文化系统的行政管理部门也开始实现由"办文化"向"管文化"转变，管理对象由以前主要管理直属单位向社会管理转变，管理手段由以前的行政管理为主向行政手段、经济手段、法规手段综合运用转变，政策法规调节、市场监管、社会管理及公共服务功能日益显著，文化宏观管理体制进一步完善。经营性文化单位转企改制取得实质性成果，文化企业发展活力和市场竞争力明显提升，市场主导作用不断增强。资料表明，截至2011年10月，我国96%的出版单位、97%的发行单位、93%的电影制片厂和电视剧制作机构、584家国有文艺院团、10家重点新闻网站完成了转企改制任务，共注销经营性文化事业单位四千多家，核销事业编制18万。[1]

　　进入新时期以来，我国文化产业在政府政策支持下得到了较快的发展，但与美国、日本等文化产业强国相比，我国文化产业自身发展能力弱、产值比重偏低、国际市场竞争力不足，其中一个很重要的原因是文化资本市场不够健全，缺乏高效合理的投融资体系。资本市场是文化产业做大做强的重要支撑平台。近年来，国家相继出台有利政策，非公有资本和外资开始有序进军文化资本市场，以公有制为主体、多种所有制共同发展的产业格局基本形成。据有关研究，截至2012年，经不完全统计，我国已有100多家文化公司上市，但在国内A股市场上市且从事与文化内容密切相关的文化企业只有37家。从所有制分布来看，国有文化企业29家，民营文化企业8家。国有控股企业贡献了文化市场的绝大多数主营收入额，是我国文化产业资本市场的主力军，他们大多上市早期利润率良好，但总体呈逐年下降的趋势。自2009年开始，民营企业后来居上，利润率反超并呈总体上升趋势，年均上升2.05%。从行业

---

① 庞仁芝、徐彬：《党的十六大以来文化体制改革综述》（下），《珠海市行政学院学报》2012年第1期。

分布来看，新闻出版发行、文化信息传输和广播电影电视是上市文化企业集中的主要行业，占总数的78%。从上市文化企业个案来看，在2006～2012年间A股市场上市文化企业综合发展绩效，华侨城始终处于第一名，且领先第二名的优势逐年增大。它与东方明珠、电广传媒和华闻传媒四家从事文化内容生产和服务的国有文化企业已连续7年位于十强。但从综合盈利能力来看，持续良好的企业还包括宋城股份、华策影视、光线传媒和华谊兄弟、百视通、乐视网等。总体来说，我国文化资本市场（A股）发展迅速，结构日趋合理，成长空间广阔，但文化资产质量和资产效率有待提高。如何进一步推进文化上市企业和产业结构合理化，成为今后我国文化资本市场建设的主要内容。①

十年中，我国文化产业在国际金融危机应对中逆势上扬，增加值平均增速以明显高于国内生产总值平均增速的态势蓬勃发展。根据北京大学文化产业研究院在第十一届中国文化产业新年论坛上发布的《中国文化产业年度发展报告（2014）》预测，2013年我国文化产业增加值或达到2.1万亿元，约占国民生产总值比重的3.77%，比2012年增加0.3个百分点。其中，北京、上海、广州、深圳等城市文化产业增加值占地区生产总值的比重都已超过5%，成为当地名副其实的国民经济支柱性产业。文化与科技、旅游、金融等行业的结合日益紧密，文化创意、文化博览、动漫、数字出版、数字传输、新型文化装备制造等新兴产业快速发展。在文化对外贸易方面，以动漫科技类新兴文化产业为国家支持出口的主要对象，文化出口重点企业和项目扶持力度不断加大，越来越多的文化企业进入国际市场，文化产品和服务进出口逆差逐步减少。对外文化交流在坚持以政府为主导的同时，积极探索市场化产业化运作方式，范围、领域和渠道不断拓宽，以企业为主体的文化贸易不断扩

---

① 胡惠林、王婧：《2013中国文化产业发展指数报告（CCIDI）》，上海人民出版社2013年版。

大，全方位、多层次、宽领域的文化走出去格局正在形成。

总的来说，在政策驱动下，我国文化发展取得了显著成绩。截至2013年底，全国文化系统共有艺术表演团体2055个，博物馆2638个。全国共有公共图书馆3073个，文化馆3298个。有线电视用户2.24亿户，有线数字电视用户1.69亿户。年末广播节目综合人口覆盖率为97.8%；电视节目综合人口覆盖率为98.4%。全年生产电视剧441部15783集，电视动画片199132分钟。全年生产故事影片638部，科教、纪录、动画和特种影片[1]186部。出版各类报纸478亿份，各类期刊34亿册，图书83亿册。[2]但有研究表明，纵观近几年的发展态势，我国文化产业发展整体平稳，可政策时效递减性效应已开始显现，能否更好地发挥市场在资源配置中的作用，提高内生创新能力，成为未来我国文化产业可持续发展的关键。[3]

---

[1]　特种影片是指那些采用与常规影院放映在技术、设备、节目方面不同的电影展示方式，如巨幕电影、立体电影、立体特效（4D）电影、动感电影、球幕电影等。

[2]　中华人民共和国国家统计局：《中华人民共和国2013年国民经济和社会发展统计公报》，中华人民共和国中央人民政府网站，http://www.gov.cn/gzdt/2014-02/24/content_2619733.htm，2014年2月24日。

[3]　胡惠林、王婧：《2013中国文化产业发展指数报告（CCIDI）》，上海人民出版社2013年版。

第四章　发展与腾飞：十六大以来文化产业政策研究（2003~2013）（下）

本章主要讨论十六大以来文化产业相关具体行业门类的政策，包括图书出版产业政策、广播影视产业政策、动漫产业政策、网络文化产业政策、演出娱乐产业政策等。

第一节　图书出版产业政策

一　十六大以来图书出版产业政策的宏观背景

图书出版是我国出版业最核心的形态。十六大以来，在文化体制改革大背景下，图书出版体制改革无疑构成了我国图书出版产业发展的主要内容，也成为我国图书出版产业政策发展的最大现实背景。具体而言，在过去的十多年中，我国图书出版产业发展和政策建构的主要时代背景体现在三个方面：一是随着我国文化体制改革的试点和逐步深入，作为文化产业核心组成部分之一的图书产业，也开始并逐步完成转企改制，建立现代企业制度，组建大型图书出版集团等系列改革。正是基于这样的改革背景，我国图书出版产业在文化体制改革的过程中历经从无到有、从不规范到逐渐规范的过程，政策体系建构也历经从宏观走向微观、从框架走向具体的转变。二是中国

"入世"推动我国文化产业市场化加速，需要按照WTO的原则和精神重构我国图书出版产业政策。加入WTO是我国第一次与世界真正意义上全面接触，一方面迫使图书出版产业建立健全政策体系，进一步调整和优化我国图书出版产业结构，另一方面也需要不断创新图书出版产业政策，推动我国图书出版产业"走出去"。三是数字技术、网络技术的迅猛发展和广泛应用，深刻改变了人们获取知识、传递信息、鉴赏文化的渠道和方式，极大增强了文化的创造力和传播力，为催生新兴文化业态和新的表现形式提供广阔空间。数字出版物、电子出版物等全新的图书出版载体和方式对图书出版产业政策法规体系的建立健全提出了新的要求。

二　十六大以来图书出版产业政策的文本分析

（一）政策文本的基本统计分析

基于文化政策图书馆的相关数据库[①]，对十六大以来（2003年~2013年）有关图书出版管理政策法规文本的数量、政策主体、政策类型以及政策内容构成进行统计，呈现以下特点。

1. 政策文本数量在2006年出现高峰后整体下滑，近三年趋于低位平稳态势。十年间，我国图书出版产业新颁布和实施的政策文本数量共有56条（详见表4-1）。为便于进一步呈现十年来图书出版政策文本出台数量的特点，我们把考察年度往前回溯到2001年，即"十五"时期初。从图4-1可看出，从"十五"时期到"十一五"时期，图书出版产业政策文本在每个五年计划的开局元年出台比较密集，之后逐步减少。这一定程度上说明，作为国民经济和社会发展五年规划的一部分，为完成相应的规划目标，图书出版产业往往

---

① 文化政策图书馆网站：http://www.cpll.cn/index.aspx，文献索引基于图书和电子出版物、文化市场管理（综合）、文化经济政策等法规政策库进行的检索。

在开局之年密集出台相关政策,推动产业发展,并随着规划目标的逐步实现和产业实践的发展,相关政策的出台和驱动也就逐步减弱。但从"十二五"时期的近三年来看,没有了像以往规划初期密集出台相关政策的现象,每年只出台一两条零星的政策,甚至在2011年开局之年没有出台一条相关政策,表明经过多年,特别是进入新世纪后的十多年的政策积累,图书出版产业新的政策文本数量开始下降,逐渐回归低位稳定的状态。这一方面反映我国图书出版产业的政策建构开始进入相对稳定和发展完善的新时期,同时也反映进入后转企改制时代的图书出版产业发展趋于比较稳定、体制改革步伐逐步放缓。

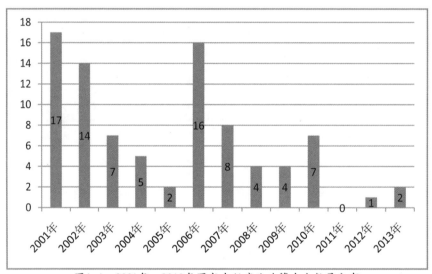

图4-1 2001年~2013年图书出版产业政策出台数量分布

2. 国家新闻出版总署(现国家新闻出版广电总局)是图书出版产业政策的主要制定主体,而规范性文件则是其主要政策文本类型。从图4-2可看出,十六大以来由国家新闻出版总署发布的图书出版产业政策有51条,占总数的91.07%,国务院、文化部、国家版权局各发布1条,分别占1.79%,国务院其他部委及部委联合发布2条，占总量的3.57%，表明国家新闻出版总署是我国这十年图书出版产业政策的绝对主要制定者。《图书出版管理规定》第一章第四条规定，新闻出版总署负责全国图书出版的监督管理工作，建立健全监督管理制度，制定并实施全国图书出版总量、结构、布局的规划。在新的发展形势下，随着文化体制改革进一步深化，图书出版产业结构的进一步优化升级，以国家新闻出版广电总局为主导的图书出版产业政策法规建设需要进一步拓宽政策建构空间，推动我国图书出版产业的规范化、法制化发展。

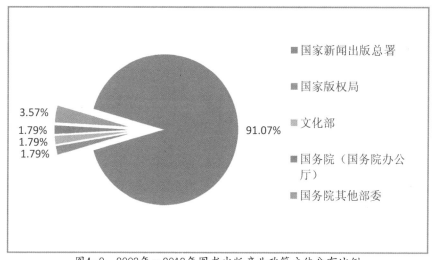

图4-2　2003年～2013年图书出版产业政策主体分布比例

从图4-3的政策文本类型比重来看，十年间我国图书出版产业政策属于规范性文件的有45条，占全部的80.36%，是绝对主要的文件类型。此外，行政规章9条，占16.07%，行政法规和法律解释各1条，分别占1.79%。可见，具有更强法定约束力的行政法规、法律或法律解释等政策文件在图书出版产业政策体系中还只占很小的比例，表明十六大以来我国图书出版产业的发展还没有完全步入法制化时期，主要还是依赖规范性文件来推动图书出版产业的合理有序发展。规范性文件具有部分的法律效力，不具备完全的法律效力，因此，我国图书出版产业管理还需要不断推进法制化进程，进一步推动政策建构从规范化走向法制化。

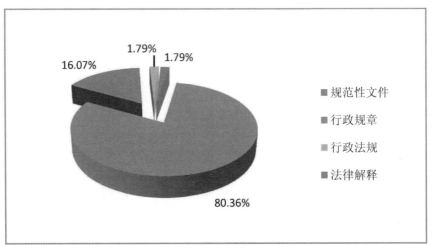

图4-3 2003年～2013年图书出版产业政策类型分布比例

3. 图书市场发行管理和图书印刷出版管理是图书出版产业最主要的政策文本内容主题。从图4-4可看出，十六大以来在56条图书出版产业政策文本中，图书市场发行管理类主题内容的政策文本有22条，占总量的39.29%，图书印刷出版管理类主题内容的有14条，刚好占总数的四分之一，两者加起来超过总数的六成。内容生产与渠道发行是图书出版产业链的两个核心环节，而图书印刷出版处于图书出版产业的内容生产环节，图书市场发行则处于渠道发行环节，加强这两个环节领域的规范管理自然成为图书出版产业管理的重要主旨。此外，有关图书出版的宏观管理政策文本和数字出版及电子出版管理的政策文本各有5条，分别占总量的8.93%。宏观管理政策文本指导和规范我国图书出版产业的宏观政策与方向。随着数字技术、网络技术的发展，数字出版成为未来图书出版产业的发展方向，具体包括网络出版、电子书、手机出版等全新的图书出版形式。过去十年，伴随数字出版的异军突起，相

关的政策法规也不断推出，成为数字出版产业起步发展的重要规范和引导。另外，还有图书出版单位管理、图书出版资助以及图书出版表彰评估等政策文本共10条，约占总数的17.86%。可见，有关图书出版单位自身的改革政策文件较少，产业体制改革趋于平缓，同时，关于图书出版资助及相关绩效评估开始得到一定的重视。

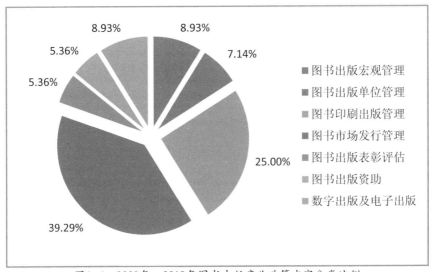

图4-4 2003年~2013年图书出版产业政策内容分类比例

（二）重点政策文本分析：《图书出版管理规定》

为了规范图书出版，加强对图书出版的监督管理，促进图书出版的发展和繁荣，根据国务院《出版管理条例》（以下简称《条例》）及相关法律法规，2008年2月21日，原国家新闻出版总署发布《图书出版管理规定》（以下简称《规定》），并于2008年5月1日开始施行。《规定》共有六章五十六条，主要对图书出版政策宏观管理、图书出版单位的设立、图书的出版与监管及法律责任等进行了基本框架的规定。

在出版政策宏观管理方面，《规定》明确了"本规定所称图书，是指书

籍、地图、年画、图片、画册，以及含有文字、图画内容的年历、月历、日历，以及由新闻出版总署认定的其他内容载体形式"，强调图书出版必须坚持二为方向，丰富人民群众的精神文化生活。规定新闻出版总署负责全国图书出版的监督管理工作，建立健全监督管理制度，制定并实施全国图书出版总量、结构、布局的规划，省、自治区、直辖市新闻出版行政部门负责本行政区域内图书出版的监督管理工作，图书出版行业的社会团体按照其章程，在新闻出版行政部门的指导下，实行自律管理。

在图书出版单位的管理方面，规定"图书由依法设立的图书出版单位出版"，并对图书出版单位的设立条件、设立申请、设立审批、登记注册、单位变更及登记注销等系列管理环节进行了具体规定。

在图书印刷出版管理方面，要求图书出版实行编辑责任制度，保障图书内容符合国家法律规定；实行资格准入制度，出版辞书、地图、中小学教科书等类别的图书，出版单位须按照新闻出版总署批准的业务范围出版；实行重大选题备案制度，未经备案的重大选题不得出版；实行年度出版计划备案制度；实行选题论证制度、图书稿件三审三校制度、责任编辑制度、责任校对制度、图书重版前审读制度、稿件及图书资料归档制度等，保障图书出版质量。另外，图书出版单位应当委托依法设立的出版物印刷单位印刷图书，并按照国家规定使用印刷委托书，按照国家有关规定在其出版的图书上载明图书版本记录事项。

在图书出版的监督管理方面，规定实行属地原则。省、自治区、直辖市新闻出版行政部门依法对本行政区域内的图书出版进行监督管理，负责本行政区域内图书出版单位的审核登记、年度核验及其出版图书的审读、质量评估等管理工作；实行审读制度、质量保障管理制度、出版单位分级管理制度、出版单位年度核验制度和出版从业人员职业资格管理制度。

《规定》对相关法律责任也进行了明确规定。

《规定》出台之前，指导我国图书出版产业发展的主要是指导新闻出版大类发展的《条例》。该《条例》最初于1997年由原国家新闻出版署颁布，成为当时直接指导我国新闻出版业发展的基本政策文件，后来在2002年进行了一次修订，弥补了大量的政策真空和完善了相关政策体系，更加直接具体地规范指导新闻出版业的发展。2008年，《条例》进一步细分形成《规定》，成为具体指导图书出版产业发展的政策文件。《条例》与《规定》不仅在法律效力上存在差别，在政策内容上也有较大的差异。《条例》是国务院颁布的行政法规，法定约束力更强，而《规定》是原国家新闻出版署颁发的行政规章，法律效力相对较弱。另外，在内容上，相比《条例》而言，《规定》在责任管理制度、备案制度等方面，更多地体现了具体的管理规定，凸显行政规章具体管理的性质，并且基于图书出版产业实践的发展，更多地强化了产业价值，而淡化了《条例》中有关出版自由的表达。

总之，《规定》是当前指导我国图书出版产业发展的最重要、最直接的政策文件，对图书出版产业和图书出版市场的各个方面都进行了基本的规定，为我国图书出版产业的发展描绘出了基本的政策框架，奠定了图书出版政策体系的基本架构和核心内容。

表 4-1　2003 年～ 2013 年图书出版产业政策一览表

序号	政策内容	标题	法规类别	发布机关	颁布日期
1	宏观管理	关于进一步推动新闻出版产业发展的指导意见	规范性文件	新闻出版总署	2010年1月
2		图书出版管理规定	行政规章	新闻出版总署	2008年2月
3		中共中央宣传部国家民委财政部国家税务总局新闻出版总署关于进一步加大对少数民族文字出版事业扶持力度的通知	规范性文件	新闻出版总署	2007年11月
4		关于坚持"三贴近"进一步加强和改进新闻出版工作的意见	规范性文件	新闻出版总署	2003年6月
5		关于开通"中国图书出版网"的通知	规范性文件	新闻出版总署	2003年6月
6	图书出版单位管理	教科书法定许可使用作品支付报酬办法	行政法规	国家版权局	2013年10月
7		关于《中国文化年鉴》（2012）组稿的通知	规范性文件	文化部	2012年2月
8		关于2007年图书出版单位年检登记的通知	规范性文件	新闻出版总署	2007年1月
9		关于申报全国少数民族优秀图书出版资金项目的通知（2006）	规范性文件	新闻出版总署	2006年4月
10	图书印刷出版管理	关于及时缴送样书的通知	规范性文件	新闻出版总署	2009年1月
11		关于制定和报送2007年出版计划的通知	规范性文件	新闻出版总署	2006年10月
12		关于组织出版"三个一百"原创图书的通知	规范性文件	新闻出版总署	2006年8月

（续表）

序号	政策内容	标题	法规类别	发布机关	颁布日期
13		关于"六一"前夕向青少年推荐百种优秀图书及开展暑期读书活动的通知（2006）	规范性文件	新闻出版总署	2006年5月
14		关于实施"十一五"国家古籍整理重点图书出版规划的通知	规范性文件	新闻出版总署	2006年4月
15		关于规范图书出版单位辞书出版业务范围的若干规定	规范性文件	新闻出版总署	2006年4月
16		关于规范图书出版单位辞书出版业务范围的若干规定的通知	规范性文件	新闻出版总署	2006年3月
17	图书印刷出版管理	关于增补报送"十一五"国家重点电子出版物出版规划选题的通知	规范性文件	新闻出版总署	2006年3月
18		关于进一步加强"名录类"出版物出版管理的通知	规范性文件	新闻出版总署	2005年9月
19		图书质量管理规定	行政规章	新闻出版总署	2004年12月
20		对有关图书、报刊、音像电子出版物审读费问题的请示的复函	法律解释	国务院	2004年11月
21		关于切实加强引进版教材图书出版和使用管理的通知	规范性文件	教育部、新闻出版总署	2004年1月
22		关于在游戏出版物中登载《健康游戏忠告》的通知	规范性文件	新闻出版总署	2003年8月
23		关于颁发《图书出版许可证》的通知	规范性文件	新闻出版总署	2003年6月

（续表）

序号	政策内容	标题	法规类别	发布机关	颁布日期
24		关于《外商投资图书、报纸、期刊分销企业管理办法》的补充规定（三）	规范性文件	新闻出版总署	2010年12月
25		关于开展2011年出版物发行单位年度核验工作的通知	规范性文件	新闻出版总署	2010年12月
26		关于《外商投资图书、报纸、期刊分销企业管理办法》的补充规定（二）	行政规章	新闻出版总署	2009年8月
27		关于开展对印刷、复制企业，出版物市场进行专项检查的通知	规范性文件	新闻出版总署	2009年2月
28		关于清查《死亡笔记》等恐怖类出版物的通知	规范性文件	新闻出版总署	2007年6月
29	图书市场发行管理	关于加强治理销售盗版及非法出版物游商地摊和无证照经营行为的通知	规范性文件	新闻出版总署	2007年5月
30		关于《外商投资图书、报纸期刊分销企业管理办法》的补充规定	行政规章	新闻出版总署	2007年4月
31		关于举行2007年全国"扫黄打非"春季战役盗版非法出版物集中销毁活动的紧急通知	规范性文件	全国"扫黄打非"办公室	2007年3月
32		关于2006年教辅与地图类图书质量专项检查情况的通报	规范性文件	新闻出版总署	2006年10月
33		关于严厉打击盗版盗印及非法销售、使用外国教材的紧急通知	规范性文件	新闻出版总署	2006年9月
34		关于国庆节黄金周期间深入开展"反盗版百日行动"加大出版物市场监管力度的通知	规范性文件	新闻出版总署	2006年9月
35		关于严禁在中小学教材出版发行环节违规收取费用的通知	规范性文件	新闻出版总署	2006年8月

（续表）

序号	政策内容	标题	法规类别	发布机关	颁布日期
36	图书印刷出版管理	关于推荐"三农"优秀图书的通知	规范性文件	中宣部、新闻出版总署、农业部	2006年7月
37		关于做好纪念中国共产党建党85周年暨中国工农红军长征胜利70周年重点图书出版发行工作的通知	规范性文件	新闻出版总署	2006年5月
38		关于进一步加强中小学教材价格管理等有关事项的通知	规范性文件	改革委、新闻出版总署	2006年5月
39		关于建立出版物发行单位违规档案的通知	规范性文件	新闻出版总署	2006年3月
40		关于对含有虚假宣传信息的图书进行专项检查的紧急通知	规范性文件	新闻出版总署	2005年2月
41		关于进一步加大打击淫秽色情"口袋本"图书、有害卡通画册和游戏软件工作力度的通知	规范性文件	新闻出版总署、全国"扫黄打非"办公室、教育部	2004年11月
42		出版物市场管理规定	行政规章	新闻出版总署	2004年6月
43		关于调查非法出版外文、中文报刊情况的通知	规范性文件	新闻出版总署	2003年7月
44		关于修改《出版物市场管理规定》的决定	行政规章	新闻出版总署	2003年6月
45		外商投资图书、报纸、期刊分销企业管理办法	行政规章	新闻出版总署	2003年3月

（续表）

序号	政策内容	标题	法规类别	发布机关	颁布日期
46	图书出版表彰评估	关于表彰在改革开放中为出版事业做出突出贡献的从业人员的决定	规范性文件	新闻出版总署	2009年1月
47		关于印发《经营性图书出版单位等级评估办法》的通知	规范性文件	新闻出版总署	2008年6月
48		中国出版政府奖（图书奖）评奖办法及实施细则	规范性文件	新闻出版总署	2007年7月
49	图书出版资助	关于申报2011年度国家古籍整理出版资助的通知	规范性文件	新闻出版总署	2010年12月
50		民族文字出版专项资金资助项目管理暂行办法	规范性文件	新闻出版总署	2010年5月
51		国家出版基金财务管理办法	行政规章	财政部	2008年10月
52	数字出版	关于加强数字出版内容投送平台建设和管理的指导意见	规范性文件	国家广电总局	2013年12月
53		关于发展电子书产业的意见	规范性文件	新闻出版总署	2010年10月
54		关于加快我国数字出版产业发展的若干意见	规范性文件	新闻出版总署	2010年8月
55		电子出版物出版管理规定	行政规章	新闻出版总署	2008年2月
56		关于加强音像制品、电子出版物和网络出版物审读工作的通知	规范性文件	新闻出版总署	2007年2月

三　十六大以来图书出版产业政策发展的特点

综合上述图书出版产业政策文本的分析，十六大以来我国图书出版产业实践发展取得了很大突破，图书出版产业政策建构也取得了重大成就，尤其是在管理体制、政策结构、政策内容及政策变迁等方面出现以下几大明显特点：

一是在政策建构管理体制上，是以原国家新闻出版总署（现国家新闻出版广电总局）为主导，联合多个部门的管理机制。原国家新闻出版总署是图书出版产业政策制定的绝对主体，肩负图书出版产业政策体系建构的主要任务。

二是在政策文本结构方面，从类型结构来看，规范性文件是政策文本的主要类型。图书出版产业政策体系仍处于由规范化向法制化转变的初步阶段，法制化建设任重道远。从数量变化来看，我国图书出版产业政策出台数量与国民经济和社会发展五年规划周期呈现一定的相关性，往往在五年规划初密集出台相关政策，之后逐步下降。但"十二五"时期则不同以往，不仅开局之年没有出台一项，之后几年也只有零星的几项，政策体系建构放缓，表明我国图书出版产业政策体系正从弥补阶段逐渐走向相对完善阶段。

三是从政策文本内容来看，随着数字出版、电子出版产业的实践发展，相关政策规制也不断出台，但纵观十年来的政策文本内容，重点还是体现在图书出版、发行、市场和监督管理等方面的规制。至于体制改革领域的政策文本则比较少，这一方面表明在经过一定时期的体制改革后，图书出版产业开始进入相对平稳的产业发展期，另一方面，也似乎说明当前我国图书出版产业乃至整个文化产业发展已行进到亟待突破和超越的机遇期，以推动文化体制改革进一步深化。

四是从政策变迁来看，图书出版产业政策建构从宏观逐步走向微观，从抽象框架走向具体规定。除了上文所指出的《图书出版管理规定》是《出版管理条例》的进一步细化外，《出版物市场管理规定》《图书质量管理规定》《电子出版物出版管理规定》等都是图书出版产业相关领域的具体政策规定。

第二节　广播影视产业政策

一　十六大以来广播影视产业政策的宏观背景

改革开放以来，我国广播影视业随着经济社会的发展进入快速发展时期。在1992年党的十四大明确提出建立社会主义市场体制目标以来，广播影视业也开始引入市场化运作体制和机制，在广播影视产业的实践发展上不断探索前行。进入21世纪，中国入世的倒逼，特别是党的十六大以来，在文化体制改革的大背景下，伴随产业实践的改革发展，我国广播影视产业政策也开始进入全面调整时期，其现实背景主要体现在三个方面：

一是广播影视集团化改革。1999年，无锡广播电视集团和牡丹江广播电视集团成立，标志着我国广播电视集团化改革拉开序幕。2000年初，全国宣传部长会议决定，要组建广电传媒集团，实现"股份制改革、多媒体兼并、跨地区兼营"。同年，国家广电总局明确提出加快广播影视集团化发展的思路，并与文化部联合下发了《关于进一步深化电影业改革的若干意见》，提出组建电影集团和实现股份制改革。之后，围绕事业型还是产业型改革取向，集团化改革时有反复和曲折，2005年1月，广电总局明确指出：从现在起不再组建广播电视事业集团，对已组建的广播电视事业集团改为"总台"。尽管如此，集团化改革在进一步整合内部资源，优化资源配置，以资产为纽带、业务为主线，创建新型的、跨行业、跨地区的广播影视集团改革路径上做出了积极的探索。

二是广播影视制播分离改革。早在1999年7月，国家广电总局在"全国广播影视系统内部管理座谈会"上，就明确提出要"积极推进除新闻类节目外的其他广播电视节目播出与制作的分离，进一步发挥市场机制对广播电视节目制作的基础作用"。自此，制播分离成为广播影视业和理论界重点关注的改革热点问题。2003年12月30日，国家广电总局在《关于促进广播影视产业发展的意见》中提出"允许各类所有制结构作为经营主体进入除新闻宣传外的广播电视节目制作业"。2004年4月，国家广电总局在《关于发展我国影视动画产业的若干意见》中提出"要实行动画制作和播出相分离的制度，改变影视播出机构动画制播一体化的状况"。2009年10月，上海文广成为国内首家完成制播分离、集团整体转企改制的广电机构。然而，之后的广播电视业的制播分离与转企改制同样也是一波三折，反反复复，至今仍在改革路上艰难前行。

三是三网融合的试点与推进。2010年1月13日，国务院总理温家宝主持召开国务院常务会议，决定加快推进电信网、广播电视网和互联网三网融合，要求2010年至2012年开展试点；2013年至2015年普及应用融合业务。"三网融合"政策允许广电和电信业务"双向进入"，意味着长期以来广电传媒垄断的内容生产与播出的单一渠道将彻底打破。在三网融合的条件下，产业形态必然不断创新，推动移动多媒体广播电视、手机电视、数字电视宽带上网等业务的应用，并促进文化产业、信息产业和其他现代服务业发展。长期以来，我国广电传媒管理条块分割，没有形成统一的网络，三网融合必然打破这种各自为政的格局，促进单一、统一的网络平台的生成。

二 十六大以来广播影视产业政策的文本分析

（一）政策文本的基本统计分析

基于文化政策图书馆的相关数据库，对十六大以来（2003~2013年）有关广播影视产业政策法规文本的数量、政策主体、政策类型以及政策内容构成进行统计，呈现以下特点。

1. 政策文本数量除2004年达到峰值，形成一个非常明显的跳跃点外，其余年份整体上呈逐步下滑的态势。如图4-5所示，十多年间，广播影视产业共出台政策135条（详见表4-2）。其中，前三年（2003~2005年）政策文本出台比较密集，平均每年出台31条，并在2004年达到一个高峰值，发布了46条，几乎平均每个月就有三四条政策出台。这种政策的密集出台与当时的广播影视产业发展实践乃至全国整体文化产业的发展背景密切相关。十六大明确提出积极发展文化产业以来，我国掀起一股文化产业建设高潮，相关行业门类积极出台相关政策，推动各门类的急起直追。作为文化产业核心组成部分的广播影视产业，更是将2004年确定为"产业发展年"和"数字发展年"，推动全国广播影视的数字化和产业化发展。之后几年，政策文本出台数量明显减少，并逐年下滑，平均每年只有四五条，几乎只相当于2004年高峰年的月平均出台数量。特别是进入"十二五"时期后，每年就只有一两条相关政策发布。可见，广播影视产业政策经过21世纪初的集中建构后，形成了当前广播影视产业发展的基本政策架构，并在市场化实践中不断得以修正和完善。

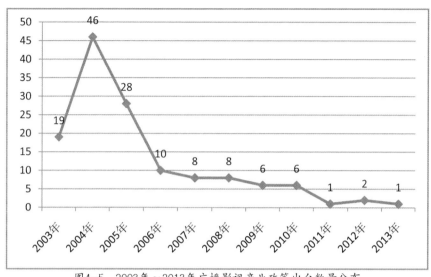

图4-5　2003年～2013年广播影视产业政策出台数量分布

2. 原国家广电总局是广播影视产业政策的绝对制定主体，规范性文件是其绝对主体文本类型。从图4-6看出，原国家广电总局发布的文件有123条，占总数的91.11%，是广播影视产业政策的主要制定主体，这是由原国家广电总局是我国广播影视发展的主要行政管理部门所决定的。另外，由于广播影视产业的发展涉及面广，牵涉的相应行政主管部门也比较多，比如国务院的统筹协调，还有国家发改委、国家版权局、国家税务总局及国务院其他部委等都曾发布相关广播影视产业政策文本。

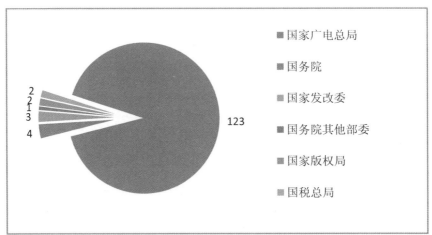

图4-6　2003年～2013年广播影视产业政策主体数量分布

从发布的政策文本类型来看，图4-7显示，以规范性文件为主，约占总体的77.94%，其次是行政规章，约占19.12%，再次是行政法规，约占2.94%。三类政策文本，一方面是比重逐次减弱，一方面是法律约束力逐次增强，这一弱一强表明，当前我国广播影视产业政策绝大部分法律效力较弱，法制化建设还有很大的提升空间。

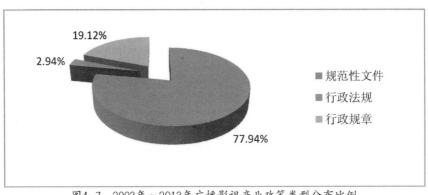

图4-7　2003年～2013年广播影视产业政策类型分布比例

3．政策文本内容以广播影视内容制作与播出发行和有线或无线广播影视网络建设等主题为主。十多年来，广播影视产业发布的政策数量很多，内容非常庞杂，既有长期的政策，也有针对当时热点焦点问题出台的短期政策文件。从图4-8可看出，出台政策最多的领域是关于广播影视产业内容制作与播出发行领域，共30条，其次是广播影视产业有线网络及无线网络建设，有29条。前者属于对广播影视产业的内容生产与发行渠道两个核心环节的政策规制，包括对广播电视频道建设、电视剧及动画片生产、节目制作及传送播出、电影院线制改革等诸多方面的规定，后者则属于对广播影视产业基础前沿发展部分的规范，包括对有线电视数字化、数字影视、付费频道建设、移动多媒体广播电视建设等方面的规制。另外，有17条政策对广播影视业单位自身管理进行了严格规制，涉及人事、财务、器材设备采购、市场准入、单位登记、经营机构管理等方面。此外，在涉外管理、卫星广播电视管理、广告管理、标准化建设、产业整体发展、知识产权、财税投融资及视听新媒体产业等多个方面，相关部门都制定了相应的政策规制。可见，十六大以来在文化体制改革大背景下，意识形态属性较强的广播影视业在传媒经济二重属性（政治属性与经济属性）理论指导下，一手出台各种政策，重点抓好广播影视内容产业，积极推进数字产业和网络产业，并适时向其他相关领域拓展，一手抓播出发行渠道，牢牢抓住出口关，把控整体舆论导向，初步形成了具有中国特色的广播影视产业格局。

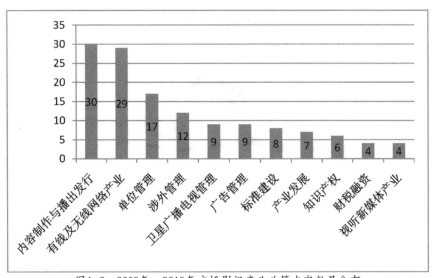

图4-8　2003年～2013年广播影视产业政策内容数量分布

（二）重点政策文本分析：《关于促进广播影视产业发展的意见》

为深入贯彻落实党的十六大精神，加快广播影视业的改革与发展，根据中央关于深化文化体制改革的总体要求，结合广播影视产业发展的实际情况，2004年2月11日，国家广电总局发布了《关于促进广播影视产业发展的意见》（以下简称《意见》），推动广播影视产业的快速发展。

《意见》首先分析了广播影视产业当前发展面临的形势，指出我国广播影视业已具有良好的产业发展基础，已经从主要依靠财政拨款转为以经营创收为主、财政拨款为辅，产业功能日益凸显。但也存在着突出的困难和问题，比如，总体上我国广播影视产业还只是处于起步、探索的初级阶段，产业发展很不充分；长期以来实行计划事业型为主的体制，不区分经营性产业和公益性事业，条块分割严重；发展很不平衡，既包括发达地区与不发达地区之间的区际不平衡，也包括城市与农村之间的城乡不平衡；既包括广播影视产业内部电视与广播、电影发展不平衡，也包括广播电影电视与网络的发

展不平衡。产业政策和法律法规还不完善。由此，我们必须深刻分析、正确把握广播影视产业发展面临的新形势，大力推进广播影视产业更快更好地发展，争取在较短的时间内把我国广播影视产业做强做大。

《意见》进一步明确了广播影视产业发展总的指导思想和基本原则，确定广播影视产业发展的基本思路和重点：一是强化优势产业，以电视为龙头和支柱，尽快实现电视产业经营的转型；在继续保持广告经营持续增长的同时，大力发展付费电视，积极扩大电视节目经营和资源开发。对经营性资源进行电视、广播、电影、音像、报刊、出版等多种媒体的多重开发、多重利用。二是要振兴广播、电影、动画等产业。三是发展新兴产业，利用数字技术和网络技术，大力发展广播电视网络和数字电视。四是改造新闻纪录电影摄制、电影洗印业、广播影视类报刊图书等传统产业。五是大力开发对广播影视产业未来发展具有重要意义的高新产业，诸如卫星直播、手机电视、移动电视等。

《意见》指出，广播电视要把允许经营的资产、资源和业务从目前的事业体制中分离出来，面向市场进行企业转制和重组，与事业部分分别管理、分别运营。可以把电台、电视台、广电集团的除新闻宣传以外的社会服务类、大众娱乐类节目，特别是影视剧的制作经营从现有体制中逐步分离出来，按照产业发展的方向和现代产权制度、现代企业制度的要求组建公司，实行所有权与经营权分离，自主经营、自负盈亏、依法纳税。对于产业经营前景比较好、具备企业化运作条件的如体育、交通、影视、综艺、音乐等频道频率，在确保频道频率作为国家专有资源不得出售，确保节目终审权和播出权牢牢掌握在电台电视台手中的前提下，经批准可以制播分离，组建公司，探索进行专业频道频率的产业化发展。

《意见》强调，要通过资源整合和结构调整，着力打造一批实力雄厚、主业突出、核心竞争力强的大型广播影视产业集团公司，作为产业骨干带动整个广播影视产业向前发展。要以资产和业务为纽带，整合广播和电视经营性资源，培育发展广播电视产业集团公司。鼓励电影集团通过兼并、联合、重组整合电影企业，同时加快推进跨区域规模院线（放映集团）的建设。加快广播电视传输网络的整合，组建全国和省（区、市）广播电视传输网络公司，形成资源共用、利益共享、上下贯通、统一运营的广播电视网络发展新格局。

《意见》提出，要扩大投融资渠道，放宽市场准入。允许各类所有制机构作为经营主体进入除新闻宣传外的影视剧和娱乐节目制作业，允许境外制片机构同境内国有电影制片单位合资组建由中方控股的影片制作公司。电台、电视台和广电集团内重组或转型为企业的单位，在确保控股的前提下，可吸收国内社会资本探索进行股份制改造。条件成熟的广播电视节目（包括电视剧）生产营销企业经批准可以上市融资。付费电视的开办以中央、省和省会市、计划单列市广播影视播出机构为主体，允许符合条件的广播影视机构、拥有节目内容资源独占优势的国有机构及其他符合条件的机构参与，组建公司，进行市场化运作。鼓励国内社会资本投资拍摄影片、发行销售国产影片、加入院线或独立组建院线、改建电影院。允许境外公司在部分城市以合资形式成立影院建设公司或改建电影院，外资比例可达75％。

《意见》系统地阐述了我国广播影视产业发展中的突出问题，提出了发展的指导思想、基本原则和具体措施，从多层面勾画了我国广播影视产业发展的宏伟蓝图，是指导我国广播影视产业发展方向的一份纲领性文件，为广播影视产业的发展奠定了基础。

表 4-2　2003 年～ 2013 年广播影视产业政策一览表

序号	政策内容	标题	法规类别	发布机关	颁布日期
1		关于印发《广播电视事业单位财务制度》的通知	行政法规	广电总局	2012年12月
2		关于印发《电影企业会计核算办法》的通知	规范性文件	财政部	2005年1月
3		关于印发《广播电视编辑记者、播音员主持人资格考试办法（试行）》的通知	规范性文件	广电总局	2005年8月
4		关于广播影视系统换发记者证的通知	规范性文件	广电总局	2003年1月
5		关于进一步加强电视播出机构台标、频道标识和呼号管理的通知	规范性文件	广电总局	2005年3月
6		关于进一步加强广播电视设备器材入网认定工作的通知	规范性文件	广电总局	2005年3月
7	单位管理	广播电视设备器材入网认定管理办法	行政规章	广电总局	2004年6月
8		关于进一步加强广播电视节目制作经营机构管理的通知	规范性文件	广电总局	2005年3月
9		关于实施《中外合资、合作广播电视节目制作经营企业管理暂行规定》有关事宜的通知	规范性文件	广电总局	2005年2月
10		关于开展对社会广播电视节目制作经营机构统计调查的通知	规范性文件	广电总局	2004年10月
11		关于乡镇广播电视站、转播台重新审核登记和加强乡镇广播电视管理的通知	规范性文件	广电总局	2004年10月
12		广播电台电视台审批管理办法	行政规章	广电总局	2004年8月
13		广播电视站审批管理暂行规定	行政规章	广电总局	2004年7月

（续表）

序号	政策内容	标题	法规类别	发布机关	颁布日期
14	单位管理	《电影企业经营资格准入暂行规定》的补充规定	行政规章	广电总局	2005年3月
15		电影企业经营资格准入暂行规定	行政规章	广电总局	2004年10月
16		关于加强广播影视行业统计管理工作的通知	规范性文件	广电总局	2003年2月
17		关于市（地）、县（市）广播电视播出机构职能转变工作的实施细则（试行）	行政规章	广电总局	2003年8月
18	产业发展	关于加强海峡两岸电影合作管理的现行办法	规范性文件	广电总局	2013年1月
19		关于转发《中国下一代广播电视网（NGB）自主创新战略研究报告》的通知	规范性文件	广电总局	2010年7月
20		关于促进电影产业繁荣发展的指导意见	规范性文件	国务院	2010年1月
21		关于印发《"十一五"时期广播影视科技发展规划》的通知	规范性文件	广电总局	2006年12月
22		关于促进广播影视产业发展的意见	规范性文件	广电总局	2004年2月
23		关于加强广播影视信息工作的若干意见	规范性文件	广电总局	2004年2月
24		关于加快电影产业发展的若干意见	规范性文件	广电总局	2004年1月
25	内容制作与播出发行	关于严格控制电影、电视剧中吸烟镜头的通知	规范性文件	广电总局	2011年2月
26		电视剧内容管理规定	行政规章	广电总局	2010年5月
27		广播电视安全播出管理规定	行政规章	广电总局	2009年12月

（续表）

序号	政策内容	标题	法规类别	发布机关	颁布日期
28		关于电视购物频道建设和管理的意见	规范性文件	广电总局	2009年12月
29		关于2007年12月全国国产电视动画片制作备案公示的通知	规范性文件	广电总局	2008年1月
30		关于整顿广播电视医疗资讯服务和电视购物节目内容的通知	规范性文件	广电总局	2006年7月
31		关于印发《电视剧拍摄制作备案公示管理暂行办法》的通知	规范性文件	广电总局	2006年4月
32		关于进一步加强广播电视播出机构参与、主办或播出全国性或跨省（区、市）赛事等活动管理的通知	规范性文件	广电总局	2006年3月
33		关于切实做好广播电视现场直播报道管理的通知	规范性文件	广电总局	2005年9月
34	内容制作与播出发行	印发关于切实加强和改进广播电视舆论监督工作的要求的通知	规范性文件	广电总局	2005年5月
35		关于进一步加强电话和手机短信参与的有奖竞猜类广播电视节目管理的通知	规范性文件	广电总局	2005年4月
36		印发关于进一步加强少儿广播影视节目建设的意见的通知	规范性文件	广电总局	2005年4月
37		关于加强电视节目字幕播出管理的通知	规范性文件	广电总局	2005年3月
38		关于规范《国产电视剧发行许可证》填写的通知	规范性文件	广电总局	2005年1月
39		关于对卫星广播电视节目播出通道加强管理的通知	规范性文件	广电总局	2005年1月
40		国家广电总局对电视航拍管理做出要求	规范性文件	广电总局	2004年9月
41		广播电视节目制作经营管理规定	行政规章	广电总局	2004年7月

（续表）

序号	政策内容	标题	法规类别	发布机关	颁布日期
42		广播电视节目传送业务管理办法	行政规章	广电总局	2004年7月
43		经营广播电视节目传送业务管理办法	规范性文件	广电总局	2004年6月
44		关于"红色经典"改编电视剧审查管理的通知	规范性文件	广电总局	2004年5月
45		关于调整《电视剧制作许可证（乙种）》核发程序有关事宜的通知	规范性文件	广电总局	2004年4月
46		关于市（地）、县（市）教育电视播出机构职能转变工作的实施细则	规范性文件	广电总局	2004年4月
47	内容制作与播出发行	关于禁止播出电脑网络游戏类节目的通知	规范性文件	广电总局	2004年4月
48		关于开办少儿频道的通知	规范性文件	广电总局	2004年3月
49		关于群众参与的广播电视直播节目必须延时播出的通知	规范性文件	广电总局	2004年3月
50		关于严肃宣传纪律，制止违规播出行为的通知	规范性文件	广电总局	2004年3月
51		关于切实加强理论文献电视专题片管理的通知	规范性文件	广电总局	2004年2月
52		关于全国广电系统加强广播电视群众参与的直播节目管理工作的情况通报	规范性文件	广电总局	2003年8月
53		关于调整重大革命和历史题材电影、电视剧立项及完成片审查办法的通知	规范性文件	广电总局	2003年7月
54		关于印发《关于进一步推进电影院线公司机制改革的意见》的通知	规范性文件	广电总局	2003年11月

（续表）

序号	政策内容	标题	法规类别	发布机关	颁布日期
55		关于加强有线电视收费管理等有关问题的通知	规范性文件	发改委、广电总局	2009年8月
56		关于鼓励数字电视产业发展若干政策的通知	规范性文件	发改委	2008年1月
57		全国有线电视数字化进展的情况通报（2007年2月27）	规范性文件	广电总局	2007年2月
58		关于进一步加强和规范有线电视数字化工作的通知	规范性文件	广电总局	2007年2月
59		关于印发《数字电影母版技术质量管理办法（暂行）》的通知	规范性文件	广电总局	2008年6月
60	有线及无线网络产业	关于数字电影母版实行有偿收集的通知	规范性文件	广电总局	2008年6月
61		关于《数字电影发行放映管理办法（试行）》的补充规定	行政规章	广电总局	2008年5月
62		关于印发《组建数字电影（中档技术）院线公司的实施办法（试行）》的通知	规范性文件	广电总局	2007年8月
63		组建数字电影（中档技术）院线公司的实施办法（试行）	规范性文件	广电总局	2007年8月
64		关于进一步规范地面数字电视系统技术试验的通知	规范性文件	广电总局	2007年2月
65		关于做好有线数字付费频道公益广告片播放工作的通知	规范性文件	广电总局	2006年10月
66		有线数字电视试点验收管理办法（暂行）	行政规章	广电总局	2006年1月
67		关于印发《推进试点单位有线电视数字化整体转换的若干意见（试行）》的通知	规范性文件	广电总局	2005年7月
68		关于发布《有线电视网络工程施工及验收规范》的通知	规范性文件	广电总局	2005年6月

169

（续表）

序号	政策内容	标题	法规类别	发布机关	颁布日期
69		关于加快有线数字电视监管平台建设的通知	规范性文件	广电总局	2004年9月
70		关于申办全国性广播电视有线数字付费频道集成运营机构的通知	规范性文件	广电总局	2004年6月
71		关于印发《关于推进广播电视有线数字付费频道运营产业化的意见》的通知	规范性文件	广电总局	2004年6月
72		关于成立总局有线电视数字化推进工作领导小组的通知	规范性文件	广电总局	2004年4月
73		广播电视有线数字付费频道业务管理暂行办法（试行）	行政规章	广电总局	2003年11月
74	有线及无线网络产业	关于建设有线数字电视监管平台的通知	规范性文件	广电总局	2003年7月
75		建立有线数字电视技术新体系的实施意见	规范性文件	广电总局	2003年6月
76		关于开展有线数字广播影视业务试点工作的通知	规范性文件	广电总局	2003年6月
77		关于发布《我国有线电视向数字化过渡时间表》的通知	规范性文件	广电总局	2003年5月
78		数字电影发行放映管理办法（试行）	行政规章	广电总局	2005年7月
79		电影数字化发展纲要	规范性文件	广电总局	2004年3月
80		关于印发《有线数字电视基本收视维护定价成本监审办法（试行）》的通知	规范性文件	发改委、广电总局	2012年11月
81		有线电视基本收视维护费管理暂行办法	规范性文件	发改委	2005年1月

（续表）

序号	政策内容	标题	法规类别	发布机关	颁布日期
82	有线及无线网络产业	关于进一步加强移动多媒体广播技术试验管理的通知	规范性文件	广电总局	2006年12月
83		关于发布《移动多媒体广播第一部分：广播信道帧结构、信道编码和调制》一项广播电影电视行业标准的通知	规范性文件	广电总局	2006年10月
84	卫星广播电视管理	关于2008年度三星级以上涉外宾馆等单位可申请接收的境外卫星电视频道范围的通知	规范性文件	广电总局	2008年2月
85		关于加强卫星广播技术管理工作的通知	规范性文件	广电总局	2007年5月
86		关于切实做好中央电视台社会与法频道转播和落地覆盖工作的通知	规范性文件	广电总局	2005年4月
87		关于加强对卫星电视广播地面接收设施销售和广告监督管理的通知	规范性文件	广电总局	2004年12月
88		关于做好上星动画频道落地工作的通知	规范性文件	广电总局	2004年11月
89		广播电视无线传输覆盖网管理办法	行政规章	广电总局	2004年11月
90		关于中央节目平台付费电视频道利用卫星传输有关事项的通知	规范性文件	广电总局	2004年8月
91		关于抓紧做好央视少儿频道落地工作的通知	规范性文件	广电总局	2004年6月
92		关于进一步做好中央电视台少儿频道落地覆盖工作的通知	规范性文件	广电总局	2003年9月

（续表）

序号	政策内容	标题	法规类别	发布机关	颁布日期
93	广告管理	关于重申广播电视广告播放管理有关规定的通知	规范性文件	广电总局	2008年1月
94		关于加强车载、楼宇等公共视听载体管理的通知	规范性文件	广电总局	2007年12月
95		关于禁止播出虚假违法广告和电视"挂角广告"、游动字幕广告的通知	规范性文件	广电总局	2005年8月
96		关于进一步加强对短信和声讯服务广告播出管理的通知	规范性文件	广电总局	2005年1月
97		关于进一步加强广播电视广告内容管理的通知	规范性文件	广电总局	2004年8月
98		关于加强制作和播放广播电视公益广告工作的通知	规范性文件	广电总局	2004年5月
99		关于《广播电视广告播放管理暂行办法》有关规定的解释的通知	规范性文件	广电总局	2003年12月
100		关于实施《广播电视广告播放管理暂行办法》的通知	规范性文件	广电总局	2003年9月
101		关于加强影片贴片广告管理的通知	规范性文件	广电总局	2004年6月
102	知识产权	关于进一步加强广播影视节目版权保护工作的通知	规范性文件	广电总局	2007年9月
103		广播影视知识产权战略实施意见	规范性文件	广电总局	2010年11月
104		广播电台电视台播放录音制品支付报酬暂行办法	行政法规	国务院	2009年11月
105		关于未经表演者许可，复制发行录有其表演的广播节目的问题	规范性文件	国家版权局	2005年12月
106		广播电台电视台播放录音制品支付报酬暂行办法	行政法规	国务院	2009年11月
107		电影作品著作权集体管理使用费收取标准	规范性文件	国家版权局	2010年5月

（续表）

序号	政策内容	标题	法规类别	发布机关	颁布日期
108	视听新媒体产业	广播电视视频点播业务管理办法	行政规章	广电总局	2004年7月
109		关于规范短信息服务有关问题的通知	规范性文件	信息产业部	2004年4月
110		关于进一步规范和发展有线电视视频点播业务的通知	规范性文件	广电总局	2004年3月
111		互联网等信息网络传播视听节目管理办法（2004年）	行政规章	广电总局	2004年7月
112	标准建设	关于发布《地面无线广播遥控监测站建设标准及技术要求》的通知	规范性文件	广电总局	2005年6月
113		关于发布《电影院计算机票务管理系统软件技术规范》一项广播电影电视行业标准的通知	规范性文件	广电总局	2005年5月
114		关于发布《广播电视高塔供电、防雷、给排水、通风和消防系统运行维护规程》一项广播电影电视行业标准的通知	规范性文件	广电总局	2005年5月
115		关于发布《广播实况转播节目传输通路技术规范》一项广播电影电视行业标准的通知	规范性文件	广电总局	2005年1月
116		国家广电总局发布《电视演播室灯光系统施工及验收规范》的通知	规范性文件	广电总局	2003年8月
117		国家广电总局发布《数字音频设备的满度电平》等两项广播电影电视行业标准的通知	规范性文件	广电总局	2003年7月
118		国家广电总局发出《有线数字电视广播条件接收系统入网技术要求和测评方法》（暂行）等三项行业技术要求的通知	规范性文件	广电总局	2003年4月
119		关于重申电影审查标准的通知	规范性文件	广电总局	2008年3月

（续表）

序号	政策内容	标题	法规类别	发布机关	颁布日期
120		关于加强译制境外广播电视节目播出管理的通知	规范性文件	广电总局	2004年10月
121		境外电视节目引进、播出管理规定	行政规章	广电总局	2004年9月
122		关于重申严禁通过广电有线网传送境外卫星电视节目的通知	规范性文件	广电总局	2004年8月
123		境外卫星电视频道落地管理办法	行政规章	广电总局	2004年6月
124		境外机构设立驻华广播电视办事机构管理规定	行政规章	广电总局	2004年6月
125	涉外管理	关于亚太1A卫星上CCTV-7模拟节目停止播出的通知	规范性文件	广电总局	2003年9月
126		《外商投资电影院暂行规定》补充规定二	行政规章	广电总局	2006年1月
127		《外商投资电影院暂行规定》的补充规定	行政规章	广电总局	2005年4月
128		中外合作制作电视剧管理规定	行政规章	广电总局	2004年9月
129		中外合作摄制电影片管理规定	行政规章	广电总局	2004年7月
130		电影片进出境洗印、后期制作审批管理办法	行政规章	广电总局	2004年6月
131		外商投资电影院暂行规定	行政规章	广电总局	2003年11月

（续表）

序号	政策内容	标题	法规类别	发布机关	颁布日期
132	财税融资	中央广播电视节目无线覆盖专项资金管理办法	规范性文件	广电总局	2009年4月
133		关于广播电视事业单位广告收入和有线收视费收入有关企业所得税问题的通知	规范性文件	财政部、国税总局	2006年11月
134		关于继续执行广告收入及有线电视费收入税收优惠政策的通知	规范性文件	广电总局	2005年4月
135		关于国家电影事业发展专项资金营业税政策问题的通知	规范性文件	财政部、国税总局	2010年3月

三　十六大以来广播影视产业的政策实践

十六大以来，特别是经过"十一五"时期的建设，我国广播影视产业取得了显著的发展。2011年，广播影视总收入（含财政补助收入）达到2894.79亿元，比2006年增长150.32%，年均增长20.74%，远超过同期全国GDP年均增速。①

但广播影视业改革发展之路并非坦途，特别是广播电视业自党的十四大开始导入市场机制以来，几乎一直在走左右摇摆之路。正如《新世纪》周刊记者赵何娟在《广电改革回调》一文中指出："在过去20余年来，广电行业便一直走着这样一条时而向左、时而向右的摇摆之路，这使得整个广电产业发展远远滞后电信业，更严重桎梏了广播电视内容的创新与成长。"文中列举的典型案例是2009年9月19日，当时的国家广电总局新闻发言人朱虹公开表示，整体制播分离、转企改制将是此轮广电改革方向。但仅仅事隔一

---

① 庞井君：《媒介融合背景下中国广播影视产业发展的思考》，《现代传播》2013年第2期。

年之余，刚刚通过"制播分离"试点打开的广电事业机构转企改制"破冰"之旅的中国广电系统，接到了2011年1月11日举行的全国广播影视工作会议的明令，依照广电总局新任新闻发言人吴保安的说法，不仅只字未提"制播分离、转企改制"，反而态度强硬地强调，电台、电视台在改革中，"不允许搞跨地区整合，不允许搞整体上市，不允许搞频道频率公司化、企业化经营"。并同时强调，电台、电视台作为党的重要新闻媒体和宣传思想文化阵地，必须坚持事业体制，坚持喉舌和公益性质，坚持以宣传为中心。①

从制度创新来看，三网融合与制播分离本质上是相通的，都有利于广电传媒塑造市场主体，有利于广电传媒实现政企分开、政事分开、产事分开，而且三网融合的推进将进一步促进广电传媒的制播分离创新。但是，2011年广播电视业"制播分离、转企改制"改革的回头实际是对当时力推的制播分离进行"冷处理"。在"三网融合"实施中，面对来自电信行业的强大竞争，广电主管部门一直强调要牢牢掌握播控平台，并试图以此在三网融合中占据主导地位，这次新的转向某种程度上也是为了进一步强化这种控制。这种基于部门利益考量的政策调整既不符合国家三网融合的基本政策，也不利于广电传媒自身的体制创新。

特殊的国情及国际文化冲突与文化安全挑战造成了我国具有特色的广播影视产业发展形态。我国的广播影视行业既具有意识形态的责任，需要正确的引导和把握舆论导向，彰显文化责任和文化担当，又具有产业发展的基因，需要遵循广播影视产业发展的规律，寻求自身内在的产业化发展道路。由此，广播影视行业政策如何在既要应对各类可能出现的舆论导向问题并进行规制，又要避免单一和强势的政策损害广播影视行业发展中产业发展的热

---

① 赵何娟：《广电改革回调》，新浪财经，2011年01月29日，http://finance.sina.com.cn/roll/20110129/16039330676.shtml。

情，在其间进行抉择，直接表现为广播影视产业政策与实践发展之间的不断互动与博弈。

第三节　动漫产业政策

一　十六大以来动漫产业政策的宏观背景

十六大以来，我国文化产业蓬勃发展，迅速成为国民经济发展的新的增长点。动漫产业作为文化产业的重要组成部分和新兴的文化业态，日益成为推动我国文化产业实现国民经济支柱性产业的重要载体。

回顾世界动漫产业发展百年历程，在比较美国、日本、韩国、加拿大四国动漫产业的发展模式后，有学者指出，动漫产业的发展应具备四个条件：动漫产业的发展以经济发展为基础，强大的市场支撑，历史、社会、文化状况和发展机遇以及政府的倡导和支持。[①]从动漫产业发展的整体环境看，目前我国已经初步具备动漫产业振兴的基础条件。首先，改革开放三十多年来，我国经济发展取得了举世瞩目的成就。"十一五"时期全国GDP年均增长10.88%，成为全球第二大经济体、最大外汇储备国和最大出口国，2013年又跃居世界最大贸易国。经济的崛起为我国动漫产业的发展奠定了坚实的经济基础。其次，我国有着五千年的灿烂文明史，是四大文明古国之一。悠久的历史和灿烂的文化为我国动漫产业的发展提供了丰富的思想资源。比如，我国美术工作者和投资商利用我国丰富的古典文学资源，创造了铁扇公主、孙悟空等动漫形象，并创造了以上海美术电影制片厂、湖南三辰卡通集团公司为代表的一些知名动漫机构和企业。第三，新型文化技术的普遍运用和文

---

① 姜义茂：《我国动漫产业发展的战略模式》，《国际贸易》2008年第1期。

化技术基础设施的大规模建设为我国文化产业及动漫产业的发展提供了技术保障。特别是随着网络技术、数字技术的发展，我国广播电视网、互联网和移动通讯网将实现"三网融合"，带来文化技术融合创新的大变革，也必将为我国包括动漫产业在内的新兴文化产业带来重大的历史发展机遇。第四，一个庞大的潜在的新兴文化市场正在悄然形成。我国有着庞大的人口规模和迅速提升的经济水平，再加上技术变革不断创新人们的文化消费方式，一个庞大的新兴文化市场正在崛起。特别是文化技术终端普及运用后对新型动漫产品和服务的需求为我国动漫产业的发展奠定了坚实的市场基础。第五，国家将动漫产业作为国民经济的重要产业和新增长点重点扶持。2006年9月，中共中央办公厅、国务院办公厅印发了《国家"十一五"时期文化发展规划纲要》，把文化产业体系建设作为"十一五"时期文化发展的重点之一加以部署，并且明确了数字内容和动漫产业作为国家重点发展的文化产业九大门类之一。近十年来，国家高度重视动漫的产品生产和市场监管，决策部署的规格、密度与扶持政策的力度和系统性，都超过文化产业中其他任何一个具体行业，可以说是以国家动员来推动新兴动漫产业上规模上水平、出精品出人才。①

二 十六大以来动漫产业政策的文本分析

（一）政策文本的基本统计分析

基于文化政策图书馆的相关数据库，对十六大以来（2003~2013年）有关动漫产业政策法规文本的数量、政策主体及政策类型进行统计，呈现以下特点。

---

① 孔建华、杜蕊：《我国的文化产业政策与动漫产业的兴起》，《中国特色社会主义研究》2010年第3期。

1. 政策文本年度发布数量逐年下滑，其中以2004～2006年比较集中。从图4-9可看出，十六大以来，国家相关部门共出台动漫产业政策19条（详见表4-3），其中2004～2006年共出台13条，几近占了总量的七成。之后几年只是零星的出台了若干政策，其中有四年（2007年及2010年至2012年）没有出台一项政策。这表明，自2004年5月，原国家广电总局发布《关于发展我国影视动画产业的若干意见》，特别是2006年4月，国务院办公厅转发的财政部等十部委联合发布的《关于推动我国动漫产业发展的若干意见》及同年7月国务院签发的《关于同意建立扶持动漫产业发展部际联席会议制度的批复》以来，已基本形成我国动漫产业发展的整体政策建构，打破了原有对动漫产品和服务按照载体不同分类管理造成的部门分割，在产业发展上逐渐变行政主导为市场主导，突出产业发展初期政府的引导作用，形成政府部门之间、政府与市场之间的联动机制。

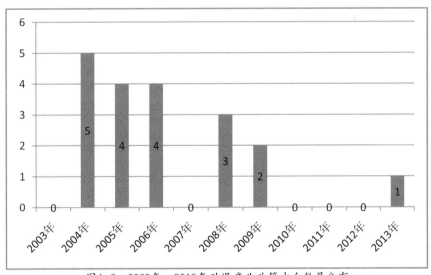

图4-9　2003年～2013年动漫产业政策出台数量分布

2. 政策制定主体以原国家广电总局及文化部为主体。图4-10显示，原国家广电总局发布10条，占总数的52.63%，文化部发布6条，占总数的31.58，两者共占了总量的八成之多。这种政策主体的数量分布差异决定于相关政府部门对动漫产业行政主管职能的不同。动漫产业是指以创意为核心，以动画、漫画为表现形式，包含动漫图书、报刊、电影、电视、音像制品、舞台剧和基于现代信息传播技术手段的动漫新品种等动漫直接产品的开发、生产、出版、播出、演出和销售，以及与动漫形象有关的服装、玩具、电子游戏等衍生产品的生产和经营的产业。[①]也就是说，动漫产业包括两种基本的表现形态，一是动画产业，二是漫画产业。尽管两者密切相关，但在产业管理隶属上，前者主要归原国家广电总局主管，而后者主要归文化部主管。2008年7月，国务院发布《关于印发文化部主要职责内设机构和人员编制规定的通知》，规定将原国家广电总局动漫（不含影视动漫和网络视听中的动漫节目）管理的职责划入文化部；原国家新闻出版总署动漫、网络游戏管理（不含网络游戏的网上出版前置审批），及相关产业规划、产业基地、项目建设、会展交易和市场监管的职责划入文化部。从2008年以后发布的动漫产业政策来看，几乎所有政策制定主体都是文化部。可见，文化部已成为我国动漫产业的主要行政主管部门。

---

① 张鸣：《中国动漫产业政策回顾与展望》，《浙江艺术职业学院学报》2009年第4期。

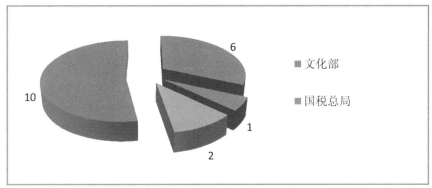

图4-10 2003年～2013年动漫产业政策主体数量分布

另外，十余年来，动漫产业政策类型均为规范性文件，表明动漫产业政策效力还有很大的提升空间，亟待大力推进法制化进程。

（二）政策文本主要内容分析

十六大以来，从我国发布的动漫产业政策文本内容分析来看，主要涵盖动漫管理体制调整、动画片播出管理、动漫行业指导、动漫企业认定及财税政策扶持五个方面，具有鲜明的规范指导与管理操作特征。我国动漫产业政策的起点可以追溯到2004年中共中央《关于进一步加强和改进未成年人思想道德建设的若干意见》的制定施行。该文件从国家动漫产业政策的元政策层面，提出重视少年儿童影视片、动画片和电影。随后我国将发展动漫产业作为推动经济增长的重要方面，纳入国民经济和社会发展规划。2006年国家"十一五"规划中，动漫产业作为生产性服务业被置于加快发展和积极拓展的地位。2009年将"积极发展网络动漫等新型消费"写入中央政府工作报告。同时，以原国家广电总局和文化部为主体的相关政府部门出台系列专项政策文本，其中具有基础性、纲领性的文件是2006年国务院办公厅转发财政部等十个部委联合出台的《关于推动我国动漫产业发展若干意见》。后续的动漫产业专项政策实际是在操作层面对这一文件的转化，特别是随后由国

务院批准建立的部际联席会议制度等重大举措表明，政府职能部门将立足我国动漫产业发展实际，努力消除影响动漫产业发展的体制、机制和制度性障碍，联合做强动漫产业。可见，在这些专项政策文本中比较突出的是对动漫行业管理体制的调整，从建立跨部门的联席会议制度到明确动漫产业的管理主体，充分显示我国在推动新兴文化产业中文化管理体制改革的紧迫性和必然性，同时也反映出我国在推动动漫产业发展方面具有明确的目标导向和实现目标的国家能力。

表 4-3　2003 年 ~ 2013 年动漫产业政策一览表

序号	标题	法规类别	发布机关	颁布日期
1	关于做好2013年动漫企业认定有关工作的通知	规范性文件	文化部	2013年2月
2	关于公布2009年第一批通过认定的动漫企业名单的通知	规范性文件	文化部、财政部、国税总局	2009年12月
3	关于扶持动漫产业发展有关税收政策问题的通知	规范性文件	财政部、国税总局	2009年7月
4	关于印发《动漫企业认定管理办法（试行）》的通知	规范性文件	文化部、财政部、国税总局	2008年12月
5	关于扶持我国动漫产业发展的若干意见	规范性文件	文化部	2008年8月
6	关于查处第五批违法游戏经营活动的通知	规范性文件	文化部	2008年4月
7	关于同意建立扶持动漫产业发展部际联席会议制度的批复	规范性文件	国务院	2006年7月
8	关于印发《国产电视动画片制作备案公示管理制度暂行规定》的通知	规范性文件	广电总局	2006年7月

（续表）

序号	标题	法规类别	发布机关	颁布日期
9	关于推动我国动漫产业发展若干意见的通知	规范性文件	财政部、教育部、科技部、信息产业部、商务部、文化部、国税总局、工商总局、广电总局、新闻出版总署	2006年4月
10	扶持动漫产业发展部际联席会议专家委员会工作章程	规范性文件	文化部	2006年2月
11	关于禁止以栏目形式播出境外动画片的紧急通知	规范性文件	广电总局	2005年9月
12	关于2005年度（第二批）全国电视动画片题材规划申报立项剧目的批复	规范性文件	广电总局	2005年8月
13	关于2005年度（第一批）全国电视动画片题材规划申报立项剧目的批复	规范性文件	广电总局	2005年3月
14	关于实行国产电视动画片发行许可制度的通知	规范性文件	广电总局	2005年1月
15	关于实行优秀国产动画片推荐播出办法的通知	规范性文件	广电总局	2004年12月
16	关于做好上星动画频道落地工作的通知	规范性文件	广电总局	2004年11月
17	关于2004年度全国电视动画片题材规划申报立项剧目的批复	规范性文件	广电总局	2004年8月
18	关于对国产电视动画片实行题材规划管理的通知	规范性文件	广电总局	2004年6月
19	关于发展我国影视动画产业的若干意见	规范性文件	广电总局	2004年5月

三 十六大以来动漫产业的政策实践

进入21世纪以后，我国动漫产业发展得到了国家的高度重视和大力扶持，尤其是十六大以来，以原国家广电总局为主体的相关政府部门先后出台一系列重要的政策文件。从近几年动漫产业政策的实践来看，我国动漫产业发展战略已初现雏形，基本形成了国家、行业和都市三个层面的战略。一是实施"大推进"的国家动员，支持新兴动漫产业振兴；二是构建"大动漫"的行业发展战略，优化动漫市场环境；三是构建"大投入"的都市产业发展战略，降低动漫企业生产成本。经过多年的发展，我国以举国体制推动动漫产业发展，已基本建立起比较完整的动漫生产体系，动漫基地开始有效整合和布局，动漫展会开始有序规范与提升，动漫产品开始不断优化与升级，动漫产业发展开始进入一个以调整、巩固和提高为主题的新的发展期。[①]

动漫产业政策的递进性、延续性出台，有力地推动了我国动漫产业的发展，产值从"十五"期末不足100亿元，到2010年达470.84亿元，年均增长率超过30%；2011年达到621.72亿元，较上一年度增长32%；2012年总产值达759.94亿元，较2011年增长了22.23%。[②]另外，根据中国传媒大学"中国动画产业发展专题研究"课题组于2006年底至2007年初对全国109家动画公司和21家少儿卡通频道的调查访问，发现动画公司对于国家制播政策促进动漫产业整体发展的促进作用持肯定态度。动画公司对于国家制播政策促进动漫产业整体发展的作用大加肯定，"国产动画片播出比例不低于60%"，认同率77.9%；"黄金时段禁播境外动画片"，认同率76.1%；"实行国产优秀动画片推荐播出办法"，认同率72.5%；"实行国产动画片题材规划和审查报批制度"，认同率64.2%。[③]

但从十多年的动漫产业政策实践看，我国动漫产业发展还存在几大方面

---

① 孔建华、杜蕊：《我国的文化产业政策与动漫产业的兴起》，《中国特色社会主义研究》2010年第3期。

② 卢斌、郑玉明、牛兴侦：《中国动漫产业发展报告（2013版）》，社会科学文献出版社2013年版。

③ 高薇华：《中国动漫产业政策的实施效果与展望》，《传媒》2008年第3期。

的问题。一是播出资源垄断，价格机制不健全。迄今为止，动画片播映市场基本上仍是寡头垄断性质。在播出资源稀缺、播出门槛居高不下的产业环境下，动画产业市场健全的价格机制难以建立。二是生产资源分散，行业自组织能力低。国内动漫产业由众多的中小型企业组成，产业集中度很低，再加上产业自身组织化程度低，各种行会组织既不发达，又不正规，所以，尽管靠国家政策推动形成了巨大的市场需求，但政策对于动漫产业发展的实际推动作用要大打折扣。三是行业协会工作乏力，行业标准迟迟未定。各地各类动漫行业组织形式意义大于实际意义，政府机构附属物特征比较明显，在涉及成员企业播出市场谈判地位、播映体系中的话语权等有关动漫产业发展的实质性工作方面表现乏力。四是动漫人才教育培养体系不成熟，创意、设计人才供应不足。国家政策鼓励动漫企业、科研院所、行业协会、高等教育和职业教育等机构发挥积极性，开展动漫技术与人才培训，但多数是在师资条件、设备条件都不具备的情况下因陋就简办学，难以保障人才培养质量。五是产业园区（基地）建设缺乏特色，政府组织型倾向明显。在国家和地方政策推动下，全国各地纷纷创建动漫产业园区及基地，但企业在地理位置上的集中和公共物品的共享并不必然产生聚集效应。在动漫基地热的同时，诸多问题已经显露端倪，并且成为制约动漫园区发展的隐性瓶颈。①

第四节 网络文化产业政策

一 十六大以来网络文化产业政策的宏观背景

随着网络技术、数字技术的发展，在产业融合背景下，信息产业与文化

---

① 张鸣：《中国动漫产业政策回顾与展望》，《浙江艺术职业学院学报》2009年第4期。

产业、网络产业与内容产业相互交融、激荡，催生出新的产业类型——网络文化产业的发展。网络文化产业，又称为"数字内容产业"或"数字娱乐产业"。随着互联网产业的蓬勃发展，以网络游戏、网络文学、数字短片、数字音乐、数字电视电影、动漫和数字出版物等为主体内容的数字娱乐，开始出现在每个人的身边。而近几年来网络技术的突飞猛进，更在极大程度上推动了整个产业的发展，曾经只是初具雏形的数字内容和数字娱乐，在短短十几年间，就成长为一个年产值在数百亿美元的庞大产业。

信息技术的快速发展与广泛应用，特别是计算机、互联网、手机等信息传媒的迅速普及，使数字内容和数字娱乐产业蓬勃发展，根据2014年1月16日中国互联网络信息中心（CNNIC）在京发布的第33次《中国互联网络发展状况统计报告》，截至2013年12月，中国网民规模达6.18亿，全年新增网民5358万人，互联网普及率为45.8%，较2012年底提升3.7个百分点。其中，手机网民规模达5亿，网民中使用手机上网的人群比例由2012年底的74.5%提升至81.0%，年增长率为19.1%，远高于其他设备上网的网民比例，继续保持上网第一大终端的地位。手机网民规模的持续增长促进了手机终端各类应用的发展，成为2013年中国互联网发展的一大亮点。综合近年来网民规模数据及其他相关统计，中国互联网普及率逐渐饱和，互联网发展主题从"数量"向"质量"转换，互联网体现出在经济社会中地位提升、与传统经济结合紧密、各类互联网应用对网民生活形态影响力度加深等特点。

互联网的普及创造出旺盛的文化娱乐消费需求，异军突起的网络游戏成为中国网络文化产业的先锋。网络游戏综合了文本、图像、音频、视频等各种媒介符号形式，允许使用者进行多层次的信息传播和交互行为，最大限度地满足了现代社会中年轻人的体验需求，因而用户数目飞速增长。2011年开始，网页游戏得到了迅速发展，越来越多的创业者加入这一市场，但随着手机游戏的发展，网页游戏的热度开始消退。根据CNNIC《2013年中国网民游戏行为调查研究报告》，非手机游戏用户未来转化为手机游戏用户的意愿相对较高，为15.1%。在整体移动互联网发展的带动下，手机游戏未来还存在着很大的增长空间。

在中国互联网十余年的发展历史过程中，以传统Web式阅读的互联网模式被称为Web1.0时代；随着互联网的发展，以基于用户之间的互动关系为特征的互联网模式被称之为Web2.0时代；在后续的互联网发展演变中，以基于智能判断的、具备初期人机交互形式的互联网模式则可称之为Web3.0时代的雏形；未来，聚集用户行为需求与简化用户使用门槛的移动互联网，正是第三代互联网表现方式的典型特征之一。移动互联网开启了人类社会的新技术周期，移动互联网最终将成为重新定义和改变世界的力量。与早前桌面互联网经济所经历的大浪淘沙相比，新技术周期下，移动互联网的发展将更加公平、开放、理性，产业链各主体在多元竞争环境下，以"免费"赢得市场、以"平台"支撑经济、以"应用"创造价值。[①]

可以说，随着经济发展和社会进步，旺盛的文化娱乐消费需求是中国网络文化产业快速发展的主要动因，科技的进步为中国网络文化产业的跨越式发展提供了历史机遇，特别是以信息技术为代表的科技革命带来的全新、时尚、与世界同步的文化消费模式和习惯已经成为中国网络文化产业增量发展的主要驱动力。

---

① 王文锋、肖华、王瑜：《传媒经济论——研究史纲卷》，中国书籍出版社2013年版，第193~194页。

二　十六大以来网络文化产业政策的文本分析

（一）政策文本的基本结构分析

基于文化政策图书馆的相关数据库，对十六大以来（2003～2013年）有关网络文化产业政策法规文本的数量、政策主体及政策类型进行统计，呈现以下特点。

1. 政策文本数量在"十二五"时期之前出台比较密集，进入"十二五"以后，政策出台明显减少。从图4-11可看出，在"十二五"时期之前的八年间，政府相关部门共发布网络文化产业政策文本共87条（详见表4-4），平均每年发布10条以上，政策数量总体上呈波浪形增长趋势。其中尤以2004年和2009年发布的数量居多，分别为14条和16条。2004年政策文本的密集出台在这个时期达到第一个高峰，其政策内容大多关于网络教育、上网服务管理、网吧管理、网络游戏产业管理及网络色情治理等方面。这种政策的密集出台，一方面鉴于网络渠道本身的海量、快捷，在2004年"中国文化年"里的"文化走出去"中扮演非常重要的渠道和窗口作用；另一方面，自十六大提出积极发展文化产业以来，国家领导和相关部门十分重视文化产业的发展，一定程度上使得网络文化产业政策的制定变得相对容易。2009年发布的政策文本数量达到这个时期的第二个高峰，其政策主题主要表现在网络游戏管理、网络音乐管理、网络信息服务管理、三网融合政策等方面，多为服务管理性政策。2008年全球金融危机之后，面对经济全面疲软，我国文化产业一枝独秀，逆势上扬，特别是新兴的网络文化产业更是逆势上涨，所以2009年的政策发布高峰点更多表现为政策主体在产业实践的快速发展下的一种形势所逼，要求有相关的政策配套，以跟上网络文化产业快速发展的步伐。进入"十二五"时期后，网络文化产业政策数量明显减少，平均每年两条，2012

年更是没有出台一项。这表明我国网络文化产业政策出台开始放缓，政策体系建构处于相对稳定期。

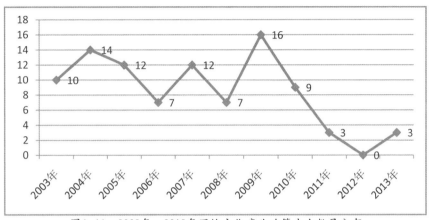

图4-11　2003年～2013年网络文化产业政策出台数量分布

2. 政策制定主体以文化部为绝对核心主体。从政策文本制定的主体来看，图4-12显示，十六大以来我国网络文化产业出台的93条政策有37条是由文化部发布的，超过总量的四成，表明文化部是我国十余年来网络文化产业规范化、法制化建设的主要推动者。其次是信息产业部，共发布17条，差不多占了总量的两成。另外，原新闻出版总署、原国家广电总局、国家版权局及公安部等也是网络文化产业管理的主要部门，只是因行政职责的不同，分别规制网络文化产业的不同领域。如原新闻出版总署主要负责网络新闻传播管理制度的建立健全、网络新闻传播信息总量、结构及布局的制定与规划以及监管信息的规范有序发布等，同时还负责网络出版、网络著作权的发展规划、宏观调控目标和产业政策并指导实施，保障网络文化产业的健康有序发展。原国家广电总局则主要对网络视听节目、互联网传播影视剧、广播电视网、网络低俗及色情等内容进行管理。公安部则主要针对计算机病毒、黑客攻击、互联网上网服务营业场所安全、网络信息安全及网络色情行业等进行治理。①此外，还有国家发改委、最高人民法院、商务部、国家工商总局、教育部等许多相关部委局对网络文化产业进行了相应的政策规制。还有一些相关的社会管理部门也发布一些自律性政策，如中国互联网络信息中心、中国互联网协会等。可见，由于网络文化产业涉及的层面比较复杂，对其进行管理的部门多而杂，容易造成多头管理、相互推诿、效率低下。尽管这是网络文化产业这一新兴的文化产业行业所必然经历的成长阶段，但如果不引起必要的重视并加以切实解决，必然会影响到网络文化产业的健康持续发展。

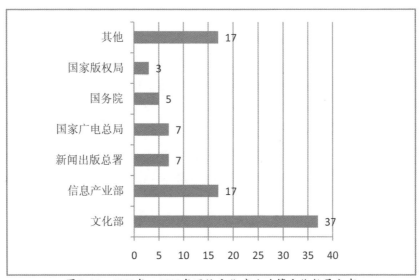

图4-12 2003年～2013年网络文化产业政策主体数量分布

　　3. 规范性文件是绝对主要的政策文本类型。从图4-13可看出，在93条网络文化产业政策文本中，规范性文件有74条，占总数的79.57%，表明我国当前网络文化产业政策体系重点是规范网络文化产业有序发展。其次，由国务院各部委颁布的行政规章是我国十六大以来网络文化产业政策文本的第二大

---

　　① 胡惠林：《我国文化产业政策文献研究综述（1999～2009）》，上海人民出版社2010年版，第382页。

政策形式，共有13条，约占总数的13.98%。行政规章在法定约束力上比规范性文件强，但低于法律性文件、司法解释和行政法规。后者在我国网络文化产业政策类型中仅占6.45%，表明具有最高法定约束力的法律法规在我国网络文化产业政策文本体系中还只占很小的比重，我国网络文化产业政策法制化建设任重道远，还没有进入全面法制阶段，更没有建立起独立的法律法规体系。网络文化产业管理从自发管理到规范管理再到法制化是网络文化产业政策体系建构的基本路径。因此，尽管目前各政府主管部门主要是以规范管理为主，具有一定的部门法律效力，但还没有完全的法律效力，需要不断推进网络文化产业政策的法制化进程。

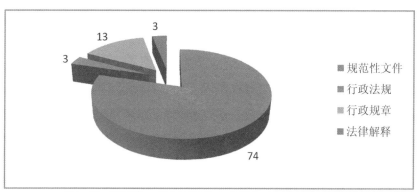

图4-13　2003年~2013年网络文化产业政策类型数量分布

（二）政策文本内容的基本分析

纵观十六大以来网络文化产业政策的文本内容，可以看出主要的主题涵盖互联网文化宏观管理、互联网文化产业服务、网络文化知识产权、三网政策、网络文化市场、网络安全、电子商务、网络域名管理、网络文化经营许可及审批等多个方面。

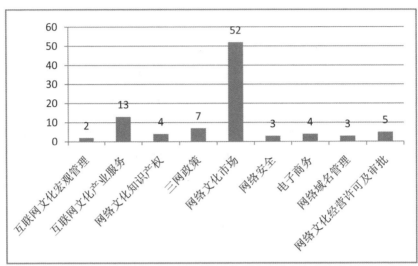

图4-14　2003年～2013年网络文化产业政策内容数量分布

从图4-14可看出，在这些网络文化产业政策文本中，首先，以网络文化市场的规制为绝对主要地位，共有52条，占总数的55.91%。其中，网络文化市场的规制主要体现在四个方面：网络游戏、网络色情管制、网络音乐、网吧管理等。从规制层次来看，大多是规范性文件，表明这些政策文本更多的是针对网络文化市场中出现的突出问题进行规范，保障网络文化市场健康有序运行。其次是互联网文化产业服务方面的政策文本，共有13条，突出了政府相关部门对网络文化产业发展的服务功能，主要包括互联网视听节目服务、网络信息服务及其他（如电子邮件、博客、电子公告等）方面的服务。再次，随着三网融合的推进，相关政府部门在电信网、互联网、广播电视网三大网络建设及融合上给予了必要的政策回应，推动包括语音、数据、图像等综合多媒体的通信业务发展。此外，政府在网络文化经营许可及审批、网络文化知识产权、电子商务、网络安全、网络域名管理等各方面都进行相应的政策规制，特别是在互联网文化的宏观管理上进行了规定。

表4-4　2003年～2013年中国网络文化产业政策一览表

序号	政策内容		标题	法规类别	发布机关	颁布日期
1	互联网文化宏观管理		互联网文化管理暂行规定（2011年）	行政规章	文化部	2011年2月
2			关于实施《互联网文化管理暂行规定》有关问题的通知	规范性文件	文化部	2003年7月
3	互联网文化产业服务	网络信息服务	关于进一步加强政务部门信息共享建设管理的指导意见	行政法规	发改委	2013年4月
4			互联网医疗保健信息服务管理办法	行政规章	卫生部	2009年5月
5			互联网骨干网网间通信质量监督管理暂行办法	行政规章	信息产业部	2008年4月
6			互联网电子邮件服务管理办法	行政规章	信息产业部	2006年2月
7			互联网新闻信息服务管理规定	行政法规	国务院	2005年9月
8			非经营性互联网信息服务备案管理办法	行政规章	信息产业部	2005年2月
9			关于开展教育电子政务试点工程建设的通知	规范性文件	教育部	2004年7月
10			关于重申中国高等教育学生信息网是学历证书查询唯一网站的公告	规范性文件	教育部	2004年7月
11		互联网视听节目服务	互联网视听节目服务业务分类目录（试行）	规范性文件	广电总局	2010年4月
12			关于加强互联网视听节目内容管理的通知	规范性文件	广电总局	2009年3月
13			关于加强互联网传播影视剧管理的通知	规范性文件	广电总局	2007年12月
14			互联网视听节目服务管理规定	行政规章	广电总局	2007年12月
15			关于联合开展信息网络传播视听节目治理工作的通知	规范性文件	广电总局、公安部	2003年10月

（续表）

序号	政策内容		标题	法规类别	发布机关	颁布日期
16	网络文化知识产权	网络出版	关于促进出版物网络发行健康发展的通知	规范性文件	新闻出版总署	2010年12月
17			关于开通"中国音像电子和网络出版管理网"的通知	规范性文件	新闻出版总署	2005年1月
18		网络知识产权	关于开展2007年打击网络侵权盗版专项行动的通知	规范性文件	版权局	2007年8月
19			全国知识产权局系统政府门户网站管理办法	行政规章	知识产权局	2006年6月
20	三网政策		办公厅关于表彰2013年度文化部政府网站建设先进单位的通知	规范性文件	文化部	2013年11月
21			关于印发"宽带中国"战略及实施方案的通知	行政法规	国务院	2013年8月
22			电信网络运行监督管理办法	规范性文件	信息产业部	2009年4月
23			关于严禁通过互联网非法转播奥运赛事及相关活动的通知	规范性文件	版权局	2008年6月
24			关于印发《互联网站管理协调工作方案》的通知	规范性文件	信息产业部	2006年2月
25			关于发布《广播影视网络专有IP地址规划》一项广播电影电视行业标准的通知	规范性文件	广电总局	2005年11月
26			关于进一步加强移动通信网络不良信息传播治理的通知	规范性文件	信息产业部	2005年9月
27	网络文化市场	网络游戏	关于印发《"网络游戏未成年人家长监护工程"实施方案》的通知	规范性文件	文化部	2011年1月
28			关于对《网络游戏管理暂行办法》执行情况进行核查的通知	规范性文件	文化部	2010年12月
29			关于贯彻实施《网络游戏管理暂行办法》的通知	规范性文件	文化部	2010年7月
30			关于加强网络游戏市场推广管理制止低俗营销行为的函	规范性文件	文化部	2010年7月
31			网络游戏管理暂行办法	行政规章	文化部	2010年6月

（续表）

序号	政策内容		标题	法规类别	发布机关	颁布日期
32			关于改进和加强网络游戏内容管理工作的通知	规范性文件	文化部	2009年11月
33			关于贯彻落实国务院《"三定"规定》和中央编办有关解释，进一步加强网络游戏前置审批和进口网络游戏审批管理的通知	规范性文件	新闻出版总署	2009年9月
34			关于印发《中央编办对文化部、广电总局、新闻出版总署"三定"规定中有关动漫、网络游戏和文化市场综合执法的部分条文的解释》的通知	规范性文件	中央编办	2009年9月
35	网络文化市场	网络游戏	新闻出版总署关于加强对进口网络游戏审批管理的通知	规范性文件	新闻出版总署	2009年7月
36			关于加强网络游戏虚拟货币管理工作的通知	规范性文件	文化部、商务部	2009年6月
37			关于规范进口网络游戏产品内容审查申报工作的公告	规范性文件	文化部	2009年4月
38			关于征集第三批适合未成年人网络游戏产品的公告	规范性文件	文化部	2007年7月
39			关于保护未成年人身心健康实施网络游戏防沉迷系统的通知	规范性文件	新闻出版总署	2007年4月
40			关于进一步加强网吧及网络游戏管理工作的通知	规范性文件	文化部	2007年2月
41			关于规范网络游戏经营秩序查禁利用网络游戏赌博的通知	规范性文件	公安部	2007年1月
42			关于查处第三批违法游戏产品等事项的通知	规范性文件	文化部	2005年8月

（续表）

序号	政策内容	标题	法规类别	发布机关	颁布日期
43	网络游戏	关于网络游戏发展和管理的若干意见	规范性文件	文化部、信息产业部	2005年7月
44		关于净化网络游戏工作的通知	规范性文件	文化部、中央文明办、信息产业部、公安部、工商总局	2005年6月
45		关于加强网络游戏产品内容审查工作的通知	规范性文件	文化部	2004年5月
46		关于查处电脑游戏《命令与征服3-将军》的通知	规范性文件	文化部	2003年3月
47	网络音乐	关于清理违规网络音乐产品的通告	规范性文件	文化部	2011年1月
48		关于加强和改进网络音乐内容审查工作的通知	规范性文件	文化部	2009年8月
49		关于网络音乐发展和管理的若干意见	规范性文件	文化部	2006年12月
50	网络文化市场	关于加大对网吧接纳未成年人违法行为处罚力度的通知	规范性文件	文化部	2010年3月
51	网吧管理	关于开展2009年净化网吧市场、查处取缔黑网吧督查工作的通知	规范性文件	文化部、中央文明办、工商总局、公安部、工业和信息化部、中国关心下一代工作委员会	2009年11月
52		网吧连锁企业认定管理办法	规范性文件	文化部	2009年9月
53		关于网吧管理工作有关问题的通知	规范性文件	文化部	2008年7月
54		文化部国家工商行政管理总局公安部关于网吧管理工作有关问题的通知	规范性文件	文化部、工商总局、公安部	2008年7月
55		关于开展查处取缔黑网吧专项行动的通知	规范性文件	工商总局	2007年5月

（续表）

序号	政策内容		标题	法规类别	发布机关	颁布日期
56	网络文化市场	网吧管理	关于进一步做好网吧管理工作的通知	规范性文件	工商总局	2006年7月
57			文化部、国家工商行政管理总局、公安部、信息产业部、教育部关于进一步深化网吧管理工作的通知	规范性文件	文化部、工商总局、公安部、信息产业部、教育部	2005年4月
58			关于进一步深化网吧专项整治工作的意见	规范性文件	文化部、工商总局、公安部、信息产业部、教育部、财政部、法制办、中央文明办、共青团中央	2004年10月
59			关于印发《全国网吧等互联网上网服务营业场所专项整治工作检查验收方案》的通知	规范性文件	文化部	2004年7月
60			关于进一步配合有关部门做好网吧等互联网上网服务营业场所专项整治工作的通知	规范性文件	信息产业部	2004年6月
61			关于网吧下载提供"外挂"是否承担法律责任的意见	规范性文件	版权局	2004年4月
62			关于开展网吧等互联网上网服务营业场所专项整治意见的通知	规范性文件	文化部、工商总局、公安部、信息产业部、教育部、财政部、法制办、中央文明办、共青团中央	2004年2月
63			关于加强春节、寒假期间互联网上网服务营业场所管理工作的紧急通知	规范性文件	文化部	2004年1月
64			对《文化部关于提请解释〈互联网上网服务营业场所管理条例〉有关条文的函》的复函	法律解释	国务院	2003年6月

（续表）

序号	政策内容		标题	法规类别	发布机关	颁布日期
65	网络文化市场	网吧管理	关于全国性互联网上网服务营业场所连锁经营单位审批情况的通告	规范性文件	文化部	2003年6月
66			对《关于将网吧列入公共场所卫生管理范围的紧急请示》的答复	法律解释	国务院	2003年5月
67			文化部关于加强互联网上网服务营业场所连锁经营管理的通知	规范性文件	文化部	2003年4月
68		网络色情管理	关于办理利用互联网、移动通讯终端、声讯台制作、复制、出版、贩卖、传播淫秽电子信息刑事案件具体应用法律若干问题的解释（二）	法律解释	最高人民法院、人民检察院	2010年1月
69			关于进一步深入整治手机淫秽色情专项行动工作方案	规范性文件	工业和信息化部	2009年12月
70			关于重申禁止制作和播映色情电影的通知	规范性文件	广电总局	2007年12月
71			关于严厉查处网络淫秽色情小说的紧急通知	规范性文件	新闻出版总署	2007年8月
72			关于依法打击网络淫秽色情专项行动工作方案的通知	规范性文件	信息产业部	2007年5月
73			关于印发《关于认定淫秽与色情声讯的暂行规定》的通知	规范性文件	文化部	2005年1月
74			关于落实打击淫秽色情网站专项行动、加强网络文化市场管理的通知	规范性文件	文化部	2004年7月
75			关于依法开展打击淫秽色情网站专项行动有关工作的通知	规范性文件	最高人民法院、最高人民检察院、公安部	2004年7月
76			互联网站禁止传播淫秽、色情等不良信息自律规范	规范性文件	中国互联网协会	2004年6月

（续表）

序号	政策内容		标题	法规类别	发布机关	颁布日期
77	网络文化市场	网络文化市场	集中开展互联网站清理整顿工作方案	规范性文件	信息产业部	2005年1月
78			关于开展对"私服""外挂"专项治理的通知	规范性文件	新闻出版总署、信息产业部、工商总局、版权局、全国"扫黄打非"工作小组	2003年12月
79	网络安全		通信网络安全防护管理办法	行政规章	工信部	2010年1月
80			互联网网络安全信息通报实施办法	规范性文件	工信部	2009年5月
81			印发《关于加强互联网法制宣传教育工作的意见》的通知	规范性文件	司法部、国务院新闻办、全国普法办	2006年10月
82	电子商务		商务部关于加快流通领域电子商务发展的意见	规范性文件	商务部	2009年11月
83			关于取消短消息业务网内网间差别定价有关问题的通知	规范性文件	工信部	2008年11月
84			关于个人通过网络买卖虚拟货币取得收入征收个人所得税问题的批复	规范性文件	国税总局	2008年9月
85			关于网上交易的指导意见（暂行）	规范性文件	商务部	2007年3月

（续表）

序号	政策内容	标题	法规类别	发布机关	颁布日期
86	网络文化经营许可及审批	电信业务经营许可管理办法	行政规章	信息产业部	2009年3月
87		《网络文化经营许可证》审核换证公告	规范性文件	文化部	2008年3月
88		关于落实国务院归口审批电子和互联网游戏出版物决定的通知	规范性文件	新闻出版总署	2004年7月
89		关于从事域名注册服务经营者应具备条件法律适用解释的通告	规范性文件	信息产业部	2003年11月
90		关于启用"中华人民共和国文化部网络文化经营许可专用章"的通知	规范性文件	文化部	2003年9月
91	网络域名管理	中国互联网络信息中心域名争议解决办法（2006年）	行政规章	中国互联网络信息中心	2006年2月
92		互联网IP地址备案管理办法	行政规章	信息产业部	2005年2月
93		中国互联网络域名管理办法（2004）	行政规章	信息产业部	2004年11月

三 十六大以来网络文化产业的政策实践

十六大以来，在网络文化产业政策的驱动下，我国网络文化产业发展迅速，主要表现以下三个方面的特征。

一是产业发展开始由自发与无序阶段转向自觉与整合阶段。经过十余年的实践发展，特别是在国家系列政策的引导与规制下，网络文化企业开始逐步摆脱初期的盲目无序发展，不断自觉地探索可行的持续发展模式。网络文化产业政策的选择、制定、执行及终止都给网络文化产业发展带来很大的影响。比如，2009年12月，鉴于手机移动终端"黄祸"泛滥，工业和信息化部发布《关于进一步深入整治手机淫秽色情专项行动工作方案》，专门整顿手机移动网络文化市场，使手机移动终端APP应用中淫秽色情网站几乎一扫而光，极大净化了移动终端网络文化市场。在不断加大打击网络文化市场违法违规行为的同时，政府更注重扶持与引导，促进中国网络文化产业逐步进行有序整合。大浪淘沙，在整个行业的盘活、调整期，小散滥差的中小企业在勉强求生的惨淡经营中逐步被市场所淘汰，与此同时，在市场机制作用下逐步积累起实力和资本的企业，则在持续保持其竞争优势中不断做大做强。

二是原创内容成为网络文化企业获取并持续保持核心竞争优势的根本。文化产业具有典型的"微笑曲线"效应。"微笑曲线"理论是产业经济学中一个著名的理论。该理论由实业家、中国台湾宏基集团创办人施振荣先生在1992年提出。他认为，在当今世界的产业链中，研发（包括采购与设计）、生产（包括组装与加工）、营销（包括品牌与金融）诸环节的附加值曲线呈现两端高中间低的形态，即研发和营销环节附加值高、生产加工环节附加值低，大体呈"U"形的弧线，如同一个人微笑时上翘的嘴唇形状，故称之为产业"微笑曲线"。[①]可见，渠道运营与原创内容构成网络文化产业发展的两大重头。尽管在网络文化产业到底是"渠道为王"还是"内容为王"的问题上一直争议较大，但随着网络技术和数字技术的发展，信息技术的中心不再是信息技术载体本身，而是其原创内容。人类社会开始迈入以网络为中心的时代，将来则是以内容为中心的时代。当前，我国网络文化产业虽然获得高速成长，但处于产业上游的内容原创研发依然比较薄弱，需要在政府相关部门的引导和扶持下，形成创新共识，培育一批以提供原创网络文化产品为主业的强势企业，推动中国网络文化产业的创新发展。

三是手机和平板电脑成为数字娱乐产业的主要载体形式。网络技术的更

---

① 郝全洪、马相东：《从"微笑曲线"看科技制新驱动》，《学习时报》2012年9月17日第7版。

新换代是推动中国网络文化产业发展的关键驱动力。3G和4G已成现实，在三网融合的大背景下，手机和平板电脑成为人们生活中重要的移动终端屏幕。2013年，中国移动互联网整体行业保持强劲发展态势，移动终端的特性进一步体现，行业内应用发展呈现新的特点。其中，交流沟通类应用依然是手机的主流应用，在所有应用中的用户规模和使用率均第一，但用户主要集中手机即时通信上，微博、社交网站、论坛等应用的使用率均有所下降；休闲类娱乐应用发展迅速，手机游戏、手机视频和手机音乐等应用的用户规模大幅上升，增长态势良好；手机电子商务类应用渗透率虽然相对较低，但领域内所有应用的使用率全部呈现快速增长。[①]

第五节　演出娱乐产业政策

一　十六大以来演出娱乐产业政策的宏观背景

演出娱乐产业实际可细分为演出产业和文化娱乐产业两大块，它们都是文化产业的重要组成部分。改革开放以来，我国演出娱乐产业在历经20世纪80～90年代的膨胀高涨与徘徊下滑的大起大落之后，一路跌跌撞撞奔跑进入21世纪。十余年来，特别是十六大以来，随着中国加入世界贸易组织，面对全新的国内外环境，我国演出娱乐产业既迎来了前所未有的机遇，也必须面对前所未有的挑战。国家相关管理部门通过对《营业性演出管理条例》《营业性演出管理条例实施细则》《娱乐场所管理条例》等指导性的政策文件的制定和修改，规范演出娱乐文化市场秩序，促进演出娱乐产业健康持续发展。其主要的现实基础有以下几方面：其一，丰富的历史文化资源为演出

---

① 中国互联网络信息中心：《中国互联网络发展状况统计报告（第33次）》，2014年1月16日。

娱乐业提供了厚实的创作基础。中华民族具有五千年延绵不断一脉相承的悠久历史，有着深厚的文化积淀和丰富的文物遗存，既有悠久的绘画、雕塑、建筑、服饰历史，还有戏曲、民乐、剪纸、皮影、年画等民族民间艺术，这些都为我国演出娱乐业的创作提供了取之不尽的素材。其二，现代科技的应用为演出娱乐业提供了不竭的动力基础。在演出娱乐的创作和产品呈现过程中导入科技元素的应用，同时再融入中国传统历史文化元素，将使演艺娱乐创作人员和表演者淋漓尽致地展现艺术魅力，显著提升演艺娱乐产品的表现力和影响力。随着科技发展的日新月异，科技日益成为未来演出娱乐业发展的核心驱动力。其三，文化体制改革为演出娱乐业提供了坚实的体制基础。在文化体制改革纵深推进的大背景下，演出娱乐业的体制改革不仅通过机制体制创新，整合资源，培育和发展壮大了一批代表国家艺术水平的演艺企业（团体），而且培养了一批高素质的演艺创作与演艺经纪的专业人才队伍，极大地提升了我国演出娱乐业的整体实力和市场竞争力。其四，"走出去"为演出娱乐业进军国际市场提供了很好的外拓基础。中国文化"走出去"战略的实施，通过商业化运作的大型演艺活动，不仅推动了我国演艺市场的发展与繁荣，而且通过官方或民间渠道，走出国门，积极参与海外各类艺术节、艺术比赛和演艺交易会，大力开拓海外市场，极大提升了我国演出娱乐产业的国际影响力。

二 十六大以来演出娱乐产业政策的文本分析

（一）政策文本的基本统计分析

基于文化政策图书馆的相关数据库，对十六大以来（2003～2013年）有关演出娱乐产业政策法规文本的数量、主体、内容及政策类型进行统计，呈现以下特点。

1. 政策文本数量以"十一五"时期居多，进入"十二五"时期后显著减少。从图4-15可看出，十六大以来（2003～2013年）我国演出娱乐产业政策共发布38条，年均发布3.5条，其间，"十一五"时期（2006～2010年）则共发布25条，平均每年发布5条，是十余年来我国演出娱乐产业政策出台较为密集的时期。这种政策的相对密集出台与"十一五"时期开局前后颁发的两个指导性政策文件有关，即国务院分别于2005年7月和2006年1月发布的《营业性演出管理条例》和《娱乐场所管理条例》。这两个政策文本是我国演出娱乐产业政策的基本制度框架。围绕这两个指导性政策文件，之后几年相继出台了相关的具体政策，具体指导我国演出娱乐产业的发展。进入"十二五"时期后，经过"十一五"时期一定程度的政策积淀后，有关政策的制定速度明显放缓，前两年没有出台一项，直到2013年才出台3项。

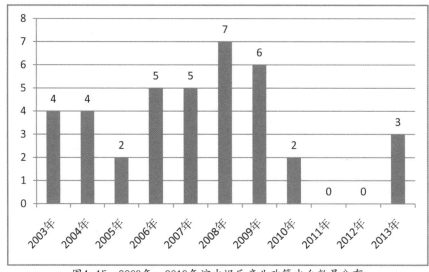

图4-15　2003年～2013年演出娱乐产业政策出台数量分布

2. 政策主体以文化部为绝对主要的制定主体。从图4-16可看出，在38项政策文本中，有28项是由文化部制定发布的，占总量的七成多，这说明文

204

化部是我国演出娱乐产业的主要管理部门和政策制定部门。此外，国务院作为政策的指导部门，也对演出娱乐产业发展做出整体性的宏观指导，发布相关政策文本。另外，国家发改委作为我国经济和社会发展与改革的宏观调控部门，也发布了一些政策文本，对演出娱乐产业相关问题做出宏观管理与规制。其他部门，如国家工商总局、公安部及国务院其他部委等也在演出娱乐产业的相关领域发布了一些相应的政策文本。因为演出娱乐产业是一个综合性的行业，涉及方方面面，对其进行规范管理及相应的政策制定涉及众多政府部门，需要众多部门的共同规制，才可能促进其健康持续发展。

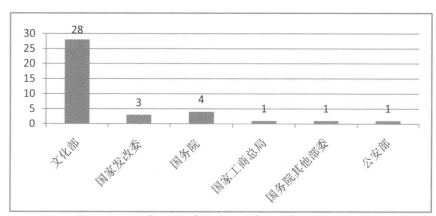

图4-16　2003年～2013年演出娱乐产业政策主体数量分布

3. 政策文本内容以演出市场和娱乐场所的规范管理为主，政策类型是以规范性文件为主。从图4-17可看出，有关娱乐场所管理和演出市场管理的政策文本共有16项，占了总数的四成多，其他政策文本内容则广泛涉及演出综合管理、内容管理、院团体制改革及民营表演团队、演出从业人员、涉外演出等演出业其他，还有电子游戏和游艺场所、卡拉OK内容管理及高尔夫球场管理、歌舞管理、娱乐庆典等娱乐业其他。另外，娱乐场所管理既有宏观层面对娱乐场所的整体管理规范，也有对娱乐场所的内容管理、治安管理、阳

光工程建设及娱乐场所的审批等更为细分具体的管理规范。

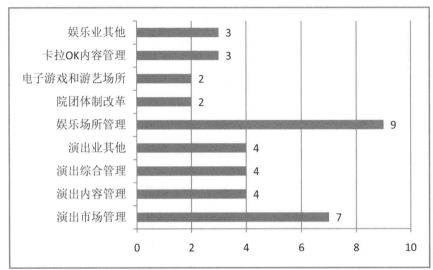

图4-17　2003年～2013年演出娱乐产业政策内容数量分布

从政策文本类别来看，图4-18显示，规范性文件占绝对主要地位，共有32项，占总数的84.21%，另外不到20%的由行政法规和行政规章占据，分别有4项和2项。这说明，当前我国更强调的是对演出娱乐市场的规范管理，保障演出娱乐市场的健康有序运行，还没有进入全面的法制建设时期。因此，政策制定层级上更多地体现为规范性文件，而较少比例的是法律性文件及其解释的政策文本。但可以预见，未来我国演出娱乐政策的制定在不断加大行政效力的同时，将不断突出政策制定的法制化和规范化。

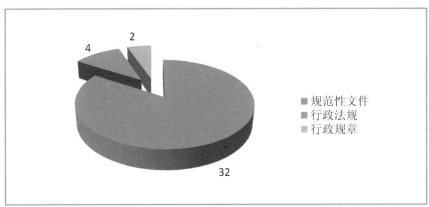

图4-18 2003年～2013年演出娱乐产业政策类型数量分布

（二）重点政策文本分析：《营业性演出管理条例》及《娱乐场所管理条例》

1. 《营业性演出管理条例》及《营业性演出管理条例实施细则》

作为我国演出产业政策的基本制度框架，《营业性演出管理条例》（以下简称《条例》）最早是1997年由国务院发布实施，之后分别于2005年和2008年进行了两次修订完善。与之相应，根据国务院颁布的《条例》，文化部于1998年颁布实施《营业性演出管理条例实施细则》（以下简称《细则》），并分别于2002年、2004年、2005年和2009年进行了四次调整和修订。

随着文化体制改革的推进，演出产业市场更加开放，2005年7月，国务院对1977年制定的《条例》及相应的《细则》进行了重大修改。首先，进一步放宽了市场准入。新的《条例》明确规定"以从事营业性演出为职业的个体演员（以下简称个体演员）和以从事营业性演出的居间、代理活动为职业的个体演出经纪人（以下简称个体演出经纪人），应当依法到工商行政管理部门办理注册登记，领取营业执照""外国投资者可以与中国投资者依法设

立中外合资经营、中外合作经营的演出经纪机构、演出场所经营单位""香港特别行政区、澳门特别行政区的投资者可以在内地投资设立合资、合作、独资经营的演出经纪机构、演出场所经营单位;香港特别行政区、澳门特别行政区的演出经纪机构可以在内地设立分支机构",从法律上规定了个体演员和演出经纪人的合法地位,取消了之前非法人组织不得参加演出的规定,从而进一步降低市场准入门槛,松绑演出个体和组织,释放更多演出市场自由,同时也丰富了人民群众观看演出的渠道,促进了演出市场的繁荣。其次,放宽市场的同时,整肃市场秩序。随着演出市场的逐步放开,一些投机取巧、巧取豪夺的市场无序现象愈演愈烈。为此,新的《条例》出台系列条款,在演出场所安全管理、打击假唱、规范募捐义演、规范营业性演出广告、加强票务管理等各方面予以整顿、规范,保障演出市场的健康持续发展。还有,新的《条例》鼓励演出团体面向基层,为基层老百姓送出喜闻乐见的节目,丰富老百姓的文化生活,并要求在文艺评奖时对面向农村、工矿企业等基层的演出予以适当考虑。

2008年7月,国务院对2005年制定的《条例》又进行了局部修改,将原来的第十二条第一款修改为:"香港特别行政区、澳门特别行政区的投资者可以在内地投资设立合资、合作、独资经营的演出经纪机构、演出场所经营单位;香港特别行政区、澳门特别行政区的演出经纪机构可以在内地设立分支机构"。次年8月,文化部发布新的《细则》,对相关内容作了相应的修改,允许港澳投资者在内地设立独资经营的演出经纪机构,进一步降低市场准入门槛,放开演出市场。

2.《娱乐场所管理条例》及《娱乐场所管理办法》

《娱乐场所管理条例》(以下简称《条例》)是我国文化娱乐市场发展的综合性政策文件,最早于1999年3月由国务院发布实施。为保证《条例》的全面正确实施，切实加强文化行政主管部门的行政职能，1999年6月，文化部颁发《关于实施〈娱乐场所管理条例〉有关问题的通知》。同年9月，又发布《关于实施〈娱乐场所管理条例〉有关问题的补充通知》，进一步对台球、保龄球场所重新审核登记的问题进行补充规范。

随着市场经济的迅速发展，文化娱乐市场出现了一些新的现象和问题，旧的《条例》已不能完全适应文化娱乐市场的发展变化了，因此，2006年1月，国务院重新修订了1999年的《条例》，规定"国家机关及其工作人员不得开办娱乐场所，不得参与或者变相参与娱乐场所的经营活动""娱乐场所不得设在下列地点：居民楼、博物馆、图书馆和被核定为文物保护单位的建筑物内；居民住宅区和学校、医院、机关周围；车站、机场等人群密集的场所；建筑物地下一层以下；与危险化学品仓库毗连的区域""歌舞娱乐场所不得接纳未成年人。除国家法定节假日外，游艺娱乐场所设置的电子游戏机不得向未成年人提供""每日凌晨2时至上午8时，娱乐场所不得营业"等。新的《条例》加强了娱乐场所的管理，提高了设立娱乐场所的准入门槛。为贯彻落实新修订的《条例》，进一步严格规范娱乐场所开办的条件及审批程序，具化《条例》贯彻执行中出现的若干问题，2006年3月及11月，文化部先后颁发《关于贯彻〈娱乐场所管理条例〉的通知》和《关于〈娱乐场所管理条例〉贯彻执行中若干问题的通知》，以切实加强娱乐场所的监督管理，规范娱乐场所经营秩序。

为了进一步加强娱乐场所经营活动管理，维护娱乐场所健康发展，满足人民群众文化娱乐消费需求，根据新的《条例》，2013年2月，文化部发布《娱乐场所管理办法》（以下简称《办法》），规定房屋用途中含有住宅的建筑内等禁止设立娱乐场所，进一步限制了娱乐场所选址地点。规定实行游戏、游艺分区经营，并有明显的分区标志。进一步明确：设立娱乐场所，应

当符合以下条件：有与其经营活动相适应的设施设备，提供的文化产品内容应当符合文化产品生产、出版、进口的规定；歌舞娱乐场所消费者人均占有使用面积不得低于1.5平方米（农村地区除外），游艺娱乐场所的使用面积不少于200平方米，使用面积不包括办公、仓储等非营业性区域等。同年3月，为进一步贯彻实施《办法》，文化部发布《关于贯彻〈娱乐场所管理办法〉的通知》，对娱乐场所设立地点、游艺娱乐场所设备的核查、歌舞娱乐场所歌曲点播系统的核查等进行了详细的具体规范。

表 4-5 2003 年 ~ 2013 年演出娱乐产业政策一览表

序号	政策内容	标题	法规类别	发布机关	颁布日期
1	演出市场管理	关于建立预防和查处假唱假演奏长效机制维护演出市场健康发展的通知	规范性文件	文化部	2010年5月
2		关于构建合理演出市场体系促进演出市场繁荣发展协作机制各部门任务与分工方案的意见	规范性文件	发改委	2008年5月
3		关于构建合理演出市场供应体系促进演出市场繁荣发展的若干意见的通知	规范性文件	发改委、文化部、公安部、监察部、财政部、国税总局、广电总局、体育总局、工商总局	2008年1月
4		关于完善审批管理促进演出市场健康发展的通知	规范性文件	文化部	2006年6月
5		关于落实演出市场监管职责规范演出市场行政行为的通知	规范性文件	文化部	2005年9月
6		关于构建合理演出市场体系促进演出市场繁荣发展协作机制各部门任务与分工方案的意见	规范性文件	国家发改委	2008年6月
7		关于印发构建合理演出市场供应体系促进演出市场繁荣发展的若干意见的通知	规范性文件	发改委、文化部、公安部、监察部、财政部、国税总局、广电总局、体育总局、工商总局	2008年1月

（续表）

序号	政策内容	标题	法规类别	发布机关	颁布日期
8	演出内容管理	关于公布2006～2007年度国家舞台艺术精品工程评审结果的通知	规范性文件	文化部	2007年11月
9		关于建立营业性演出项目审批信息互联网发布制度的通知	规范性文件	文化部	2003年10月
10		关于制止在公众聚集场所进行裸体的人体彩绘表演活动的通知	规范性文件	文化部	2003年9月
11		关于做好取消和下放营业性演出审批项目工作的通知	规范性文件	文化部	2013年6月
12	演出宏观管理	关于贯彻《营业性演出管理条例实施细则》的通知	规范性文件	文化部	2009年11月
13		营业性演出管理条例实施细则（文化部令第47号）	行政法规	文化部	2009年8月
14		营业性演出管理条例（2008年修改）	行政法规	国务院	2005年7月
15		关于对《营业性演出管理条例实施细则》有关条款解释意见的复函	规范性文件	文化部	2004年8月
16	演出业其他	经纪人管理办法	行政规章	国家工商总局	2004年8月
17		关于促进民营文艺表演团体发展的若干意见	规范性文件	文化部	2009年6月
18		关于加强涉外及涉港澳台营业性演出管理工作的通知	规范性文件	文化部	2008年7月
19		关于促进商业演出展览文化产品出口的通知	规范性文件	文化部	2004年12月

（续表）

序号	政策内容	标题	法规类别	发布机关	颁布日期
20	院团体制改革	关于深化国有文艺演出院团体制改革的若干意见	规范性文件	中宣部、文化部	2009年8月
21		关于贯彻落实《关于深化国有文艺演出院团体制改革的若干意见》的通知	规范性文件	文化部	2009年7月
22	电子游戏和游艺场所	关于改进和完善《游戏游艺机市场准入机型机种指导目录》使用管理工作的通知	规范性文件	文化部	2010年4月
23		关于进一步加强游艺娱乐场所管理的通知	规范性文件	文化部	2009年2月
24	卡拉OK内容管理	关于开展全国卡拉OK内容管理服务系统建设工作的通知	规范性文件	文化部	2008年5月
25		关于发布行业标准《卡拉OK节目制作规范》的通知	规范性文件	文化部	2007年11月
26		关于做好全国卡拉OK内容管理服务系统建设筹备工作的通知	规范性文件	文化部	2007年4月
27	娱乐业其他	关于暂停新建高尔夫球场的通知	规范性文件	国务院	2004年1月
28		关于进一步加强和改进歌舞娱乐场所管理的通知	规范性文件	文化部	2003年11月
29		关于严格控制举办城市周年庆典活动的通知	规范性文件	国务院	2003年11月

（续表）

序号	政策内容		标题	法规类别	发布机关	颁布日期
30	娱乐场所管理	娱乐场所综合管理	关于贯彻《娱乐场所管理办法》的通知	行政法规	文化部	2013年3月
31			娱乐场所管理办法	规范性文件	文化部	2013年2月
32			关于《娱乐场所管理条例》贯彻执行中若干问题的意见	规范性文件	文化部	2006年11月
33			关于贯彻《娱乐场所管理条例》的通知	规范性文件	文化部	2006年3月
34			娱乐场所管理条例	行政法规	国务院	2006年1月
35		娱乐场所治安管理	娱乐场所治安管理办法	行政规章	公安部	2008年6月
36		娱乐场所阳光工程	关于印发《2008~2010年全国娱乐场所阳光工程实施方案》的通知	规范性文件	文化部	2007年12月
37		娱乐场所审批	关于解决娱乐场所审批中有关问题的通知	规范性文件	文化部	2007年7月
38		娱乐场所内容管理	关于进一步加强歌舞娱乐场所内容管理、有效维护内容安全的通知	规范性文件	文化部	2006年1月

三　十六大以来演出娱乐产业的政策实践

随着中国经济的快速发展、城市居民文化娱乐消费的不断提升和我国改革开放的深入发展，广大人民群众的文化消费需求呈现多层次、多样性、多元化的趋势。观看文艺演出、欣赏音乐舞蹈已成为人们精神文化生活不可缺少的内容。特别是在当前国家大力发展文化产业的大背景下，在国家演出娱乐产业政策的引导下，演出娱乐产业焕发出勃勃生机。

首先，国有院团体制改革全面推进，成效显著。党的十六大以来，我国国有文艺院团体制改革经历了由试点先行、稳步推进到攻坚克难、全面推进的过程。2003年召开的文化体制改革试点工作会议明确提出，国有文艺院团改革的重点要由机制变革转向体制创新。2009年，中宣部、文化部下发《关于深化国有文艺演出院团体制改革的若干意见》，要求各地坚持以转企改制为中心环节，及时扩大国有文艺院团改革试点。2011年，中宣部、文化部下发《关于加快国有文艺院团体制改革的通知》，进一步明确了国有文艺院团改革的"路线图""时间表"和"任务书"，改革进入全面攻坚期。截至2012年6月，全国文化系统承担改革任务的2102家国有文艺院团中，完成改革任务的院团已达1852家，占比近九成。从全国范围看，以企业为主体、事业为补充，面向市场、面向群众的新型演艺体制格局已经形成。[①]

其次，民营艺术院团异军突起，呈井喷式增长。近年来，随着我国文化体制改革的不断深入，作为反映我国演出市场繁荣与否的"晴雨表"，民营艺术院团如雨后春笋，焕发出蓬勃生机。以北京为例，2011年年底注册的营业性文艺表演团体有504家，其中民营团体452家，占总数的89%，比2010年新增46家，而2012年6月，民营艺术院团已达530家，也就是说，在短短的6个月内增加了78家，超过2011年全年增长的数量。而从全国范围来看，从戏剧、曲艺、杂技，到魔术、马戏、皮影等，民营艺术院团的身影活跃在众多艺术门类中，年演出达200万场以上。民营艺术院团在数量和演出场次方面均出现

---

① 《1852家院团已完成改革　国有文艺院团体制改革任务基本完成》，《人民日报》，2012年6月28日第3版（要闻）。

井喷式增长。^①

其三，地方政府积极推动，演艺企业主体积极响应。在以国家文化部为主体的相关部委颁布演出娱乐政策后，各地方政府根据中央的相关政策精神，因地制宜地制定适合本地的演出娱乐产业发展本土化政策，积极推动地方演出娱乐产业的发展。与此同时，在各级政府演出娱乐政策的引导下，各演出娱乐经营主体重新调整企业发展战略，积极回应政策新规定，以更好地利用政策红利，促进自身企业的发展。

尽管演出娱乐政策的实践有力地推动了中国演出娱乐产业的发展，在政策的引领下，我国演出市场、娱乐场所秩序逐步规范，院团体制改革逐步深入，对外演艺文化交流日益频繁，但在具体的政策实践中还存在诸多问题。比如2010年5月，文化部发布《关于建立预防和查处假唱假演奏长效机制维护演出市场健康发展的通知》，要求对假唱现象给予严惩，但实际上假唱现象并没有完全消除。另外，尽管相关政府部门颁发了相应的法规政策，但在具体的政策实践过程中还存在许多执行困难。比如，《娱乐场所管理条例》明确规定"歌舞娱乐场所不得接纳未成年人。除国家法定节假日外，游艺娱乐场所设置的电子游戏机不得向未成年人提供"，但在具体的政策实践效果上还是差强人意。因此，未来如何健全相应的政策执行机制，构建既宏观合理又微观可操作的政策具有重要的实践意义。

---

① 焦雯：《我国民营艺术院团数量破万家》，《中国文化报》，中国经济网转载，http://www.ce.cn/culture/gd/201301/01/t20130101_23992094.shtml，2013年01月01日。

结束语

一

原定书稿是在2014年第一季度出版，所以，书中关于党的十六大以来文化产业政策研究的时间节点下限就定在了2013年年底。后因诸多原因，书稿一直拖到2015年第一季度才可能得以出版。为紧跟当下我国文化产业政策的最新发展，作者便将研究时间下限延展到2014年8月。下面将2014年1月至8月间我国文化产业政策的发展补记如下。

深化体制改革　推进产业融合

全面深化改革，无疑是2014年的主题词，也是当下中国最雄劲的旋律。党的十八大以来，文化体制改革着眼新的实践、新的要求，加强顶层设计、完善政策措施，以政策的不断完善推进改革的拓展深化。继党的十八大和十八届三中全会对深化文化体制改革做出重大战略部署之后，2014年2月28日，习近平总书记主持召开中央全面深化改革领导小组第二次会议，审议通过《深化文化体制改革实施方案》（以下简称《实施方案》），对中央提出的战略任务要求做出进一步细化，进一步明确改革的指导思想、改革目标、主要任务和政策保障。《实施方案》共开列出25项、104条重要改革举措及工作项目，并按照2015年、2017年、2020年三个时间节点明确了进度要求，为今后一个时期的文化体制改革发展规划了清晰的路线图和时间表。具体到

2014年，将启动实施的改革任务达到80多项，主要包括三个层面：一是积极推进的改革任务，包括基本完成省级新闻出版和广播电影电视部门的整合，依法减少和规范文化行政审批，推进国有经营性文化单位转企改制，建立公共文化服务体系建设协调机制，加强现代文化市场体系建设等；二是稳妥推进的试点任务，包括传媒企业实行特殊管理股制度试点，公共图书馆、博物馆、文化馆、科技馆等组建理事会试点，基层综合性文化服务中心建设试点等；三是研究制定的政策文件，包括制定构建现代公共文化服务体系的意见，明确国家基本公共文化服务标准和指标体系，出台支持经营性文化事业单位转企改制和文化企业发展政策的实施细则，制定促进电影发展的经济政策，以及扶持地方戏曲发展、实体书店发展政策等。

为贯彻党的十八届三中全会和《深化文化体制改革实施方案》精神，紧密结合文化改革发展的新实践新要求，2014年4月，国务院办公厅发布《关于印发文化体制改革中经营性文化事业单位转制为企业和进一步支持文化企业发展两个规定的通知》（以下简称《通知》），修订完善一系列推动文化改革发展的重要经济政策，为新一轮文化体制改革提供有力支撑，激发内在动力，促进繁荣发展。《通知》包括《文化体制改革中经营性文化事业单位转制为企业的规定》和《进一步支持文化企业发展的规定》两个文件，主要涉及财政税收、投资融资、资产管理、土地处置、收入分配、社会保障、人员安置、工商管理等多方面支持政策。

随着新型工业化、信息化、城镇化和农业现代化进程的加快，文化创意和设计服务已贯穿在经济社会各领域各行业，呈现出多向交互融合态势。2014年3月，为推进文化创意和设计服务与相关产业融合发展，国务院发布《关于推进文化创意和设计服务与相关产业融合发展的若干意见》（以下简称《若干意见》）。《若干意见》提出，到2020年，文化创意和设计服务的先导产业作用更加强化，与相关产业全方位、深层次、宽领域的融合发展格局基本建立，相关产业文化含量显著提升，培养一批高素质人才，培育一批具有核心竞争力的企业，形成一批拥有自主知识产权的产品，打造一批具有国际影响力的品牌，建设一批特色鲜明的融合发展城市、集聚区和新型城镇，文化创意和设计服务增加值占文化产业增加值的比重明显提高，相关产业产品和服务的附加值明显提高，为推动文化产业成为国民经济支柱性产业和促进经济持续健康发展发挥重要作用。《若干意见》的出台，标志着文化创意和设计服务与相关产业融合发展已经成为国家战略，对推动国民经济转型升级和促进文化产业科学发展具有重要指导意义。

扶持电影发展　推动媒体融合

为促进中国电影繁荣发展，提高中国电影的整体实力和竞争力，实现由电影大国向电影强国的跨越，2014年5月，财政部、国家发改委、国土资源部、住建部、中国人民银行、国家税务总局、新闻出版广电总局等七部门联合下发了《关于支持电影发展若干经济政策的通知》（以下简称《通知》）。《通知》提出，将加大电影精品专项资金支持力度，每年安排1亿元资金，用于扶持5部至10部有影响力的重点题材影片。通过文化产业发展专项资金重点支持电影产业发展。大力推进电影企业直接融资，支持符合条件的电影企业上市，鼓励电影企业发行公司债、企业债、集合信托和集合债、中小企业私募债等非金融企业债务融资工具；引导私募股权投资资金、创业投资基金等各类投资机构投资电影产业。中央财政对国家重点支持的电影基地、企业和项目，给予一定比例的贷款贴息和保费补贴。

2014年8月18日，中央全面深化改革领导小组第四次会议审议通过了《关于推动传统媒体和新兴媒体融合发展的指导意见》（以下简称《指导意见》），对新形势下如何推动媒体融合发展提出了明确要求，做出了具体部署。《指导意见》指出，整合新闻媒体资源，推动传统媒体和新兴媒体融合发展，是落实中央全面深化改革部署、推进宣传文化领域改革创新的一项重要任务，是适应媒体格局深刻变化、提升主流媒体传播力公信力影响力和舆论引导能力的重要举措。《指导意见》提出，推动媒体融合发展，要遵循新闻传播规律和新兴媒体发展规律，强化互联网思维，坚持传统媒体和新兴媒体优势互补、一体化发展，坚持先进技术为支撑、内容建设为根本，推动传统媒体和新兴媒体在内容、渠道、平台、经营、管理等方面的深度融合，着力打造一批形态多样、手段先进、具有竞争力的新型主流媒体，建成几家拥有强大实力和传播力、公信力、影响力的新型媒体集团，形成立体多样、融合发展的现代传播体系。要一手抓融合，一手抓管理，确保融合发展沿着正确的方向推进。

文化与资本共舞　支持小微企业发展

自2010年3月《关于金融支持文化产业振兴和发展繁荣的指导意见》明确提出金融支持文化产业以来，文化与金融的合作成为我国文化产业持续快速健康发展的重要动力。据中国人民银行统计，截至2013年12月，文化产业中长期本外币信贷余额已达1574亿元，较年初新增419亿元，同比增长36.28%；185家文化企业注册发行的债券余额已达2878.5亿元；77家文化企业在沪深两地资本市场上市；全国各类型的文化产业股权投资基金57只，募集规模超过1350亿元[①]。为贯彻落实党的十八届三中全会"鼓励金融资本、社会资本、文化资源相结合"的要求，深入推进文化与金融合作，推动文化产业成为国民经济支柱性产业，2014年3月17日，文化部、中国人民银行、财政部联合印发了《关于深入推进文化金融合作的意见》（以下简称《意见》）。《意见》

---

① 刘玉珠：《解读<关于深入推进文化金融合作的意见>》，中国文化产业网，2014-03-27。http://www.cnci.gov.cn/content/2014327/news_81607.shtml

吸纳了近年来文化金融合作的经验与成果，结合当前金融改革和文化产业发展的新趋势，突出改革创新精神，发挥市场配置资源的决定性作用，从认识推进文化金融合作重要意义、创新文化金融体制机制、创新文化金融产品及服务、加强组织实施与配套保障这四个方面提出了深入推进文化金融合作的具体要求。

近年来，我国小微文化企业迅猛发展，在活跃文化市场、激发产业活力、促进文化创新、增加社会就业、丰富文化供给、满足人民精神文化需求等方面发挥了积极作用，成为推动我国文化发展的重要力量。但小微文化企业在经营、成本、融资、人才、市场环境等方面仍面临许多困难。为深入贯彻落实党的十八届三中全会关于"支持各种形式小微文化企业发展"的要求，2014年8月，文化部、工业和信息化部、财政部联合下发《关于支持小微文化企业发展的实施意见》（以下简称《实施意见》），首次在国家部委层面上对支持小微文化企业发展工作进行专门部署，为支持小微文化企业发展工作明确目标、方向和任务。《实施意见》明确以积极营造有利于小微文化企业创新能力、扩大发展规模、促进企业可持续发展的良好环境，进一步解放文化生产力，激发全社会文化创造活力为目标，集中各方资源，综合运用多种政策手段，对小微文化企业自身发展能力和外部发展环境中具有共性的问题提出针对性的、普惠性的措施，充分发挥市场机制作用，促进小微文化企业通过公平竞争、优胜劣汰来提高整体发展水平。

发展特色文化产业　促进对外文化贸易

特色文化产业是指依托各地独特的文化资源，通过创意转化、科技提升和市场运作，提供具有鲜明区域特点和民族特色的文化产品和服务的产业形态。近年来，我国特色文化产业发展势头良好，但还存在产业基础薄弱、市场化程度不高、知名品牌较少、高端创意和管理人才不足等问题。为推动特

色文化产业健康快速发展，2014年8月，文化部、财政部联合发布《推动特色文化产业发展的指导意见》，首次在国家层面明确了特色文化产业发展的原则、目标、任务和政策保障，强调空间聚合和业态融合、打破行业和地区壁垒，重视市场运作和创意引领，注重产业发展与城镇化建设相结合，以金融扶持、人才支撑、重点项目支持等为抓手，扶持特色文化产业发展。

随着文化产业的快速发展，我国对外文化贸易规模也不断扩大、结构逐步优化，文化出口企业数量不断增加，文化领域境外投资步伐不断加快。2003年至2013年，我国文化产品进出口从60.9亿美元增至274.1亿美元，年均增长16.2%；文化服务进出口从10.5亿美元增长到95.6亿美元，年均增长24.7%[①]。但是，从横向比较来看，我国对外文化贸易在对外贸易中的比重偏低，核心的文化产品和服务贸易逆差仍然存在，文化企业参与国际竞争的能力还较弱，有待进一步改善和加强。2014年3月，国务院发布《关于加快发展对外文化贸易的意见》，要求加快发展传统文化产业和新兴文化产业，扩大文化产品和服务出口，加大文化领域对外投资，力争到2020年，培育一批具有国际竞争力的外向型文化企业，形成一批具有核心竞争力的文化产品，打造一批具有国际影响力的文化品牌，搭建若干具有较强辐射力的国际文化交易平台，使核心文化产品和服务贸易逆差状况得以扭转，对外文化贸易额在对外贸易总额中的比重大幅提高，我国文化产品和服务在国际市场的份额进一步扩大，我国文化整体实力和竞争力显著提升。

---

① 清华大学国家文化产业研究中心主任熊澄宇教授在接受记者张玉玲采访时提供的引证，《文化体制改革：开启新航程——在新的起点上深化文化体制改革述评》，《光明日报》2014年03月24日。

二

　　显然，文化产业政策的调整与创新不会终止于此。而且，在全面深化各项改革的背景下，未来将推出更多密集利好的文化产业政策，我国文化产业发展将再次迎来新一轮的政策红利期。站在新的历史节点，展望未来，我国文化产业政策的调整与创新，既要贯彻全面深化改革的总体要求、共性要求，又要充分考虑文化产业领域的自身特点、特殊要求，重点是要统筹好四个关系：

　　一是文化建设与其他建设的关系问题。党的十八大提出"全面落实经济建设、政治建设、文化建设、社会建设、生态文明建设五位一体总体布局"。中国特色社会主义事业总体布局，是党根据社会主义现代化建设的战略构想做出的总体部署。党的十六大曾提出"三位一体"（经济建设、政治建设、文化建设）的总体布局，党的十七大提出"四位一体"（经济建设、政治建设、文化建设和社会建设）的总体布局，党的十八大则进一步拓展到"五位一体"（经济建设、政治建设、文化建设、社会建设、生态文明建设）的总体布局。这种拓展，是党对社会主义建设实践经验的科学总结，是对中国特色社会主义理论体系的进一步完善，适应了新世纪新阶段我国改革开放和社会主义现代化建设进入关键时期的客观要求。"五位一体"是一个有机的系统，五大建设互为条件、缺一不可，是相互联系、相互协调、相互促进、相辅相成的有机整体。其中，文化建设是这个整体的灵魂，为中国特色社会主义事业提供精神动力和智力支持。然而，随着文化以产业化或市场化的方式推进，合法化的产业地位得以确认，文化领域的权力开始重新分配和建构，并形成新的文化利益格局。这样一种文化权力的重构与利益格局，

对政治建设、经济建设、社会建设乃至生态文明建设都有着怎样的影响，而其他建设对文化产业的发展又有着怎样的条件约束等等，都需要未来文化产业政策在进一步的调整和创新中予以战略统筹。

二是文化多元价值之间的关系问题。如果前述的文化建设与其他建设之间的关系问题，更多是基于一种事实前提考量，主要关乎"怎么做"的问题，那么关于文化多元价值的讨论，则更多的是一种价值前提的思考，主要关乎"该不该做"的问题。关于文化的属性及其相互关系问题，诸多学者开展了许多讨论，在此不再赘述。这种讨论背后折射的是学者们对文化多元价值的不同理解，不管定论如何抑或本就无所谓定论，一个基本的共识，就是当下的中国，文化已绝不只有单一的文化价值，而是包括文化价值、经济价值、政治价值等诸多价值元素的综合体。当代中国的文化发展，既要突出文化教育人民、引导社会的功能，又要注重通过市场机制实现文化再生产、文化消费和文化传播；既要通过发展文化事业来保障人民的基本文化权益，又要通过发展文化产业来满足人民群众多层次多方面多样化的精神文化需求。因此，如何正确认识和把握文化的多元价值性，统筹考量文化多元价值之间的关系，则是未来文化产业政策制定中需要思考和研究的重大价值问题。

三是精英文化与大众文化的关系问题。精英文化和大众文化是共存于现代文化生态当中的两种具有不同价值取向而又相互影响、相互关联的文化形态。两者之间的基本差别带来两者在价值取向、文化样态、文化生产、传播、接受过程当中的差异和冲突。研究两者之间的较量与互动，也就成为文化研究领域中的一个重要议题。有学者在关注中国不同时代背景下大众文化和精英文化的发展状况及彼此之间的互动之后，提出中国的文化发展经历了20世纪70年代"一枝独秀"的精英文化、80年代到90年代崛起的大众文化以及新世纪以来精英文化和大众文化的融合并带来新的消费主义的几个主要进程，认为大众文化与精英文化的较量伴随着中国社会的经济、政治、社会背景进行的， 不同的文化发展轨迹与新的社会结构产生强烈的共鸣①。 然而，随着文化走向市场，大众文化一路高歌猛进，而精英文化一味衰败退守，甚至难以实现文化本位的底线坚守。"保持文化的卓越性是人类文化发展的基本要求，代表着一个国家的文化精神、文化品位和文化发展水平"②，因此，在全新的文化生产和利益格局中，精英文化如何在大众文化的狂欢中重构文化理想，充分发挥其引导和提升作用，与大众文化一起建构两者良性、互动、共存的现代文化生态，也是需要未来文化政策以及文化产业政策的制定者们认真思考和研究的问题。

四是文化传承与文化创新的关系问题。文化传承与文化创新紧密联系，相辅相成，共同推动了人类文明的发展。首先，文化传承是文化创新的基础和源泉。继承是创新的前提，没有对传统文化的继承，文化创新将成无源之水、无本之木。其次，文化创新是文化传承的扬弃和升华。文化的传承不是对传统文化的照单全收，而是去其糟粕、取其精华的批判性继承，本质是一种扬弃。没有文化创新的突破，文化传承就难以延续。坚持弘扬传统与开拓创新的统一，既是承传主体自身的客观条件使然，又是文化自身发展的内在规律要求。但是，在文化传承与文化创新的关系上，也存在着继承与变异、离析与整合、文化惰性与创造性、文化的民族性与时代性等矛盾。因此，在文化产业政策的制定中，如何正确处理好这些矛盾，统筹兼顾文化传承与文化创新，对推动社会主义文化大发展大繁荣具有非常重要的现实意义。

---

① 王艳：《大众文化与精英文化的较量——读〈大众文化与当代乌托邦〉有感》，《牡丹江大学学报》2013年第9期。

② 贾旭东：《全球化背景下的中国文化产业政策及其影响》，《同济大学学报（社会科学版）》2009年第3期。

参考文献

1.著作类：

[1]马克思恩格斯选集（1~4卷）［M］. 北京：人民出版社，1995.

[2]建国以来毛泽东文稿（第5册）[M].北京：中央文献出版社，1991.

[3]毛泽东书信选集［M］. 北京：人民出版社，1983.

[4]吴江雄.毛泽东谈古论今（上卷）[M].合肥：安徽人民出版社，1998.

[5]毛泽东选集（1~4卷）［M］.北京：人民出版社，1991.

[6]毛泽东哲学批注集[M].北京：中央文献出版社，1988

[7]毛泽东著作选读（下册）［M］. 北京：人民出版社，1986.

[8]建国以来毛泽东文稿（第6册）[M].北京：中央文献出版社，1992.

[9]刘少奇选集（上卷）[M]. 北京：人民出版社，1981.

[10]邓小平文选（第2卷）[M].北京：人民出版社，1983.

[11]邓小平文选（第3卷）[M].北京：人民出版社，1999.

[12]薄一波.若干重大决策与事件的回顾（上卷）[M]，中共中央党校出版社，
1991.

[13]十五大以来重要文献选编（上）[M].北京：人民出版社，2000.

[14]江泽民论有中国特色社会主义（专题摘编）［M］.北京：中央文献出版
社，2002.

[15]江泽民文选（第3卷）[M].北京：人民出版社，2006.

[16]文化强国之路：文化体制改革的探索与实践（上、下册）[M].北京：人民
    出版社，2013.

[17]十二大以来重要文献选编（上、中、下册）[M].北京：中央文献出版社，
    2011.

[18]十三大以来重要文献选编（上、中、下册）[M].北京：中央文献出版社，
    2011.

[19]十四大以来重要文献选编（上、中、下册）[M].北京：中央文献出版社，
    2011.

[20]十五大以来重要文献选编（上、中、下册）[M].北京：中央文献出版社，
    2011.

[21]十六大以来重要文献选编（上、中、下册）[M].北京：中央文献出版社，
    2011.

[22]关于建国以来党的若干历史问题的决议[M].北京：人民出版社，1983.

[23]建国以来毛泽东文稿[M].北京：中央文献出版社，1987.

[24]建国以来重要文献选编（第2册）[M].北京：中央文献出版社，1992.

[25]建国以来重要文献选编（第3册）[M].北京：中央文献出版社，1992.

[26]建国以来重要文献选编（第4册）[M].北京：中央文献出版社，1993.

[27]毛泽东文化论集[M].北京：中央文献出版社，2002.

[28]毛泽东文集[M].北京：人民出版社，1999

[29]毛泽东选集[M].北京：人民出版社，1991

[30]毛泽东著作专题摘编[M].北京：中央文献出版社，2003.

[31]周恩来年谱（1949~1976）：上卷[M].北京：中央文献出版社，1997.

[32]周恩来选集（上、下卷）[M].北京：人民出版社，1984.

[33]建国以来重要文献选编[M].北京：中央文献出版社，1993.

[34]中国共产党历史大事记：1919.5~2009.9[M].北京：中共党史出版社，2012.

[35]中国共产党历次重要会议集[M].上海：上海人民出版社，1982.

[36]中共党史参考资料（七）国民经济恢复时期[M].北京：人民出版社，1980.

[37]周恩来外交文选[M].北京：中央文献出版社，1990.

[38]中共中央文件选集[M].北京：中共中央党校出版社，1989.

[39]新中国文物法规选编[M].北京：文物出版社，1987.

[40]胡绳.中国共产党的七十年[M].北京：中共党史出版社，1991.

[41]柳斌杰.深入推进文化体制改革推动社会主义文化大发展大繁荣[M]．北京：人民出版社，2010.

[42]欧阳坚.文化产业政策与文化产业发展研究[M].北京：中国经济出版社，2011.

[43]刘玉珠，柳士法.文化市场学——中国当代文化市场的理论与实践[M].上海：上海文艺出版社，2002.

[44]张晓明，胡惠林，章建刚.2010年中国文化产业发展报告[M]．社会科学文献出版社，2010.

[45]胡惠林，李康化.文化经济学[M].上海：上海文艺出版社，2003.

[46]胡惠林，尹欣，张玲，等.变革与创新中国文化产业新突破[M]．昆明：云南大学出版社，2009.

[47]胡惠林.文化政策学[M].上海：上海文艺出版社，2003.

[48]胡惠林.我国文化产业政策文献研究综述（1999~2009）[M].上海：上海人民出版社，2010.

[49]范建华.文化与文化产业发展新论[M].北京：人民出版社，2011.

[50]齐骥，宋磊，范建华.中国文化产业50问[M].北京：光明日报出版社，2011.

[51]祁述裕，王列生，傅才武.中国文化政策研究报告[M].北京：社会科学文献出版社，2011.

[52]祁述裕.中国文化产业国际竞争力报告[M].北京：社会科学文献出版社，2004.

[53]李思屈，等.中国文化产业政策研究[M].杭州：浙江大学出版社，2012.

[54]李向民.中国文化产业史[M].长沙：湖南文化出版社，2006.

[55]江蓝生，谢绳武.2001～2002年：中国文化产业发展报告[M].北京：社会科学文献出版社，2002.

[56]江蓝生，谢绳武.2003年：中国文化产业发展报告[M].北京：社会科学文献出版社，2003.

[57]胡鞍钢.中国政治经济史论（1949～1976）[M].北京：清华大学出版社，2007.

[58]蒯大申，饶先来.新中国文化管理体制研究[M].上海：上海人民出版社，2010.

[59]林拓，李惠斌，薛晓源.世界文化产业发展前沿报告[M].北京：社会科学文献出版社，2004.

[60]柏定国.中国当代文化思想史论（1956～1976）[M].北京：中国社会科学出版社，2006.

[61]刘吉发.文化产业学导论[M].北京：经济管理出版社，2005.

[62]陈晋.文人毛泽东[M].上海：上海人民出版社，1997.

[63]丛进.1949～1989年的中国：曲折发展的岁月[M].郑州：河南人民出版

社，1989.

[64]戴知贤.毛泽东文化思想研究[M].北京：中国人民大学出版社，1992.

[65]邓正来.反思与批判：体制中的体制外[M]. 北京：法律出版社，2006.

[66]方家良.文化市场管理学[M]. 上海：上海交通大学出版社，1991.

[67]冯贵民.毛泽东文化思想体系论稿[M].武汉：武汉出版社，1992.

[68]郭德宏.党和国家重大决策的历程（第三卷）[M].长沙：红旗出版社，
    1997.

[69]郭德宏.中国马克思主义发展史[M].北京：中共中央党校出版社，2001.

[70]胡福明.中国现代化的历史进程[M].合肥：安徽人民出版社，1994.

[71]黄飚.文化行政学[M]. 上海：上海文化出版社，2003.

[72]黄力之.先进文化论[M]. 上海：三联书店，2002.

[73]黄虚峰.文化产业政策与法律法规[M]. 北京：北京大学出版社，2013.

[74]孔华润.美国对中国的反应[M].上海：复旦大学出版社，1989.

[75]李君才，孙树志，马玉霞.中国文化年报[M].兰州：兰州大学出版社，
    2011.

[76]李鹏程.毛泽东与中国文化[M].北京：人民出版社，1993.

[77]李衍柱、李戎.毛泽东文化思想概论[M].济南：山东文化出版社，1991.

[78]李永."文化大革命"中的名人之死[M].北京：中央民族学院出版社，
    1994.

[79]梁星亮，杨洪.中国共产党延安时期政治社会文化史论[M].北京：人民出
    版社，2011.

[80]林蕴晖.1949～1989年的中国：凯歌行进的时期[M]. 郑州：河南人民出
    版社，1989.

[81]林志坚.新中国要事述评[M]. 北京：中共党史出版社，1994.

[82]刘克利，栾永玉.中国文化体制改革与建设研究[M]．北京：中国人民大学出版社，2009.

[83]刘丽丽，谭凯.浅析毛泽东对陕甘宁边区抗战文化建设的重视与指导[J].世纪桥，2008（17）．

[84]刘祖云.从传统到现代：当代中国社会转型研究[M].武汉：湖北人民出版社，2000.

[85]卢斌，郑玉明，牛兴侦.中国动漫产业发展报告[M].社会科学文献出版社，2013.

[86]栾昌大，冯贵民，吴光正.毛泽东文化思想体系初探[M].吉林：时代文化出版社，1985

[87]罗洛.毛泽东思想研究大系（文化卷）[M].上海：上海人民出版社，1993.

[88]马德普，霍海燕，高卫星.变革中的中国公共政策[M].北京：中国经济出版社，1998.

[89]倪伟."民族"想象与国家统制：1928～1948年南京政府的文化政策及文学运动[M].上海：上海教育出版社，2003.

[90]潘嘉玮.加入世界贸易组织后：中国文化产业政策与立法研究[M]．北京：人民出版社，2006.

[91]庞松.毛泽东时代的中国[M].北京：中共党史出版社，2003.

[92]沈承刚.政策学[M].北京：首都经济贸易大学出版社，1998.

[93]石亚军.中国行政管理体制实证研究——问卷调查数据分析[M]．北京：中国政法大学出版社，2010.

[94]史忠良，何维达.产业兴衰与转化规律[M].经济管理出版社，2004.

[95]史忠良.产业经济学[M].北京：经济管理出版社，1998.

[96]司维.回眸：共和国的50年[M].上海：上海人民出版社，1999.

[97]陶学荣，崔运武.公共政策分析[M].武汉：华中科技大学出版社，2008.

[98]汪同三，齐建国.产业政策与经济增长[M]，北京：社会科学文献出版社，1996.

[99]王建刚.政治形态文化学——五十年代中国文化思想研究[M].北京：中国社会科学出版社，2004.

[100]王奇.二战后中苏（中俄）关系的演变与发展[M].北京：清华大学出版社，2000.

[101]王文锋，肖华，王瑜等.传媒经济论——研究史纲卷[M].中国书籍出版社，2013（11）.

[102]王文锋.中国区域文化产业战略定位研究[M].云南人民出版社，2014.

[103]王文英，删大申.文化体制改革与上海文化建设[A].2005年上海文化发展蓝皮书[M].上海：上海社会科学院出版社，2005.

[104]王永亮，刘延娜，傅立新.传媒榜样：高层权威解读文化体制改革[M].北京：中国传媒大学出版社，2006.

[105]魏天祥.文化政策论纲[M].北京：中共中央党校出版社，1993.

[106]邬义钧，邱钧.产业经济学[M]，北京：中国统计出版社，2001.

[107]吴格言.文化传播学[M].北京：中国物资出版社，2004.

[108]吴建国，等.当代中国意识形态风云录[M].北京：警官教育出版社，1993.

[109]吴景平，徐思彦.50年代的中国——复旦史学专刊[M].上海：复旦大学出版社，2006.

[110]夏大慰，史东辉.产业政策论[M].上海：复旦大学出版社，1995.

[111]夏杏珍.五十年国事纪要——文化卷[M].长沙：湖南人民出版社，2000.

[112]熊丙奇.体制迷墙[M].成都：四川天地出版社有限公司，2005.

[113]杨沐.产业政策研究[M],上海:上海三联出版社,1989.

[114]杨胜群,田松年.共和国重大决策的来龙去脉(1949-1956)[M].江苏:
江苏人民出版,2006.

[115]张国良. 传播学原理[M]. 上海:复旦大学出版社,2004.

[116]张京成,沈晓平,张彦军.中外文化创意产业政策研究[M].北京:科学出
版社,2013.

[117]章戈浩.加汉姆以及文化产业[A].潘知常主编.传媒批判理论[M].新华出版
社,2002.

[118]周熙明.中国共产党的文化使命[M],南京:江苏人民出版社,2006.

[119]周晓风.新中国文艺政策的文化阐释[M].北京:中国社会科学出版社,
2008.

[120]周正兵.文化产业导论[M].北京:经济科学出版社,2009:21.

[121]朱寨主编.中国当代文化思潮[M],北京:人民文化出版社,1987.

[122]邹义钧,邱钧.产业经济学[M].北京:中国统计出版社,2001.

[123]列宁选集(1~4卷)[M]. 北京:人民出版社,1995.

[124][日]日下公人. 新文化产业论[M]. 北京:东方出版社,1989.

[125][英]吉姆·麦圭根.重新思考文化政策[M]. 中国人民大学出版社,2010.

[126][澳]马尔科姆·沃斯特.现代社会学理论[M].北京:华夏出版社,1999.

[127][德]沃夫尔冈·查普夫.现代化与社会转型[M].北京:社会科学文献出版
社,2000.

[128][美]费正清.剑桥中华人民共和国史(1949—1965)[M].上海:上海人民
出版社,1990.

[129][美]帕森斯.现代社会的结构与过程[M].北京:光明日报出版社,1988.

[130][美]塞缪尔·P·亨廷顿.变化社会中的政治秩序[M].北京:三联书店,

1989.

[131][美]西里尔·E·希莱克.比较现代化[M].上海：上海译文出版社，1996.

[132][瑞士]皮亚杰.结构主义[M].北京：商务印书馆，1986.

2.期刊类及其他:

[1]毛泽东.在中国共产党第七届中央委员会第二次全体会上的报告[A].毛泽东选集.北京:人民出版社,1967.

[2]红旗社论.欢呼京剧革命的伟大胜利[J].红旗,1967(6).

[3]人民日报社.革命文化艺术的优秀样板[N].人民日报,1967年5月31日.

[4]中国互联网络信息中心.中国互联网络发展状况统计报告(第33次)[R],2014-1-16.

[5]郭沫若.中国科学院1950年工作总结和1951年工作要点[J],新华月报,1981(5).

[6]孙志军.我国文化产业发展的实践与思考——兼谈深入学习贯彻党的十七届六中全会精神[J]时事报告党委中心组学习,2012年8月29日.

[7]范建华,姜若宁.文化体制改革、政策环境与文化产业发展[J].云南大学学报(社会科学版),2005(5).

[8]范建华.中国文化宏观管理体制改革建议[J].行政管理改革,2012(5).

[9]贾旭东.全球化背景下的中国文化产业政策及其影响[J].同济大学学报(社会科学版),2009(3).

[10]祁述裕.文化体制改革的战略选择[J].人民论坛,2005(5).

[11]傅才武.论中国艺术表演团体改革的实现途径——兼论中国文化体制改革的特殊性[J].江汉大学学报(人文科学版),2004(1).

[12]傅才武.行业差异与深化文化体制改革的实现途径[J].江汉大学学报(人文科学版),2005,

[13]蔡尚伟,刘锐.中国文化及传媒产业政策的演变[J].今传媒,2010(1).

[14]庞井君.媒介融合背景下中国广播影视产业发展的思考[J].现代传播,2013(2).

[15]齐勇锋.解读《关于深化文化体制改革的若干意见》[J].出版参考，2006（4）.

[16]初澜.京剧革命十年[J].红旗，1974（7）.

[17]丁大华.世所罕见的红卫兵抄家结果展览会[J].文史精华，2008（12）.

[18]傅守祥.深化文化体制改革加快文化产业发展[J].长白学刊，2004（1）.

[19]高薇华.中国动漫产业政策的实施效果与展望[J].传媒，2008（3）.

[20]郭伟伟.中国共产党的抗战文化政策及其启[J].党的文献，2003（5）.

[21]郭玉兰.发展农村文化产业与农村文化体制改革[J].中共中央党校学报，2007（4）.

[22]胡安全.论党在过渡时期的文化政策[J].当代中国史研究，2001（2）.

[23]周晓风.当代意识形态与新中国文化政策[J].文化研究，2003（2）.

[24]周晓风.新中国文化政策与中国当代文学[J].西南民族学院学报（哲学社会科学版），2003（2）.

[25]霍步刚，傅才武.我国文化体制改革的理论分期与深化文化体制改革的策略问题[J].中国软科学，2007（8）.

[26]王哲平.我国文化体制改革面临的挑战[J].新闻界，2004（2）.

[27]江陵.近十年中国文化产业政策的基本类型分析[J].江南大学学报（人文社会科学版），2012（1）.

[28]姜义茂.我国动漫产业发展的战略模式[J].国际贸易，2008（1）.

[29]蒋积伟.建国以来中共文化政策述评[J].党史研究与教学，2007（1）.

[30]解学芳.文化产业政策的比较机理研究——以长江三角洲地区为例[J].上海行政学院学报，2008（5）.

[31]解学芳.文化产业制度：一个全新的学术研究领域——文化产业制度研究述评[J].学习论坛，2007（8）.

[32]金梦玉.文化体制改革的几点思考[J].新闻界，2004（2）.

[33]瞿孝军.关于文化体制改革的几个问题[J].沧桑，2007（5）.

[34]孔德永.中国共产党文化战略的流变[J].山东科技大学学报（社会科学版），2004（2）.

[35]孔建华，杜蕊.我国的文化产业政策与动漫产业的兴起[J].中国特色社会主义研究，2010（3）.

[36]黎见春.建国初期意识形态建设的经验和历史启示[J].兰州学刊，2006（5）.

[37]李河，张晓明.当代中国文化政策十年的主题[J].科学新闻，2008（9）.

[38]刘忱.从文化革命到文化建设[J].科学社会主义，2006（6）.

[39]刘建美.1949-1966中国文物保护政策的历史考察[J].当代中国史研究，2008（3）.

[40]刘俊杰.关于文化体制改革的几个问题——访中共中央宣传部常务副部长吉炳轩[J].科学社会主义，2006（4）.

[41]刘开洁.从不同时期党的文化事业政策看党的三代领导对马克思主义文化事业学的继承与发展[J].青海学刊，2003（1）.

[42]刘彦武.新中国60年社会主义文化政策的探索发展[J].毛泽东思想研究，2009（4）.

[43]刘祖云.社会转型：一种特定的社会发展过程[J].华中师范大学学报（哲学社会科学版），1997（6）.

[44]马生龙.党的文化政策八十年（J）.理论导刊，2001（9）.

[45]庞仁芝，徐彬.党的十六大以来文化体制改革综述（上）[J].珠海市行政学院学报，2012（1）.

[46]庞仁芝，徐彬.党的十六大以来文化体制改革综述（下）[J].珠海市行政学

院学报，2012（1）.

[47]秦程节.论过渡时期（1953-1956）的文化过渡[J].大庆师范学院学报，
    2012（5）.

[48]上海京剧团"智取威虎山剧组.努力塑造无产阶级英雄人物的光辉形象对
    塑造杨子荣等英雄形象的一些体会[J].红旗，1969（11）.

[49]深圳市文化体制改革调研组.上海、浙江、江苏文化体制改革调研报告[J].
    特区理论与实践，2002（10）.

[50]师春苗.五十年代美国对华政策与反右斗争扩大化的关系（J）.广东党
    史，2002（6）.

[51]孙金华，苏华.中国共产党的文化思想和政策与八十年的中国文学（J）.
    山东农业大学学报（社会科学版），2002（1）.

[52]汪明峰.文化产业政策与城市发展：欧洲的经验与启示[J]，城市发展研
    究，2001（4）.

[53]王传满.深化文化体制改革加快文化产业发展[J].南京航空航天大学学报
    （社会科学版），2004（2）.

[54]王卫红.文化转型在社会转型中的地位与作用[J].连云港职业技术学院学
    报，2006（4）.

[55]王先俊.建国初期的社会变迁与党对思想文化的整合[J].当代中国史研究，
    2003（3）.

[56]王真.50年代中期我国对苏联建设模式的突破[J].当代中国史研究，1995
    （2）.

[57]温朝霞.对我国文化体制改革的若干思考[J].中共石家庄市委党校学报，
    2004（7）.

[58]吴鸿丽.浅议50年代我国在过渡时期的若干失误[J].内蒙古农业大学学报

（社会科学版），2006（1）.

[59]吴遐.转折时期的艰难确立——论中苏建国初期的文化政策及其经验教训[J].
海南师范学院学报（社会科学版），2006（1）.

[60]吴忠民.20世纪中国社会转型的基本特征分析[J].学海，2003（3）.

[61]夏杏珍.试论20世纪六七十年代两次文化政策的调整[J].当代中国史研究，
2002（6）.

[62]向丽.需要与现代性：制度变革的关键词——关于广西文化体制改革的思
考[J].广西师范大学学报（哲学社会科学版），2006（2）.

[63]辛文彤.让工农兵英雄人物牢固占领银幕[J].人民电影，1976（3）.

[64]严茂旭，刘璇.对"双百"方针受挫的历史反思[J].淮阴工学院学报，2006
（6）.

[65]阎锋.试论我国建国初期的文化过渡[J].广西社会科学，2007（2）.

[66]阎秀芝，武红斌.中国文化转型的内在动力[J].经济与社会发展，2007
（5）.

[67]杨凤城.1949～1956年党的知识分子政策研究[J].中国人民大学学报，
1999（1）.

[68]杨凤城.1956～1966年党的文化政策及其演变[J].教学与研究，1999
（7）.

[69]杨小明.文化产业发展与文化体制改革的辨证思考[J].改革与理论，2003
（12）.

[70]叶南客.创新文化产业政策[J].群众，2003（3）.

[71]育民.论党的文化政策的诞生和成熟（J）.广西师院学报（哲学社会科学
版），1998（4）.

[72]张皓.支持文化体制改革和文化产业发展的财税政策分析[J]，税务研究，

2010（7）.

[73]张莉.戏曲改革：1940年代至1960年代[J].社会科学战线，2007（6）.

[74]张鸣.中国动漫产业政策回顾与展望[J].浙江艺术职业学院学报，2009.

[75]张旭东.建国初期的先进文化建设及其现实意义[J].衡阳师范学院学报，
    2002（2）.

[76]章建刚.解放思想，更新观念，以文化体制改革促文化产业发展[J].人文杂
    志，2005（4）.

[77]赵冰越.浅谈中国文化政策发展之路[J].商业文化，2007（12）.

[78]赵敏安.创新文化体制机制深化文化体制改革[J].山东经济战略研究，
    2006（5）.

[79]中国京剧团"红灯记"剧组.为塑造无产阶级的英雄典型而斗争塑造李玉
    和英雄形象的体会[J].红旗，1970（5）.

[80]朱三平.文化体制改革与文化产业发展论析[J].求索，2004（11）.

[81]朱悦龙.文化产业基本理论探析[J].中国矿业大学学报（社会科学版），
    2005（4）.

[82]于会泳.让文化艺术舞台永远成为宣称毛泽东思想的阵地[N].文汇报，
    1968年5月23日.

[83]宇文平.数风流人物还看今朝批判周扬一伙的写中间人物谬论[N].人民日
    报，1972年11月15日.

[84]谢铁骊，等.四人帮是摧残文化艺术革命的刽子手[N]，人民日报，1976年
    11月10日.

[85]高宗仁.国有文化资产的资本变奏[N]. 文化报，2004-9-17.

[86]李河，张晓明.当代中国文化政策10年[N].中国社会科学院院报，2008年5
    月8日，第8版.

[87]郝全洪，马相东.从"微笑曲线"看科技制新驱动[N].学习时报，2012-09-17（7）.

[88]杨吉华.文化产业政策研究[D].中共中央党校博士学位论文，2007.

[89]郭玉琼.戏曲与国家深化一延安时期到文革时期的戏曲现代戏研究[D].厦门大学硕士研究生学位论文2007.

[90]刘洪森.建国初期中国共产党文化建设和改造研究[D].东北师范大学硕士学位论文，2006.

[91]刘志刚.试论"文革"前十年文化建设的历史经验[D].湖南师范大学硕士学位论文，2004.

[92]邱丽敏.论中国共产党与当代中国的文化建设[D].东北师范大学硕士学位论文，2003.

[93]曲晓燕.中国文化产业发展初探[D].首都经济贸易大学硕士学位论文，2003.

[94]任剑乔.我国文化体制改革研究[D].西南大学博士学位论文，2007.

[95]孙成武.中国共产党与20世纪中国文化的变革[D].东北师范大学博士学位论文，2003.

[96]孙永国.中国共产党文化产业政策研究[D].东北师范大学硕士学位论文，2008.

[97]温炳禄.关于"双百方针"的历史回顾与思考[D].吉林大学硕士学位论文，2003.

[98]徐斌.文化事业与文化产业的界定：一个经济学分析[D].江西财经大学硕士学位论文，2004.

[99]阎锋.过渡时期的文化建设与新民主主义文化的前进方向[D].湘潭大学硕士学位论文，2005.

[100]赵子林.试论过渡时期党领导的文化建设[D].湖南师范大学硕士学位论文，2004.

[101]周连顺.略论过渡时期的文化建设及其历史经验[D].湖南师范大学硕士学位论文，2003.

[102]李卫东.邓小平论中国传统文化[J].长江大学学报（社会科学版），2012（4）.

[103]赵何娟.广电改革回调.新浪财经，2011年01月29日，http：//finance.sina.com.cn/roll/20110129/16039330676.shtml.

[104]焦雯.我国民营艺术院团数量破万家[N]，中国文化报，中国经济网，http：//www.ce.cn/culture/gd/201301/01/t20130101_23992094.shtml，2013年01月01日.

[105]中华人民共和国国家统计局.中华人民共和国2013年国民经济和社会发展统计公报[N].中华人民共和国中央人民政府网站，http://www.gov.cn/gzdt/2014-02/24/content_2619733.htm，2014年2月24日.

后 记

  说起书稿的源头，还是前年在去往江苏镇江调研的路上，闲聊中我的博士同学齐骥向我提起云南省社科联正在策划"中国文化产业学术研究大系"（以下简称"大系"）丛书的撰写，并问我是否有兴趣参与其中。我没多想，一口答应。随后，我有幸认识了云南省社科联主席范建华老师（我更愿意尊称他为老师），得以了解更多"大系"丛书的背景，突然感觉当初的应允是多么的草率和鲁莽，简直是不知天高地厚，因为这套丛书的作者都是我国文化产业领域的名家、大腕，作者阵容不可谓不强大，岂容我等后辈滥竽充数。我顿生怯意、退意，是范老师的鼓励与提携，使我厚着脸皮坚持到现在。

  如今书稿已成雏形，回想一路走来的历程，我首先得感谢范建华老师。范老师曾任云南省委办公厅处长、文化厅副厅长，现任云南省社科联主席，是典型的官员，但又出版了《文化与文化产业新论》《中国文化产业50问》《爨文化史》《白族工匠村》《中国古城—巍山》《中国古彝州—楚雄》《视觉吴哥》《辉煌与毁灭—现代建筑的另类解读》等多部学术专著，著作等身，又是典型的文人、学者。我更仰慕范老师后者的身份，这也是我更愿意尊称他为老师的原因。范老师不仅是云南省文化界的领军人物，而且也是全国知名的文化产业专家，但与其交往中，我从未感受到原以为的名家的偏见与傲慢，反而是范老师的谦逊与包容。正是他一路的点拨与鼓励，才使我们壮胆前行。还记得在确

定书稿框架时，在近一个小时的电话中，范老师娓娓道来、旁征博引，对当代中国文化产业的发展如数家珍，使我们顿感豁然开朗、思路清晰。这本书稿从框架设想到具体行文，可谓无不渗透着范老师的心血。作为丛书主编，范老师的要求则极为严格，时时督促我们要注意学术的严谨与规范，力求高质量的推出书稿，我等只有力行之！非常感谢范老师对我们的信任与精心指导！

我还得感谢我的博士同学齐骥。她是本书的动议者、支持者。本书的主题是她提议并选定的，之后，她居中做了大量的联络工作，并提供大量的写作资料。可以说，没有她的支持，本书是无法顺利完成的。作为博士同学，我和齐骥一起合作参与若干项目，深刻感受到她的热情、睿智与大气。待人接物上，她热情、周到、细腻，落落大方。在学术科研上，则非常勤奋而富有洞见。感谢齐骥同学对本书的无私奉献，更感谢她同窗三年来对我的所有帮助，点点滴滴，无以言表。愿同学之谊永在，友谊之树长青！

这里，我当然还要感谢我的另一博士同学，也是本书的合作者何春雨。当初，我贸然接下撰稿的任务后，在开始写作的过程中，发现我面临的这项任务远远超乎我的想象，且写且困难，再加上教学、行政等事务缠身，几度想放弃，好在春雨同学伸出援助之手，同意参与合著，以解燃眉之急。春雨具有经济学和新闻传媒的交叉学科背景和实践经验，不仅学术功力深厚，而且为人豁达。正在深圳报业集团做博士后的他，本已非常辛苦，却还得忍受我不定时的频繁"骚扰"，毫无怨言。很享受与他合作写书的过程，感谢春雨同学！

另外，感谢云南省社科联的杨远梅女士。杨女士在我们写作过程中做了大量细致的联络工作，她热情、认真、负责任的工作态度，令我印象深刻。也感谢云南人民出版社的责任编辑，他们的责任意识、专业素养，让我对出版人精神有了更深刻的理解。

最后，书中参考和引用了诸多文献资料，向所有文献资料的作者及单位机构表示感谢！

当代中国的文化产业仍在蓬勃发展，相应的文化产业政策也将不断推陈出新。本书的完稿不是我们对当代中国文化产业政策研究的终止符，而是我们一段研讨经历的必要总结，更是我们又一次学术研究起航的起始符。囿于学术水平、研究时间和精力，本书无论从形式到内容都还有许多需要进一步完善的地方，不足、缺陷乃至错误在所难免，敬请学界及业界专家和读者朋友们批评指正！

本书的引论、第一章、第三章、第四章及结束语由王文锋撰写，第二章由何春雨撰写，全文整体框架设计、统稿审稿由王文锋负责。

王文锋

2014年8月于岳阳南湖畔

图书在版编目（CIP）数据

中国文化产业政策研究 / 王文锋, 何春雨著. -- 昆
明 : 云南人民出版社, 2015.4
（中国文化产业学术研究大系）
ISBN 978-7-222-12199-7

Ⅰ.①中… Ⅱ.①王… ②何… Ⅲ.①文化产业－产
业政策－研究－中国 Ⅳ.①G124

中国版本图书馆CIP数据核字(2014)第196922号

出 版 人：李　维
　　　　　刘大伟
责任编辑：段兴民
　　　　　王　逍
装帧设计：刘光火
责任校对：赵　红
责任印制：杨　立

书名　　**中国文化产业政策研究**
作者　　王文锋　何春雨　著
出版　　云南出版集团　云南人民出版社
发行　　云南人民出版社
社址　　昆明市环城西路609号
邮编　　650034
网址　　http://ynpress.yunshow.com
E-mail　ynrms@sina.com
开本　　787mm×1092mm　1/16
印张　　17
字数　　210千
版次　　2015年4月第1版第1次印刷
印刷　　昆明卓林包装印刷有限公司
书号　　ISBN 978-7-222-12199-7
定价　　58.00元

如有图书质量与相关问题请与我社联系
审校部电话 0871-64164626　印制科电话 0871-64191534